意大利巴洛克画家西罗·费里（Ciro Ferri，1634—1689）想象亚历山大大帝在床榻之上阅读荷马

阿尔布雷希特·阿尔特多费尔（Albrecht Altdorfer，约 1480—1538）的画作，内容为伊苏斯之战中，大流士被亚历山大大帝追击

14 世纪的波斯《列王书》（*Book of Kings*）绘本，描绘了亚历山大大帝之死

埃及花岗岩雕塑，雕刻着一位端坐的抄写员，公元前第三千年

留存至今最古老的拉丁语《圣经》的手稿之一，即《阿米提奴抄本》（*Codex Amiatinus*），图中为中世纪的基督徒们想象以斯拉在书房中写作

八岛岳亭于 19 世纪早期所作的日本木刻版画，描绘的是孔子的十位弟子

18 世纪的西藏绘画作品，描绘了佛陀在印度的灵鹫山上讲法

法国画家雅克－路易·大卫（Jacques-Louis David，1748—1825）描绘了苏格拉底在学生的陪伴下于临死前探讨哲学

多梅尼哥·基尔兰达约（Domenico Ghirlandaio）于1481年所作的壁画，将摩西（位于画中左侧）和《圣经·旧约》与耶稣和他的门徒们连接起来

这幅来自中国的丝绸画卷（5 世纪至 8 世纪）描绘了一位宫廷女史在劝诫她的学徒们

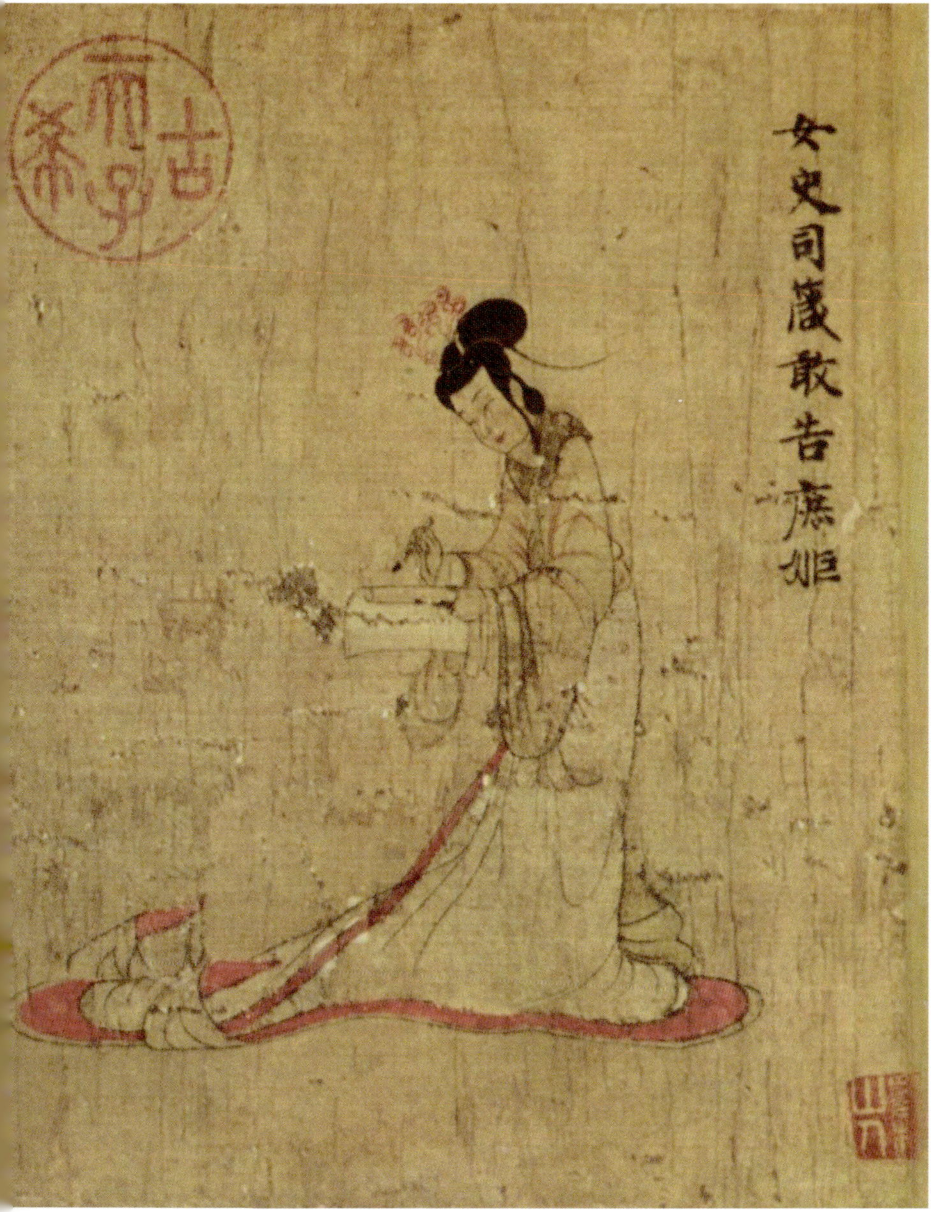
女史司箴敢告庶姬

来自庞贝的罗马壁画，描绘的是一位女子手持蜡板和尖笔，它们是用于日常写作和记账的工具

紫式部宛如神启，创作了《源氏物语》。艺术家铃木春信（1725—1770）为每种颜色使用了不同的木版，完成了这幅套色版画

一部 13 世纪版本的紫式部日记。紫式部极有可能是右下角的侍女

一把 17 世纪由金纸制成的扇子，扇面描绘紫式部在书桌前写作

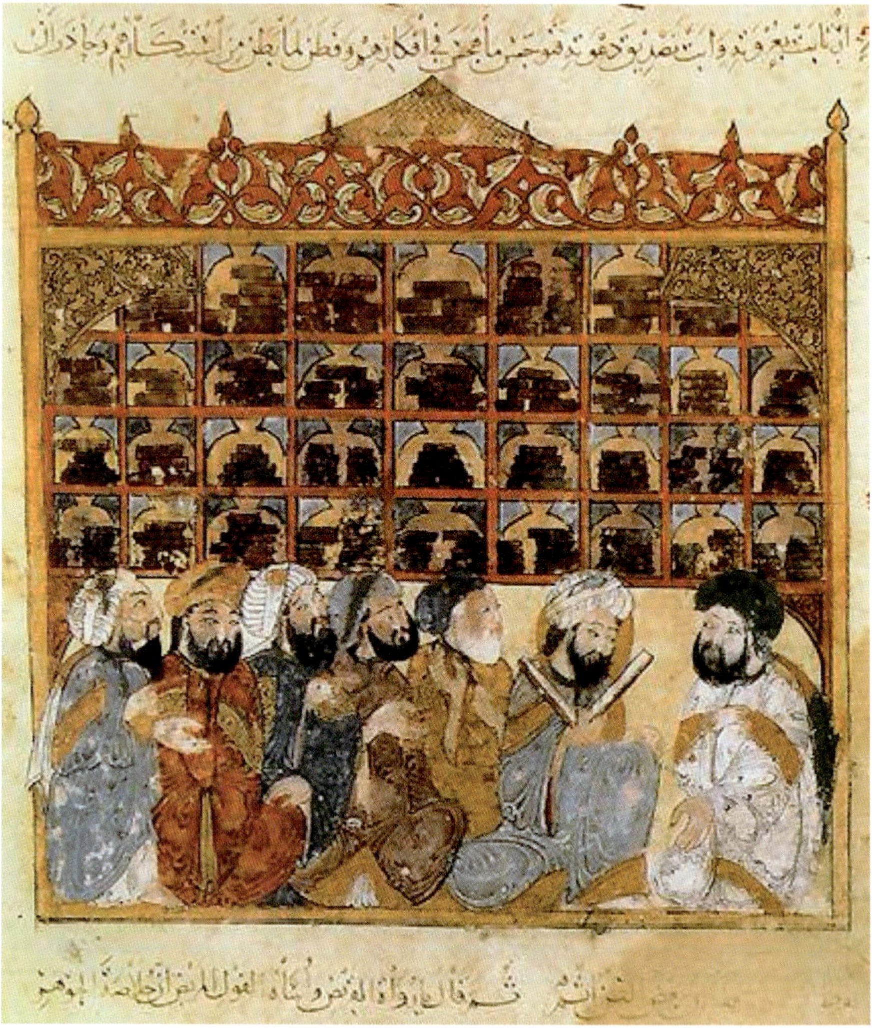

艺术家叶海亚·伊本·马哈茂德·瓦西提（Yahya ibn Mahmud al-Wasiti）在一部装饰华美的阿拉伯语手稿里，描绘了 1237 年一群学者和学生在巴格达的图书馆里

《端坐的抄写员》（*Seated Scribe*），被认为是甄提尔·贝里尼（Gnetile Bellini，约 1429—1507）所作，融合了西方和奥斯曼的绘画风格

这部来自 1180 年左右的《古兰经》书法风格独树一帜：alif 及 lam 这两个字母比其他字母高很多

在这幅画于 12 世纪的画像中，抄写员爱德温（Eadwine the Scribe）在用心抄写对开本手稿

约翰内斯·谷登堡于1455年左右印刷的拉丁语《圣经》中《创世记》的开篇，字母由抄写员彼得·舍费尔刻制

1534 年由马丁 · 路德翻译的《圣经》的扉页，带有彩色木刻画

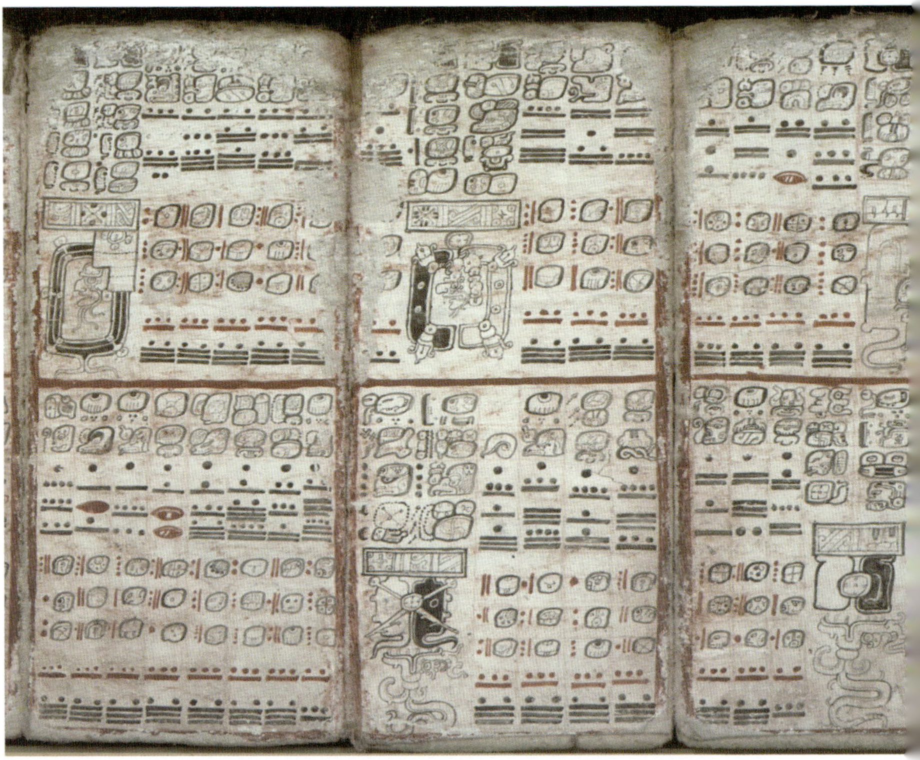

《德累斯顿手抄本》（*Dresdan Codex*，13 世纪至 14 世纪）是极少数在西班牙对美洲的殖民中保存下来的玛雅书籍之一，这是其中的六页

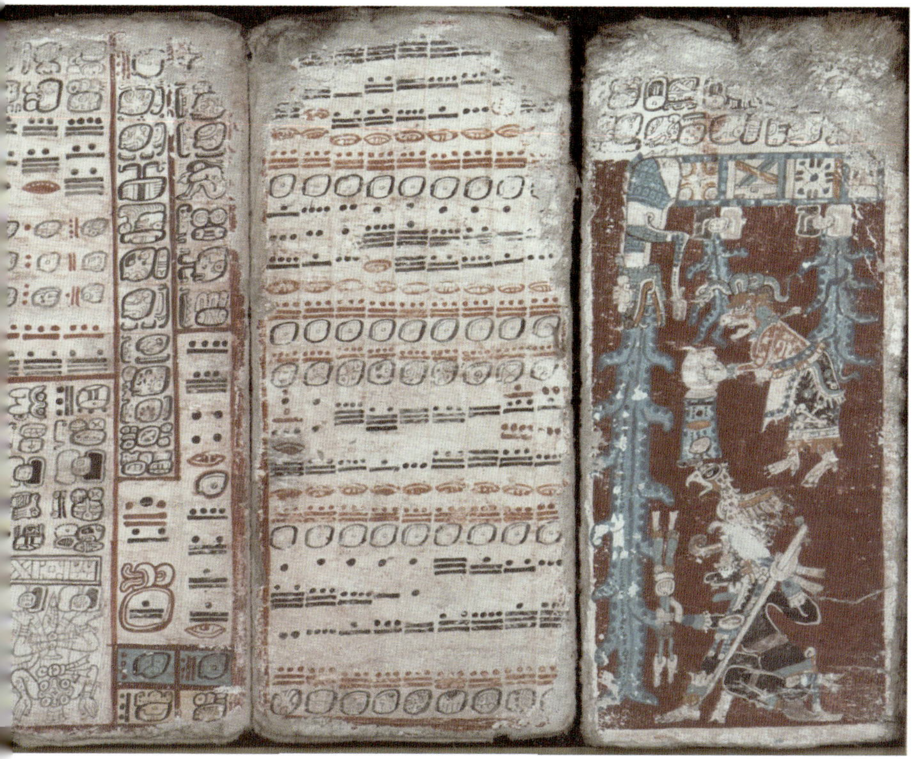

《波波尔・乌》中刻画的玛雅球赛有宗教意义

一名 17 世纪的小贩在兜售书本，以迎合一个正在扩张的文学市场

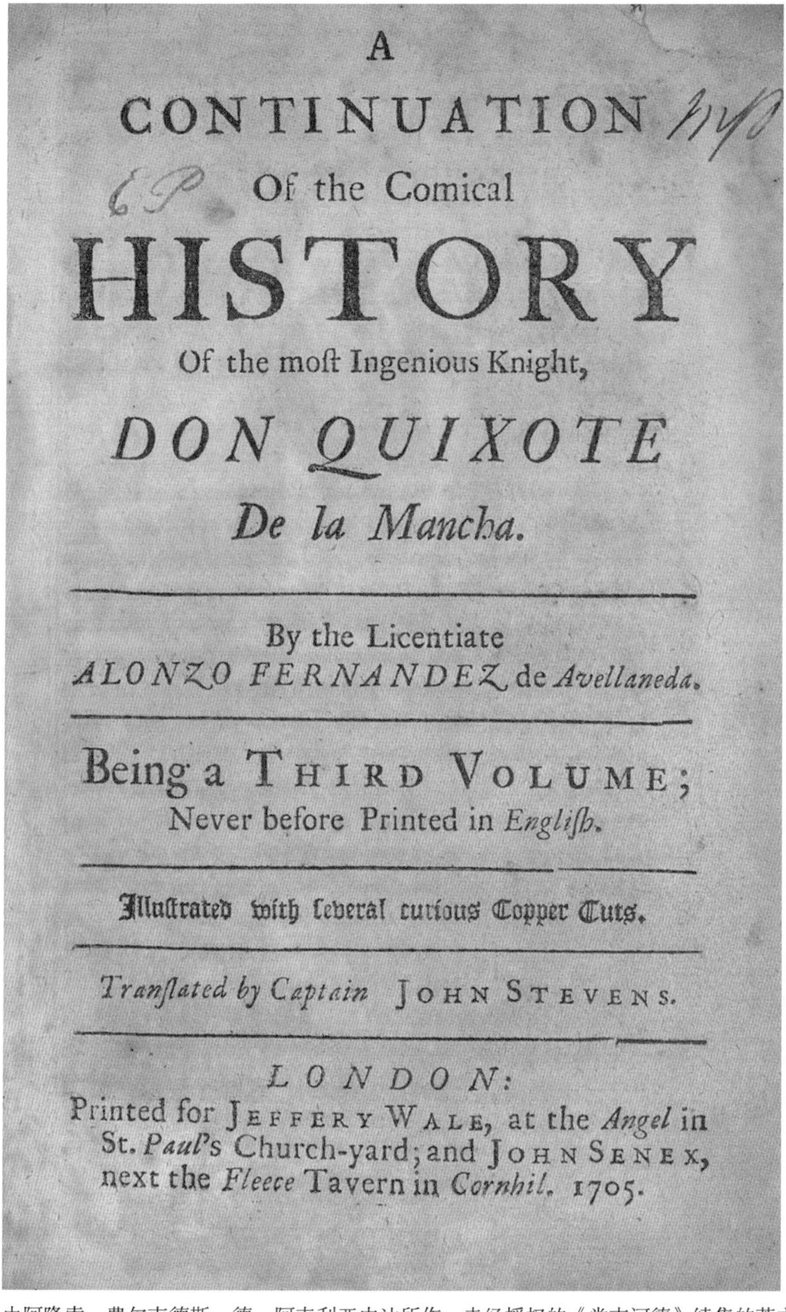
A

CONTINUATION

Of the Comical

HISTORY

Of the most Ingenious Knight,

DON QUIXOTE

De la Mancha.

By the Licentiate

ALONZO FERNANDEZ de *Avellaneda.*

Being a THIRD VOLUME;

Never before Printed in *English.*

Illustrated with several curious Copper Cuts.

Translated by Captain JOHN STEVENS.

LONDON:

Printed for JEFFERY WALE, at the *Angel* in St. *Paul's* Church-yard; and JOHN SENEX, next the *Fleece* Tavern in *Cornhil.* 1705.

由阿隆索·费尔南德斯·德·阿韦利亚内达所作，未经授权的《堂吉诃德》续集的英文翻译

这幅由让 – 奥诺雷 · 弗拉戈纳尔（Jean-Honoré Fragonard）于 1770 年左右创作的油画，展现了女性读者的重要性

画家约翰·约瑟夫·施美乐（Johann Joseph Schmeller，1796—1841）描绘了歌德在对抄写员进行口述，后者记录下了他的许多谈话

位于魏玛的安娜·阿玛莉亚公爵夫人的图书馆，歌德曾在这里广泛地阅读

尤金·阿杰特（Eugène Atget）这张照片拍摄的是 19 世纪末期的巴黎：一个人在捡破布，收集造纸的原材料

拉斯姆斯·马林－汉森（Rasmus Malling-Hansen）在 19 世纪 70 年代于丹麦发明的球型打字机，是第一台商业生产的打字机

这张 1920 年的俄语宣传海报推崇阅读，因为“知识会打破奴役的枷锁”

立体派画家内森·阿尔特曼为安娜·阿赫玛托娃所作的画像，作于 1914 年

在苏联用于复制和传播“地下出版”文学的全套装备

一台 20 世纪 70 年代的 CPT 8100 文字处理台式微型计算机

哈佛大学的安能堡食堂，学生认为它是霍格沃茨礼堂的原型

新
思
THINKR

有思想和智识的生活

文字的力量

THE WRITTEN WORLD

THE POWER OF STORIES TO SHAPE PEOPLE, HISTORY, CIVILIZATION

文学如何塑造人类、文明和世界历史

[美] 马丁·普克纳——著
陈芳代——译

MARTIN PUCHNER

中信出版集团 | 北京

图书在版编目（CIP）数据

文字的力量：文学如何塑造人类、文明和世界历史 / (美) 马丁 · 普克纳著；陈芳代译. -- 北京：中信出版社，2019.7（2022.3 重印）

书名原文：The Written World : The Power of Stories to Shape People, History, Civilization

ISBN 978-7-5217-0480-8

Ⅰ.①文… Ⅱ.①马… ②陈… Ⅲ.①世界史 Ⅳ.①K1

中国版本图书馆 CIP 数据核字 (2019) 第 084988 号

文字的力量——文学如何塑造人类、文明和世界历史

著　　者：[美] 马丁 · 普克纳
译　　者：陈芳代
出版发行：中信出版集团股份有限公司
（北京市朝阳区惠新东街甲 4 号富盛大厦 2 座　邮编　100029）
承 印 者：河北鹏润印刷有限公司

开　　本：880mm × 1230mm　1/32　　印　　张：14　　插　　页：20　　字　　数：315 千字
版　　次：2019 年 7 月第 1 版　　印　　次：2022 年 3 月第 4 次印刷
京权图字：01-2019-2987
书　　号：ISBN 978-7-5217-0480-8
定　　价：58.00 元

目　录

前言

地出

起初神创造天地。地是空虚混沌，渊面黑暗；

神的灵运行在水面上。神说："要有光"，就有了光。

有时候，我会尝试想象一个没有文字的世界。那样一来，我坐飞机时就没有书看了。书店和图书馆会腾出许多额外的空间（而我的书架再也不会被塞得满满的）。出版业将不复存在，亚马逊也不可幸免。而当我在夜晚难以入眠时，再也不能从床头柜上找书看了。

这一切都不是好事，但这些甚至还未触及问题的表面——如果文字从不曾存在，如果故事只有口头传颂而从未以文字记载，我们将会失去什么？这样的一个世界可以说是无法想象的。我们的历史观念，我们对帝国和民族的浮浮沉沉的理解，将会截然不同。大部分的哲学和政治思想将根本不会来到这个世界，因为不会有促使它们诞生的作品。几乎所有的宗教信仰都将连同它们赖以表达的经文手稿一同消失。

文字并不只是为了爱书者而存在的。从它在四千年前与世界打了第一个照面开始，文字一直在塑造和影响地球上大部分人的生活。

就如同三位阿波罗 8 号飞船上的宇航员发现的那样。

“好吧，阿波罗 8 号。你们将要进行 TLI（translunar injection，地月转移轨道切入）。”

“收到。我们明白将要进行 TLI。”*

1968 年末，环绕地球的太空飞行已经不再是什么新鲜事了。当时，执行美国最近一次航天任务的阿波罗 8 号刚完成了绕地轨道上 2 小时 27 分钟的飞行。没发生什么大事。但是弗兰克·弗雷德里克·博尔曼二世（Frank Frederick Borman II）、小詹姆斯·阿瑟·洛弗尔（James Arthur Lovell, Jr.）和威廉·埃利森·安德斯（William Alison Anders）却紧张不已。他们的飞船正要进行一次全新的机动操作 TLI。他们正在离开地球轨道，准备直接向太空进发。他们的目的地是月球。在某一个时刻，他们将会达到前所未有的航天速度——每小时 38 957 千米。†

阿波罗 8 号的任务相对简单。他们不用在月球上着陆，飞船上甚至没有着陆装置。他们只要观察月球的样子，为未来的阿波罗任务寻找一个合适的着陆地点，并且带回一些专家们可以研究的图片和影像。

TLI，那要将他们送往月球的地月转移轨道切入按计划进行了。阿波罗 8 号加速后迅速地投入了太空。航行得越远，他们越清晰地看到此前没人见过的景象：地球。

博尔曼中断手中的操作，叫出在他下方旋转着的大陆的名称：佛罗里达，好望角，非洲。他一次性将它们全看齐了。他是第一个看到地球作为一个单一球体的全貌的人类。地球从月球表面上升

---

* *Apollo 8 Technical Air-to-Ground Voice Transcription* (Manned Spacecraft Center, Houston, Tex.: National Aeronautics and Space Administration, December 1968), tape 3, page 3.

† 地月转移轨道切入的发生速度是每秒 10 822.05 米。“Apollo 8, The Second Mission: Testing the CSM in Lunar Orbit,” December 21–27, 1968, history.nasa.gov/SP -4029/Apollo_08a_Summary.htm, accessed January 10, 2017.

地球从月球上升起，这就是通常所说的“地出”。阿波罗 8 号组员威廉·安德斯摄于 1968 年 12 月 24 日

起，安德斯拍下了这全新的景象。*

地球越来越小，月球越来越大，这些宇航员就没法用相机拍下所有的事物了。地面控制人员意识到宇航员们需要依赖一种更加简单的技术：口头语言。“如果可以，我们想要你们发挥诗人的潜能，尽可能地描述细节。”†

宇航员的训练并没有教他们如何成为诗人，他们对这项任务可

* *Apollo 8 Onboard Voice Transcription As Recorded on the Spacecraft Onboard Recorder* (*Data Storage Equipment*) (Manned Spacecraft Center, Houston, Tex.: National Aeronautics and Space Administration, January 1969), 41.

† *Apollo 8 Technical Air-to-Ground Voice Transcription*, tape 37, page 3.

以说并不擅长。作为熟知火箭科学的最尖端的战斗机飞行员，他们从美国宇航局（NASA）的残酷选拔过程中脱颖而出。安德斯曾经在海军学院就读，后来加入空军，在加利福尼亚和冰岛的防空司令部作为全天候截击机成员服过役。但是现在他急需想出词语，对的词语。

他特地描绘了“月球上的日出和日落”。“日出和日落尤其能衬出这个地形的特征，”他说道，“长长的影子显现出地面的高低起伏，而在我们很快会看到的光照强烈的那一面，这些起伏很难看见。”* 安德斯勾勒出一幅单纯的画面：光照在月球的岩石表面上，形成明显的影子。也许他过去驾驶全天候截击机的经验帮到了他。安德斯简直成了伟大的美国意象派（Imagism）诗人，而使用意象派手法来描绘像月球这样纯粹、光亮的事物，再恰当不过了。

洛弗尔也受训于海军学院，之后加入了海军。像其他宇航员一样，他一生的大部分时间也是在空军基地度过的。在太空，他展现出对另一个诗歌派系的偏好：壮美（the sublime）。“月球那广袤的孤独感是令人敬畏的。”他小心翼翼地说。† 哲学家们早已对自然引发的敬畏进行过思考；瀑布，风暴，任何巨大到无法被简单描述和概括的事物，都被归于这个类别。但是这些哲学家无法想象太空里是什么样的。这是终极的壮美，对浩大空间的体验会使人产生敬畏之情，必定使他们受到冲击，感受到自身的渺小。就像哲学家们预测的那样，这样的经验让洛弗尔怀念家里的安全感。“这让你意识到你在地球上所拥有的。从这里看，地球就是这广阔太空中的一大

---

* *Apollo 8 Technical Air-to-Ground Voice Transcription*, tape 37, page 6.

† *Apollo 8 Technical Air-to-Ground Voice Transcription*, tape 37, page 6.

片绿洲。"[*] 建造了阿波罗 8 号的沃纳·冯·布劳恩博士（Dr. Wernher von Braun）一定明白这种感受。他总喜欢说"航天科学家是热爱诗歌的工程师"。[†]

最后是博尔曼，他们的指挥官。博尔曼从西点军校毕业后加入了空军，成为一名战斗机飞行员。在阿波罗 8 号上，他能言善辩，滔滔不绝："这是一种巨大的、孤独的、令人生畏的存在，或者说，是一种虚无的延伸。"[‡]"孤独""令人生畏""存在""虚无"，博尔曼听上去就像在巴黎左岸朗读着让-保罗·萨特（Jean-Paul Sartre）似的。

成为太空诗人以后，三位宇航员到达他们最终的目的地：他们在绕月球环行。每一次环行中，阿波罗 8 号都会消失在月球的后面，那是此前没有人到达过的区域。而每一次消失时，他们都会跟地球失去联系。在他们第一次长达 15 分钟的消失过程中，在得克萨斯州休斯敦市的地面控制中心，人人坐立不安。"阿波罗 8 号，这里是休斯敦。""阿波罗 8 号，这里是休斯敦。"地面控制中心不停地呼叫，传送电波到太空中，但是并未收到任何回复。一次，两次，三次，四次，五次，六次。时间分分秒秒流逝。当他们进行第七次尝试时，终于收到了回复："请说，休斯敦。这里是阿波罗 8 号。轨道机动完成。"听得出来，地面控制人员终于松了一口气，喊道："听到你们的声音太好了！"[§]

---

* *Apollo 8 Technical Air-to-Ground Voice Transcription*, tape 37, page 6.

† Pat Harrison, "American Might: Where 'the Good and the Bad Are All Mixed Up,'" *Radcliffe Magazine*, 2012, radcliffe.harvard.edu/news/radcliffe-magazine/american-might-where-good-and-bad-are-all-mixed, accessed August 5, 2016.

‡ *Apollo 8 Technical Air-to-Ground Voice Transcription*, tape 37, page 5.

§ *Apollo 8 Technical Air-to-Ground Voice Transcription*, tape 46, page 6.

在接下来的 15 个小时里，宇航员们多次消失又出现，变换位置，操控太空舱，尝试补充一些睡眠，然后为返回地球做准备。返航需要他们在没有无线电通信的情况下，在月球的暗面使火箭加速，以达到月球引力的逃逸速度，并获得足够返回家园的推动力。他们只有一次机会。假如失败了，他们的余生就只能一直绕月飞行了。

在操作返航前，宇航员们想要往地球发一条特殊的信息。博尔曼早已提前在一张防火纸上写了下来，并且让组员们排练朗读。但不是每个人都对这个想法抱有相当的热忱。在广播之前，安德斯说："我可以看一下那个短文——那个……东西吗？""那个什么，比尔*？"博尔曼问道，声音微愠。这不是他想要组员们对即将进行的广播抱有的态度。"那个我们应该要读的东西？"安德斯更加小心翼翼地回答。† 博尔曼放过了他。对博尔曼来说，现在最重要的是朗读本身。

他们从月球的暗面返回并向休斯敦宣布："阿波罗 8 号机组有一条献给地球上所有人的信息。"‡ 接着他们开始朗读，虽然他们已经落后于原定的时间表，并且仍要面对那危险的最后一次轨道机动和回归地球的返航。地球上的人们正在庆祝平安夜。安德斯，这个太空中的意象派诗人，开始朗读：

起初神创造天地。地是空虚混沌，渊面黑暗；神的灵运行在

---

* "比尔"是威廉·埃利森·安德斯的绰号。——译者注

† *Apollo 8 Onboard Voice Transcription*, 177.

‡ *Apollo 8 Onboard Voice Transcription*, 195.

水面上。神说："要有光"，就有了光。神看光是好的，就把光暗分开了。

洛弗尔接着读道：

> 神称光为昼，称暗为夜。有晚上，有早晨，这是头一日。神说："诸水之间要有空气，将水分为上下。"神就造出空气，将空气以下的水、空气以上的水分开了。事就这样成了。神称空气为天。有晚上，有早晨，是第二日。

轮到博尔曼了，但是他腾不出手来。"你可以帮我拿一下相机吗？"他问洛弗尔。博尔曼腾出手后，拿起那张纸：

> 神说："天下的水要聚在一处，使旱地露出来。"事就这样成了。神称旱地为地，称水的聚处为海。神看着是好的。*

在地球上，5亿观众听得入了神。这无疑是世界历史上最受欢迎的现场播报。

人们曾经质疑是否有必要将人类送上月球。一个无人驾驶、带有相机和其他科学器械的探测器已经足以完成许多任务。或者说，美国宇航局大可以像之前的任务一样使用一只猩猩。第一个进入太空的"美国人"是汉姆（Ham），一只来自喀麦隆、被捕获并卖给美

---

* *Apollo 8 Onboard Voice Transcription*, 196.

国空军的大猩猩。俄罗斯人和美国人简直将整个动物园送上了天，宇宙飞船仿佛一艘载着猩猩、狗和乌龟的挪亚方舟。

虽然阿波罗的人类机组可能没有对科学贡献很多，但他们的确对文学做出了贡献。大猩猩汉姆不可能分享它对太空的印象，也不可能尝试用诗歌来表达。它也不会想到朗读《圣经》中的那些段落，那些文字出人意料地呈现了人类离开地球轨道、直接飞入太空的过程与感觉。从远处观看地球从月球背后升起，朗读人类创作的最有影响力的创世神话，这是多么完美的场景。

阿波罗 8 号的朗读中最动人心弦的部分是，这些没有经过任何文学训练的宇航员们意识到他们处在极其特殊的情景中，用自己的语言和一部古老文本中的词句，传递了他们的体验。他们提醒我，文字故事中最重要的主角并不一定是专业的作者们。实际上，我邂逅了一群出乎意料的人物，从美索不达米亚的记账员和不识字的西班牙士兵，到中世纪巴格达的一名律师、南墨西哥的一个玛雅叛乱者，以及墨西哥湾的海盗们。

但是，阿波罗 8 号教会我们的最重要一课，是经典文本的重要性。那些像《圣经》一样的经典文本，在时间的长河里逐渐累积力量，变得越发重要，最终成为整个文明的源头，告诉人们他们是从哪儿来的，又该如何生活。经典文本通常由神职人员管理，他们把这些文本置于帝国和民族中心的神龛内。国王们推广这些文本，因为他们意识到故事可以证明征服的正当性，带来文化的凝聚力。经典文本最初只在很少的地方出现，但随着它们的影响力的扩散，以及新文本的出现，整个地球渐渐变成一张由文字来规划管理的地图，每个地区都有相应的主导经典文本。

经典文本日渐强大的力量将文字置于许多冲突的中心，包括大部分宗教战争。即便是在现代，当弗兰克·博尔曼、詹姆斯·洛弗尔和威廉·安德斯回到地球时，迎接他们的也是一起诉讼。直言不讳的无神论者玛德琳·默里·奥黑尔（Madalyn Murray O'Hair）要求法院禁止美国宇航局未来任何“对基督教《圣经》的朗读……无论是在太空中，还是在未来与太空航行有关的一切活动中”。* 奥黑尔深谙这部经典文本的塑造力，而她并不喜欢这本书。

奥黑尔不是唯一一个对朗读《圣经》提出挑战的人。当博尔曼还在环绕月球时，他会定期接收到从休斯敦的地面控制中心发来的新闻消息，他们称之为“星际时报”（Interstellar Times）。他从中得知从柬埔寨释放的士兵们，以及同年早些时候被朝鲜俘获的美国海军船只“普韦布洛号”（*Pueblo*）的最新消息。

普韦布洛号的消息每天都占据“星际时报”的头条，提醒着博尔曼永远不要忘记，他来到太空的目的是让西方阵营在跟苏联和共产主义的月球竞赛中获胜。阿波罗 8 号的航天任务是冷战的一部分，而冷战，在很大程度上也是经典文本间的战争。

苏联建立在一些观念之上，这些观念在一部比《圣经》更新的文本中被清晰地表达出来。由马克思和恩格斯撰写，并被列宁、毛泽东、胡志明和卡斯特罗热切解读的《共产党宣言》（*The Communist Manifesto*），到阿波罗的航天任务时它虽然只有 120 年的历史，却能够与《圣经》这样的更古老的经典文本竞争。当博尔

---

* Jack Roberts, District Judge, United States District Court, W.D. Texas, Austin Division, Memorandum Opinion, December 1, 1969. O' Hair v. Paine Civ. A. No. A-69- CA-109.

曼计划着朗读《圣经》时，他一定想起了苏联宇航员尤里·加加林（Yuri Gagarin）——第一个进入太空的人。加加林并没有想到要将《共产党宣言》带入太空，但他受其影响，在胜利返回地球时宣布："我看了又看，并没有看见上帝。"* 远在太空，一场关于思想和书本的战争进行得正激烈。加加林在进入太空上战胜了博尔曼，不过博尔曼也用一部有影响力的经典文本留下了传奇。

阿波罗 8 号对《创世记》的朗读也道出了文学背后创造性技术的重要性。这些技术在世界各处被发明，逐渐才被连接到一起。博尔曼写出这些《创世记》的句子用的是字母，它是发明于古希腊的有效书写代码。他写下这些句子使用的纸，是最初在中国被发明，后来通过阿拉伯世界传到欧洲和美洲的一种便利材料。他是从装订成书的《圣经》里抄录的这些句子，而书是罗马人的一项有用发明。这些书页是被印刷出来的，而印刷术是中国人的发明，在欧洲北部得到进一步发展。

正是在讲故事和文字书写的交汇处，诞生了文学。以前，讲故事只是带着不同的规则和目的存在于口述文化中。而一旦讲故事和文字书写产生关联，文学就作为一种全新的力量登场了。所有那之后发生的，即文学的全部历史，都是从这个交汇的时刻开始的。也就是说，如果想要讲述文学的故事，我必须同时将焦点对准讲故事的传统，以及诸如字母、纸、书和印刷之类的创造性技术的演变。

讲故事和文字书写技术的发展并不是一帆风顺的。文字本身至少被发明过两次，一次在美索不达米亚，而另一次在美洲。美洲的

* 这句话是有争议的，有可能来自尼基塔·赫鲁晓夫的一次演说。

神职人员出于无法掌控文字的恐惧，拒绝用文字记录神圣的故事。他们的感受，两千年后在生活于地球另一端的西非吟游诗人身上得到了呼应。埃及的抄写员们接受了文字，但试图不予公开，想要私自占有文字的力量。像苏格拉底这样有感召力的哲人述而不作，以此对抗经典文本拥有权威的观念，并且反抗那些使经典化成为可能的文字书写技术。之后出现的一些发明只是选择性地被使用了，比如阿拉伯学者们使用了中国的纸，但对中国的另一项发明——印刷术——则没有兴趣。

文字的发明常常伴随着一些意想不到的副产品。保存古老的文本，意味着它们所用的语言得以人为地保持生机。自那以后，就一直有人学习"死语言"。一些文本被宣告为神圣的，因此引发了不同经文的读者之间激烈的对抗和战争。新技术有时会引发媒介形式的竞争，比如公元头几个世纪发生在传统书卷和更新的书之间的争斗，当时基督徒用他们神圣的书本与希伯来古卷抗衡。后来，西班牙探险家用他们印刷的《圣经》和手工制作的玛雅经文较量。

关于文字的宏观故事在我心中慢慢成形，在我看来，它以四个阶段展开。第一个阶段由小群体的抄写员主宰，只有他们能掌握早期困难的文字系统，并因此掌控了那些从讲故事的人当中收集的文献，比如《吉尔伽美什史诗》(*Epic of Gilgamesh*)、《希伯来圣经》(Hebrew Bible)，以及荷马的《伊利亚特》(*Iliad*)和《奥德赛》(*Odyssey*)。

在第二个阶段，当这些经典文本的影响力逐渐增强，那些富有感召力的教师对它们提出了挑战，比如佛陀、苏格拉底和耶稣。他们公开抨击神职人员和抄写员的影响力，他们的追随者则发展出新的写作风格。我将这些生动的文本称为“教师文学”（teachers' literature）。

在第三个阶段，得益于那些让接触书写更容易的创新，独立的作者们开始登场。这些作者先是模仿古老的文本，但接着，像日本的紫式部和西班牙的塞万提斯这样的更大胆的作者很快就创造出新的文学体裁，其中最为重要的是小说。

最后是第四个阶段，纸和印刷技术的广泛使用带来了批量生产和大众文学的新时代，随之而来的是报刊和海报传单，还有比如《富兰克林自传》（*The Autobiography of Benjamin Franklin*）或《共产党宣言》这样的新文本。

这四个阶段，以及使之成为可能的故事与发明，共同创造出一个由文字塑造的世界。在这个世界里，我们理所当然地认为宗教是以典籍为基础的，而国家和民族是建立在文本之上的。在这个世界里，我们习惯与过去的声音对话，想象着向未来的读者致辞。

博尔曼和他的组员们用一份古老的文本打了一场文学的“冷战”，他们使用的是古老的技术：书、纸张和印刷。但是，他们的锥形舱体里配备有新的工具——被缩小到能装进阿波罗 8 号太空舱的电脑。不久之后，这些电脑将引发一场至今还影响着我们生活的文字革命。

这本文学史的写作，很大程度上得益于我们最新的文字书写技术革命。如此量级的革命并不经常发生。从中东和希腊开始的字母革命使书写变得容易掌握，提高了识字率。纸的革命从中国开始，在中东延续，它降低了文学的成本，并因此改变了文学的性质。它还为印刷革命奠定了基础，后者最早发生在东亚，几百年以后在欧洲北部得到发展。这中间还有一些更小的革新，比如小亚细亚的羊皮纸（parchment）和罗马的抄本（codex）的发明。在过去的四千年间，有那样一些时刻，新技术彻底地改变了文学。

技术改革仍在进行。显然，当今的科技革命每年都在用新的书写形式轰炸我们，从电子邮件和电子阅读器到博客与推特，不仅改变了文字被传播和阅读的方式，而且因为作者们也在适应这些新情况，而改变了书写的方式。同时，我们最近才开始使用的一些词，听起来像是回到了文字久远的历史里一些更早的时刻：就像古老的抄写员一样，我们"向下卷动"（scroll down）文本，盘腿坐着读"平板 / 写字板"（tablet）。我们该如何理解这种新与旧的组合？

在探索文学的故事的过程中，我变得焦躁不安。仅仅坐在书桌前思考文学如何塑造了我们和我们星球的历史，感觉很奇怪。我必须前往这些伟大的文本和发明诞生的地方。

于是我从贝鲁特到了北京，又从斋普尔（Jaipur）到了北极圈。我探寻了特洛伊和恰帕斯（Chiapas）的文学遗迹，与考古学家、翻译家、作家们对话，在加勒比寻找德里克·沃尔科特（Derek Walcott），在伊斯坦布尔寻找奥尔罕·帕慕克（Orhan Pamuk）。我去了那些文学被埋葬或烧毁，尔后又重新出现并重获生机的地方。我在土耳其伟大的帕加马（Pergamum）图书馆的遗迹中漫步，琢磨着羊皮纸是如何在这里被发明的。我惊叹于中国的碑林，帝王们试图以此让他们推崇的经典不朽。我跟随游记作者的脚步，去西西里岛追溯歌德发现世界文学的步伐。我寻找南墨西哥萨帕塔起义（Zapatista uprising）的领导人，因为他曾经将古老

希腊抄写员在一块写字板上书写——刻画于公元前 4—6 世纪的一个瓶子上的场景，希腊抄写员使用的是可被擦除、可反复使用的蜡制写字板

的玛雅史诗《波波尔·乌》（*Popol Vuh*）当作反抗和起义的武器。

在那些旅途中，我几乎处处遇见以某种形式书写的故事。接下来，我将尝试通过讲述文学以及它如何将我们的星球变成一个被书写的世界，来传达我的经历。

第一章 亚历山大的枕边书

他亲吻亲爱的儿子，抱着他往上抛一抛，

然后向着宙斯和其他的神明祷告。

公元前 336 年，马其顿

出生于马其顿的亚历山大之所以被称为“大帝”，是因为在不到 13 年的时间里，他统一了自负的希腊城邦，征服了希腊与埃及之间的所有王国，打败了强大的波斯军队，尔后建立了一个延伸至印度的帝国。自那以后，人们一直议论这个来自希腊小国的统治者是如何实现如此壮举的。然而更加吸引我的，是另外一个问题：亚历山大起初为何想要征服亚洲？

在思考这个问题时，我注意到亚历山大在军事征服中随身携带的三件物品。他每晚放在枕头下的这些物件，充分体现了他是如何看待自己的征服大业的。第一件物品是一把匕首。* 在匕首旁边，亚历山大放了一个盒子。而这个盒子里，装着三件物品里最珍贵的一件：《伊利亚特》，他最喜爱的一本书。†

亚历山大是如何获得这三件物品的？它们对他而言又有什么特殊意义呢？

---

* Plutarch, *Lives,* volume VII, translated by Bernadotte Perrin, Loeb Classical Library 99 (Cambridge, Mass.: Harvard University Press, 1919), chapter VIII, section 2.

† Plutarch, *Lives,* VIII, 2-3.

他枕着匕首睡觉，是为了避免像父亲一样被刺杀的命运。那个盒子，是他从波斯敌人大流士三世那里缴获的。而将《伊利亚特》带到亚洲，是因为这本重要的书俘获了这位将要征战天下的王子的心。在这个故事里，亚历山大看到了自己的战途和人生。

荷马的史诗对世世代代的希腊人来说，是一部经典文本。对带着它行军的亚历山大来说，《伊利亚特》好比神圣的经文。这就是文字的力量，尤其是那些经典文本，它们改变了我们看待世界以及对待这个世界的方式。在亚历山大的故事里，这种力量是毋庸置疑的。他不仅兴味盎然地阅读和学习了《伊利亚特》，并且在现实中再现了这个故事。读者亚历山大将自己置身于故事中，在荷马的阿基里斯（Achilles）的故事中，他看到了自己的人生轨迹。亚历山大大帝是众所周知的非凡帝王。原来，他也是个不平凡的读者。

一位年轻的阿基里斯

亚历山大还是王子时，他在人生的转折点上汲取了关于匕首的教训。* 他的父亲、彼时的马其顿国王腓力二世的女儿正要出嫁，没有人胆敢拒绝腓力举办的庆典的邀请。被派来参加庆典的有希腊城邦的使者，以及来自不久前被征服的色雷斯（Thrace）的客

* 关于马其顿国王腓力二世的婚礼和谋杀记述，基于 Diodorus Siculus, *The Library of History*, translated by C. H. Oldfather, Loeb Classicl Library 422 (Cambridge, Mass: Harvard University Press, 1933), book XVI, sections 91-94。关于亚历山大大帝的主要古典文献来自阿里安（Arrian）和普鲁塔克（Plutarch），以及西库鲁斯（Siculus）。他们的记述参考了更古老的、无从考据的资料。

人——在色雷斯，多瑙河汇入黑海。在人群中，或许还有被腓力的军事成就吸引、慕名而来的波斯人。亚历山大的父亲准备对小亚细亚（Asia Minor）发起一次重大军事进攻，这在波斯国王大流士三世的心中引起了巨大恐慌。腓力的宴会以挥霍无度闻名，让马其顿的古都埃迦伊（Aegae）充满了活力。所有人都聚集在大剧院里，翘首期盼庆典的开始。

亚历山大在目睹这一切的准备工作时，必定怀着复杂的情绪。他从小就被当成父亲的接班人来培养，接受了强行军和武术的训练。他已经是个有名的马术师，小小年纪就驯服了一匹不受控制的野马，震惊了他的父亲。[*]腓力还特别注重对亚历山大的语言教育，确保他的儿子除了会说马其顿的山区方言，还学习了正统的希腊语。（亚历山大发怒时，总是说回马其顿方言。）[†]而如今，在亚历山大身上付出了许多心力的腓力，似乎改变了他对继承权的打算。[‡]他正要将女儿嫁给他妻子的兄长，而后者可能会因此成为亚历山大的竞争者。如果他们生下子嗣，那么亚历山大的位置可能会被完全取代。[§]腓力极度擅长缔结联盟，尤其是通过婚姻的形式。亚历山大心里清楚，他父亲会为了达到自己的目的而不惜违背任何诺言。

亚历山大无暇多想：他的父亲腓力正要步入剧院。腓力为了展现自信心和统治力，并没有像往常一样带着护卫，而是独自一人前来。马其顿从没有如此强大过，受到了空前的尊重。如果进军小亚

---

* Plutarch, *Lives*, VI, 1-6.

† Plutarch, *Lives*, LI, 4.

‡ Plutarch, *Lives*, X, 1-2.

§ Plutarch, *Lives*, IX, 4ff.

细亚的战事获得成功，腓力将会成为在波斯帝国领土上打败了波斯的希腊领导者，闻名于世。

突然，一个带着武器的男人冲向腓力。匕首出鞘，国王倒地。人们纷纷跑向腓力，而袭击者呢？他成功逃了出去。一些贴身卫士在外面看到了他并尝试追赶。袭击者向一匹马跑去，但被藤蔓绊住，整个人摔倒在地上。卫士们赶了上来，在短暂的搏斗后将其刺死。而在剧院里，国王腓力躺在血泊中咽了气。马其顿和希腊联盟，还有为了进攻波斯而招募的军队，就这样失去了领军者。

在亚历山大的余生里，哪怕是夜晚，他也会随身携带匕首保护自己，以免重蹈父亲的覆辙。

杀手是波斯国王大流士三世派来阻止腓力进攻小亚细亚的吗？如果大流士是这场谋杀背后的主使，那么他失算了。[*] 亚历山大利用这场谋杀，除去了潜在的竞争对手，夺取了王位，并发动了一场向北守护马其顿国界、往南保护希腊城邦王权的远征。[†] 之后，他开始准备对付大流士。沿着波斯军队在几代人以前进攻希腊的路线，亚历山大率大部队渡过赫勒斯滂（Hellespont）[‡]，开启了对波斯的征伐。

亚历山大在对阵波斯军队之前，绕道去了一趟特洛伊。此行没有任何军事意义，尽管特洛伊占据了亚欧之间狭窄的航道，但早已失去了曾经的重要地位。他也并不是要去那里抓捕大流士。将特洛

---

* 关于谁是这场刺杀背后的策划者有不同的理论。普鲁塔克认为是一名被虐待的卫兵保萨尼阿斯（Pausanias）。Plutarch, *Lives*, X, 4 and Diodorus Siculus, *Library*, XVI, 93ff.

† Plutarch, *Lives*, XI. I also consulted Arrian, *Anabasis of Alexander*, translated by P. A. Brunt, Loeb Classical Library 236 (Cambridge, Mass.: Harvard University Press, 1976), book I, chapter 1ff.

‡ 赫勒斯滂是爱琴海最北方的水域，即爱琴海与达达尼尔海峡的交界区域。——译者注

伊作为去亚洲的首站，亚历山大暴露了他征战亚洲的一个特别的动机，一个可以从他随身携带的书——荷马的《伊利亚特》——里找到的动机。

特洛伊战争的故事成为经典文本之后，许多人对特洛伊心驰神往。这当然也是我去特洛伊的原因。我年轻时，最早接触的不是忠于原文的翻译版本，而是儿童版的《伊利亚特》。我在大学学习希腊语时，借助词典读过原文的一部分。书中那些著名的场景和人物我一直牢记于心，包括故事的开场——希腊军队围困特洛伊长达九年；因为自己的女俘布里塞伊斯（Briseis）被阿伽门农（Agamemnon）掳走，阿基里斯从战斗中退出。希腊人在失去了他们最优秀的战士之后，在特洛伊人的猛攻下岌岌可危。然而，阿基里斯又回到战场，杀死了特洛伊最重要的战士赫克托耳（Hector），拖着他的尸体绕城一圈。[根据其他资料的记录，帕里斯（Paris）成功地反击了阿基里斯，用箭射中他的脚踝，将他杀死。] 我还记得诸神之战，雅典娜（Athena）和阿佛洛狄忒（Aphrodite）分别支持希腊人与特洛伊人。还有奇异的背景故事，帕里斯称赞阿佛洛狄忒为最美丽的女神，从而获得了墨涅拉俄斯（Menelaus）的妻子海伦（Helen）作为回报，结果引发了战争。史诗中最令我震撼的画面当然是希腊士兵藏身的特洛伊木马。不过，当读到更加精确的翻译时，我意外地发现《伊利亚特》并没有叙述这场战争的结尾部分，在《奥德赛》中也只是略略带过。

当我想到《伊利亚特》里关于特洛伊的故事时，我脑海中总会浮现一幕场景。赫克托耳从城下的激战中回来寻找他的妻子安德洛玛刻（Andromache）。而安德洛玛刻不在家，因为她着急地去城里打探丈夫的消息了。最后，赫克托耳在城门附近找到了她。安德洛玛刻恳求他别再拿自己的生命冒险，但赫克托耳解释说，他必须用战斗来保护她的安全。在这极度紧张的对话之间，保姆带来了他们的儿子：

显赫的赫克托耳这样说，把手伸向孩子，
孩子惊呼，躲进腰带束得很好的
保姆的怀抱，他怕看父亲的威武形象，
害怕那顶铜帽和插着马鬃的头盔，
看见那鬃毛在盔顶可畏地摇动的时候。
他的父亲和尊贵的母亲莞尔而笑，
那显赫的赫克托耳立刻从头上脱下帽盔，
放在地上，那盔顶依然闪闪发亮。
他亲吻亲爱的儿子，抱着他往上抛一抛，
然后向着宙斯和其他的神明祷告。*

城门外激战正酣，此处丈夫与妻子关于战争意义的对话紧张激烈，这时，父亲摘下吓到了孩子的头盔，气氛瞬间改变了。这是一个家庭和解的瞬间，头盔让位于赫克托耳亲吻儿子时展露的笑脸。但是头盔仍然在那里，在地面上反射着亮光，孩子也许还在抽泣，让人意识到这只是一场战争中短暂的休憩。这场战争将以赫克托耳

* 罗念生：《罗念生全集第五卷：荷马史诗〈伊利亚特〉》，上海：上海人民出版社 2004 版，第 160—161 页。——译者注

的死亡、伟大的特洛伊城的毁灭而告终。

当我第一次靠近那高高山坡之上的特洛伊遗址时，这一切都在我心中上演。这座要塞曾经离海很近，但是自从特洛伊在大约公元前 1200 年陷落之后，由于斯卡曼德河（Scamander）带来的沉积物，大海逐渐远去。古代时，它曾控制欧亚之间的航道，如今这座城只是立于广阔的平原上，与海隔绝，我在地平线上几乎看不见海。

比现今特洛伊城的位置更令人失望的是它极小的规模。在我的想象中，这座堡垒与城市应该是巨大高耸的，但实际上，用不了五分钟就能穿城而过。很难想象这座迷你堡垒是如何长时间抵抗强大的希腊军队的。难道这就是史诗文学的成就，将一座小小的堡垒吹捧成高大得不成比例的建筑？

我沉浸在失望中，突然意识到亚历山大的反应与我恰恰相反。他热爱特洛伊。像我一样，亚历山大从孩童时期第一次接触到荷马时，就对那个史诗世界魂牵梦绕。他在研读荷马的过程中学会了阅读和写作。* 对亚历山大的成绩感到高兴的国王腓力找到了当时最有名的哲学家亚里士多德，说服他北上来到马其顿。亚里士多德恰恰是最棒的荷马解读者，并且视荷马为希腊文化与思想的源泉。在他的指导下，亚历山大逐渐将荷马的《伊利亚特》视为希腊文化里最重要的故事，而且把它当成自己立志追求的一个理想范本、穿越亚洲的一股动力。亚历山大每晚放在自己枕头下的《伊利亚特》，正是他的老师亚里士多德做了注解的版本。†

---

* Plutarch, *Lives*, VII, 2ff.

† Plutarch, *Lives*, VIII, 2–3.

亚历山大到达亚洲后做的第一件事，是去普洛忒西拉俄斯（Protesilaus）的墓地向他致敬。在《伊利亚特》中，普洛忒西拉俄斯因为是希腊船只抵达时第一个登岸的人而被人称颂。[*] 事实证明，这只是亚历山大重演荷马史诗的开端而已。到达特洛伊之后，亚历山大和他的朋友赫费斯提翁（Hephaestion）在阿基里斯与普特洛克勒斯（Patroclus）的墓前献了花环，向全世界昭告他们将会跟随这对著名的希腊勇士和挚友的脚步。[†] 他们和同伴们遵照荷马史诗时代的风俗，围绕着城墙裸体奔跑。[‡] 当亚历山大收到一把据说曾为帕里斯所有的七弦竖琴时，他抱怨说自己更想要阿基里斯的那把[§]；他还拿走了从特洛伊战争中留存下来的盔甲。[¶] 亚历山大将身披荷马史诗时代的盔甲去征服亚洲。

尽管特洛伊没有什么直接的战略意义，但它揭示了亚历山大战争的一个隐秘根源：来到亚洲重温特洛伊战争的那些故事。荷马塑造了亚历山大的世界观，而亚历山大通过战争将他的想法付诸行动。当亚历山大到达特洛伊时，他主动承担起延续史诗故事的使命，并且远远超越了荷马可以想象的程度。通过重演对亚洲更大规模的征服，亚历山大使荷马变得更加伟大。（他喜欢的《伊利亚特》中的章节似乎也跟我喜欢的不同：我被赫克托耳、安德洛玛刻和他们的儿子之间的家庭场景吸引，而亚历山大则在阿基里斯和他的勇

---

* Arrian, *Anabasis,* book I, chapter 11, section 5. Diodorus Siculus, Library, XVII, 17, 11.

† Arrian, *Anabasis,* I, chapter 12, section 1.

‡ Plutarch, *Lives,* XV, 4.

§ Aelian, *Historical Miscellany*, edited and translated by N. G. Wilson, Loeb Classical Library 486 (Cambridge, Mass.: Harvard University Press, 1997), book 9, 38; Plutarch, *Lives*, XVI, 5.s.

¶ Arrian, *Anabasis,* book I, chapter 11.

猛中找到了共鸣。）

亚历山大在特洛伊期间，波斯的大流士派了一支包括波斯指挥官和希腊雇佣兵的部队。在格拉尼卡斯河（Granicus River）上发生了亚历山大和波斯军队之间的第一次冲突，以波斯军队的战败告终。* 大流士意识到这个马其顿年轻人比他想象的更具威胁。看来他必须亲自出马。于是大流士开始集结一支庞大的军队来解决这个麻烦制造者。

亚历山大的马其顿和希腊军队比波斯军队规模要小，但他们有更好的训练，希腊人还发明了强大的军事战术。亚历山大的父亲继承了希腊的长矛方阵（phalanx）——一排排密切配合的步兵一手拿着盾，一手持着矛，彼此保护和支援。在通过训练强化了士兵们的纪律之后，腓力成功增加了矛的长度，将士兵阵列变成了一面无法突破的移动的墙。† 即位之初，亚历山大就将经过改进的方阵和一支可以从后方包围、攻击敌方军队的骑兵部队整合到一起。他用自己独特的战斗风格来激励士兵。他的对手大流士在战斗时通常会退到后方，而亚历山大则会指挥进攻，并最大可能地自己投入战斗。有一次，在包围一座城池时，亚历山大冲在所有人前面攀登、翻越城墙，身边仅有两名护卫兵与他一起面对成群的守城士兵。他的士兵们最终追上来时，发现受了伤的亚历山大被敌人四面包围，但仍在勇猛地防守。‡

---

* Arrian, *Anabasis*, book I, chapter 13ff.

† Joseph Roisman and Ian Worthington, *A Companion to Ancient Macedonia* (New York: Wiley, 2010), 449.

‡ Plutarch, *Lives*, LXIII, 2ff.

这两支军队最后于公元前333年在伊苏斯（Issus）相遇，那里靠近现在土耳其和叙利亚的交界处。这里的海岸线紧靠山脉，留给大流士庞大的军队相对少的空间。大流士对自己的人数优势十分自信，向守卫着希腊军队左翼的方阵部队发动猛攻。但最终，训练更为有素的一方在战斗中占据了上风。方阵没有崩溃，希腊士兵甚至开始追赶波斯士兵。亚历山大负责右翼，他发现波斯国王身边的防线出现了缺口，于是直接冲向大流士。大流士不敢正面迎战，落荒而逃，亚历山大紧追其后。*

年幼时，我从书上看到了文艺复兴时期的画家阿尔布雷希特·阿尔特多费（Albrecht Altdorfer）的画作《亚历山大的伊苏斯战役》，从那以后，画中描绘的伊苏斯战役的场景就一直萦绕在我心头。画中，落日照耀着天空，云朵与光线交相辉映，极具戏剧色彩；与之相映衬的是云朵下面战场上林立的长矛，还有盔甲和战马。混乱中，大流士站在由三匹马拉着的战车上，亚历山大独自骑着一匹马在他身后追击。我一直对这幅画的细节和质感喜爱不已。每次在画册中看到它时，我都会仔细地研究，反复琢磨战斗的场景、军队的营地，以及在远处的城堡废墟。（当终于见到原画时，我发现它比我想象中的小得多，只有158厘米 ×120厘米。）

画中，亚历山大看起来随时会追上大流士，但实际上大流士再次逃脱了。然而，无论从哪方面来看，这都是一次决定性的胜利。亚历山大夺取了大量的财宝，俘获了大流士的母亲、女儿和妻子。亚历山大是不是将大流士的妻子想象成特洛伊英雄赫克托耳的妻子

* Arrian, *Anabasis,* book II, chapter 5ff; Plutarch, *Lives,* XX–XXI.

安德洛玛刻了呢?

正是在这场战役中，亚历山大获得了大流士的盒子，他后来把那本《伊利亚特》保存在这个盒子中作为警醒，提醒自己尚未以最纯正的荷马史诗的方式彻底击败敌人。

亚历山大并没有停止扮演阿基里斯。* 他暂时忽略了写信威胁自己要求释放其家人的大流士。亚历山大继续沿着海岸行进，确保强大的波斯军队不能从海上发起进攻。他一直前进至黎凡特（Levant），迫使沿路的城镇归降于他，如果有城镇反抗，他就洗劫全城。在征服加沙（Gaza）时，亚历山大杀死了拒绝了他和平受降提议的反抗头领巴蒂斯（Batis），并拖着他的尸体绕城一圈，就像阿基里斯对待赫克托耳那样。† 亚历山大似乎已经确定，忠实地重演荷马史诗的场景是通向胜利之路。

但是亚历山大深受荷马史诗的熏陶，对他而言，真正的赫克托耳不是区区加沙将领，而是大流士三世。在确保占领了埃及之后，亚历山大便立刻进入美索不达米亚，他发现大流士正严阵以待。大流士不敢再低估亚历山大。这一次，他几乎集合了整个波斯帝国最庞大的军力。两方军队在美索不达米亚的中心正面相遇，那里靠近今天伊拉克境内的摩苏尔（Mosul）。‡ 亚历山大先是指挥他的方阵部队迎战波斯军队，接着采取了一个大胆的策略。他的骑兵部队将波斯人远远地引向右路，然后出其不意地对波斯中军发起了制胜一

---

* 关于亚历山大对阿基里斯的认同，请查阅 Andrew Stewart, *Faces of Power: Alexander's Image and Hellenistic Politics,* volume 11 (Berkeley: University of California Press, 1993), 80ff。

† Quintus Curtius Rufus, *History of Alexander,* translated by J. C. Rolfe, Loeb Classical Library 368 (Cambridge, Mass., Harvard University Press), IV, 29.

‡ Arrian, *Anabasis,* book III, chapter 9ff.

击。亚历山大完成了他的目标：波斯帝国是他的了。*

这场胜利中唯一的缺憾是，大流士又一次逃脱了。虽然这位波斯国王已不再构成任何威胁，亚历山大还是发动了追击。亚历山大是想为他的父亲报仇吗？他并没有对大流士的母亲、妻子和女儿们做出任何报复性的行为，反而用最尊重的方式对待她们。† 亚历山大不是想报仇，而是继续重演着他的史诗。他想在传统的战斗中直面大流士，用一次决斗击败他，就像阿基里斯面对面击败赫克托耳那样。不幸的是，这个夙愿并没有成真。大流士是被自己的一名将领杀死的，尸体被留给了亚历山大。‡ 亚历山大哀悼了这位值得尊重的对手，之后愤怒地追捕到那名剥夺了他荷马式胜利的凶手。§

荷马的声音

公元前 800 年，希腊

《伊利亚特》最初并不是文学作品，而是传统的口述故事。故事的背景是青铜器时代，大概在公元前 1200 年，那是一个在亚历山大采用先进战争技术之前的世界，文字也还没有被发明出来。¶ 实际上，当时希腊克里特岛上的米诺斯文明已经开发出一种早期的文字

* Arrian, *Anabasis,* book III, chapters 14–16.

† Plutarch, *Lives,* XXI, 2–3.

‡ Arrian, *Anabasis,* book III, chapter 21.

§ Arrian, *Anabasis,* book III, chapter 23, section 1ff; chapter 25, section 8.

¶《伊利亚特》中有一处提及文字，是普罗透斯（Proteus）派他希望死去的柏勒洛丰（Bellerophon）去利西亚（Lycia）的国王那里时，他“在一块折叠的写字板上”附上了一条文字信息，指示国王杀死带着这块写字板的人。Homer, *Iliad,* VI, 155–203.

体系，类似于埃及的象形文字，迄今尚未被成功解读。在希腊本土的迈锡尼，一种叫作线形文字 B（Linear B）的相关文字系统已经出现，但它主要被用于经济交易。* 没有人想到要将特洛伊战争的故事记录下来，那些故事只是由专门的吟游诗人唱给或多或少的听众。†

大概在公元前 800 年，从腓尼基（Phoenicia），也就是今天的黎巴嫩来的旅行者给希腊带来了一种新的文字体系，这种文字体系与其他文字体系完全不同，所以起初人们很难明白该如何使用它。更古老的文字，比如迈锡尼使用的那种，是由代表诸如牛、房屋、谷物等实物的符号构成的。随着时间的推移，这些符号也开始代表组成这些实物名称的音节，或者甚至是单一的声音，但是这些符号起初都是有意义的，在形状上与特定的物品或者想法有关联，这也使得它们更容易被记住。

根据埃及早些时候的实验，腓尼基人意识到，这些文字系统的长处也是它们的短处。只要这些符号是建立在意义上的，它们就会无穷无尽。作为对策，腓尼基人提出了一个彻底的解决方案：他们的文字必须脱离物品和意义的世界。于是，他们的文字只代表语言，更具体地说，是语音。每一个符号都代表一个语音，然后这些符号结合起来构成有意义的词语。脱离物品和意义，是一件很困难的事。但是这会带来一个巨大的优势，即成百上千的符号将被缩减

* 关于线形文字 B 的解读有一个扣人心弦的记录，请查阅 Margalit Fox, *The Riddle of the Labyrinth: The Quest to Crack an Ancient Code* (New York: HarperCollins, 2013)。

† 荷马的素材是被口头创作和保存的观念是在 20 世纪 20 年代由米尔曼·帕里（Milman Parry）和阿尔贝特·洛德（Albert Lord）推广的。我还参考了 Walter J. Ong, *Orality and Literacy: The Technologizing of the Word* (New York: Methuen, 1982)。

雕刻有线形文字 B 的泥板，发现于希腊的迈锡尼，线形文字 B 是从更古老的、至今尚未被破解的米诺斯线形文字 A（Linear A）发展而来的

到几十个，这使得阅读和书写变得简单很多。* 文字更直接地与说话相连。†（腓尼基人的想法在地域上传播开来，希伯来语就是建立在这个概念之上的。）

腓尼基人将这个想法系统地应用到他们的语言中，但他们并没有把这套逻辑贯彻到底。只有辅音有字母代表。这就好比，在英语中，“rg”所指的可以是“毛毯”（rug）、“帆船装备”（rig）或者

* 导致了一个纯字母文字系统的心理突破引自 Robert K. Logan 的分析，不过他夸大了这个突破的影响。*The Alphabet Effect: A Media Ecology Understanding of the Making of Western Civilization* (Cresskill, N.J.: Hampton Press, 2004).

† Henri-Jean Martin, *The History and Power of Writing*, translated by Lydia G. Cochrane (Chicago: University of Chicago Press, 1994), 31.

“愤怒”（rage）。读者必须依赖语境并通过自行添加元音来推测是哪个词。在此处，希腊人发现了改进的空间，他们添加了元音，使腓尼基人的文字系统变得完整。再也不需要去猜测“rg”代表的是哪个词了。一个完整的词语，它全部的语音序列，以“r-a-g-e”被拼写出来。

这个新系统尤其适合用来传唱特洛伊战争故事的诗文节奏*——六音步（hexameter，即每行诗有六个韵脚，每个韵脚由一长两短或两长音节构成）。这种语音节奏在腓尼基人的文字系统中不易记录，其中最重要的部分，即音节核心的长重音，比如“rage”（愤怒）中的“a”，是缺失的。希腊人的改进提供了长重元音。新的语音字母对书写特洛伊战争的故事来说再完美不过了，几乎可以说抄写员们利用这些新字母做的第一件事就是写下这些故事。甚至有可能，希腊字母最初就是为了记录这些吟游诗人的六音步长诗而特意发明的。† 无论如何，这种新的系统确保读者们想到的不是阿基里斯的帆船上的“装备”（rig），也不是夜晚他睡在上面的“毛毯”（rug），而是一场恶斗后阿伽门农夺走阿基里斯应得的奖励时，他感受到的“愤怒”（rage）；就像这部史诗著名的第一句所描绘的：“唱吧，女神！歌唱裴琉斯之子阿基里斯的愤怒——他的暴怒招致了这场凶险的灾祸，给希腊人带来了受之不尽的苦难。”‡

* 这个论点建立在这一事实之上：希腊字母（除了线形文字 B 之外）早期不曾专门被用于经济交易领域。

† 提出这个观点的是 Barry B. Powell，见 *Homer and the Origin of the Greek Alphabet* (Cambridge, U.K.: Cambridge University Press, 1991)。

‡ 罗念生：《罗念生全集第五卷：荷马史诗〈伊利亚特〉》，上海：上海人民出版社 2004 版，第 160—161 页。——译者注

有一位名为荷马的吟游诗人，变得尤为出名（尽管我们甚至无法确定是否真的有一位吟游诗人叫这个名字）。但是，那位用文字记录下特洛伊战争故事的天才抄写员，名字却不为人知。但正因为这样的合作，才使得荷马版本的故事变得独一无二。因为那位无名的抄写员也许只抄写了一位吟游诗人的版本，毕竟《伊利亚特》不是世世代代不同的抄写员抄写不同吟游诗人版本的拼凑，这使得它比其他手稿，比如《希伯来圣经》，都更有连贯性。重要的是，《伊利亚特》的世界中并没有对文字书写的描述（只有一处例外），这部史诗与其说是以书写的形式，倒不如说是以吟唱的方式呈现于世的。《伊利亚特》和纯粹基于语音的希腊字母系统是一个有力的组合，它们将一起带来更深远的影响。几百年后，希腊见证了一次非凡的文学、戏剧和哲学领域的大爆发，成为举世闻名的文化繁荣的社会。

亚洲希腊化

希腊字母系统和荷马的作品是在亚历山大之前传播到小亚细亚的，可在亚历山大到来之后，它们比以前走得更远。新字母系统的力量以及随之而来的识字文化，反过来也帮助推进了亚历山大的事业。* 亚历山大征服小亚细亚，并在美索不达米亚和波斯打败大流士之后，继续前进，他在春天跨越兴都库什山，进入阿富汗，在季

* Martin, *History and Power,* 37.

风雨季跨越印度河，迎击令人生畏的战象。武装的敌人和自然都无法阻止他。随着每一次得胜和每一块新领土被占领，希腊人越来越清楚世界远比他们以前所知的要大得多。

亚历山大的帝国持续扩张，他开始相信自己就像阿基里斯一样是个半神，是某位女神的儿子。* 他命令希腊众城邦正式给予他神的地位，许多城邦照做了。† 只有一直与他保持一定距离的斯巴达送来了简短而独特的回应。“既然亚历山大想要成为神，那么就让他成为神吧。”他们如是回答，暗示这神性全是亚历山大空想出来的。‡

亚历山大征服的领土越多，他要面对的麻烦也越多。波斯势力范围的西边和南边，像安纳托利亚和埃及这些地区，欣然接受了亚历山大，因为亚历山大通常维持当地原有领导者和治理结构不变。但是，从希腊向东走得越远，掌控占领的土地就变得越困难，他发现控制波斯的中心地区并不容易，而进入遥远的阿富汗和印度时，情况就变得更困难了。

为了继续保有这些领土，亚历山大做出一个决定，这个决定与他一直被教导的认为非希腊人都是次等的思想背道而驰。§ 他开始穿外族的衣裳，将外国人招进希腊军队。他还以巴克特里亚（Bactrian，也称大夏，今天的阿富汗）的复杂仪式娶了一位阿富汗妻子。¶ 他敬拜外来的神灵，还让他的东方封臣们脸伏于地向他

---

* Plutarch, *Lives,* XXVIII; Arrian, *Anabasis,* book VII, chapter 29.

† Arrian, *Anabasis,* book VII, chapter 23.

‡ Aelian, *Historical Miscellany,* II, 19.

§ Plutarch, *Lives,* XLV, 1.

¶ Plutarch, *Lives,* XLVII.

下拜。[*]

忠心追随亚历山大的希腊和马其顿战友们都大感意外。[†]他们感到自己被这些外国对手取代了，好像不再认识自己的国王。当亚历山大邀请他们参加一个私人晚宴时，他们开始显露出厌恶之情。每个人都被要求遵循东方的礼节，在他们的国王面前叩拜。亚历山大回之以亲吻，然后允许他们起身。这些打过许多胜仗的勇士，即便不是雅典民主主义者，也对这个习俗表示憎恶。可是，迫于压力，他们还是一个个勉为其难地向国王行了叩拜礼。只有一个人拒绝服从，他就是亚里士多德的侄孙克利斯提尼斯（Callisthenes），他被亚历山大召来当编年史家。他声称“这个吻应该留给更可悲的人”，这激怒了亚历山大。接下来我们将看到，亚历山大的这一愤怒引发了影响深远的后果。[‡]亚历山大不再认为自己是马其顿的国王，而是拥有巴比伦（Babylon）的“亚洲之王”。[§]

过度在意亚历山大的外族衣裳和习惯的将领们，没有意识到他占领的四方世界慢慢地都被希腊化了。亚历山大沿路留下了希腊和马其顿守卫军，以掌控地方的领导人。希腊殖民点连成的网络，其中一些是以亚历山大的名字命名的，很快布满了他的帝国。[¶]这个帝国由几十种语言和文化组成，而希腊人出了名地不愿意学习外语，更不要说外来的文字系统了。[**]他们对大部分非希腊人的蔑

---

* Arrian, *Anabasis,* book IV, chapters 5–6.

† Plutarch, *Lives,* L, 5–6.

‡ Arrian, *Anabasis,* book IV, chapter 12; Plutarch, *Lives,* LIV, 4.

§ Arrian, *Anabasis,* book IV, chapter 14, section 7.

¶ William V. Harris, *Ancient Literacy* (Cambridge, Mass.: Harvard University Press, 1991), 118ff.

** Harris, *Ancient Literacy,* 138.

视与这些人的语言和文字息息相关；他们称这些外族为“野蛮人”（barbarian），正是因为他们完全无法理解这些外国人说的话，那些听起来类似“巴巴”的声响。因此这些希腊和马其顿殖民者只会说希腊语，这一点毋庸置疑。甚至是穿着外族衣裳、结交外族朋友的亚历山大，也从不费心学习任何其他的语言。

荷马在这场语言征服中扮演了极其重要的角色，而这不仅仅是因为亚历山大喜爱他。每个人都是通过《伊利亚特》来学习认字和写字的，它成为使希腊语言和字母系统发扬光大的主要媒介。[*]《伊利亚特》成了经典中的经典。这也意味着，专业阐释者出现了，并不只是像亚里士多德那样的哲学家，还有那些对《伊利亚特》写了大量评注的评论家。

亚历山大的希腊士兵和殖民者说的是一种特殊的希腊语。它并不是雅典文化人的希腊语，也不是亚历山大的马其顿方言，而是一种用某种方法简化了的希腊口语，叫作“通用希腊语”（Common Greek）。这是一种发源于前几世纪的希腊贸易帝国的语言，现在成了亚历山大帝国里最常用的语言，来自不同地方的人都能用它对话。[†]地方的统治者一般继续使用当地的语言和文字系统，但希腊语和它的语音系统是跨越国界的沟通方式，正是亚历山大的征服消除了这些国界。[‡]亚历山大还发行了一种通用货币，四德拉克马银

---

* Harris, *Ancient Literacy*, 61.

† George Derwent Thomson, *The Greek Language* (Cambridge, U.K.: W. Heffer and Sons, 1972), 34; Leonard R. Palmer, *The Greek Language* (London: Faber and Faber, 1980), 176.

‡ Thomson, *Greek Language*, 35; F. E. Peters, *The Harvest of Hellenism: A History of the Near East from Alexander the Great to the Triumph of Christianity* (New York: Simon and Schuster, 1970), 61.

四德拉克马银币将亚历山大大帝的形象和希腊文字带到了他帝国的各个角落

币（tetradrachm），上面刻有他的头像和希腊文字。* 亚历山大不仅仅是一部文本的忠实读者，他还建立了这部文本能继续"生存"下去必不可少的基础设施。

随着希腊语成为一种世界性的语言，使用它的人仿佛也成了世界公民。亚历山大并没有背叛马其顿和希腊文化，而是成了一种新身份的化身，这种新身份跨越文化和地区，从希腊延伸至埃及，从马其顿延伸至印度。有一个不断被更多人接受的新词用来形容这种不被捆绑在单一种族或国家的新身份。不用说，它也来自希腊语：cosmopolitan（世界主义者，或曰世界公民）。亚历山大

* *Hellenism in the East: The Interaction of Greek and Non-Greek Civilizations from Syria to Central Asia After Alexander,* edited by Amélie Kuhrt and Susan Sherwin-White (Berkeley: University of California Press, 1988), 81; Peter Green, *Alexander the Great and the Hellenistic Age: A Short History* (London: Weidenfeld and Nicolson, 2007), 63. I also consulted M. Rostovtzeff, *The Social and Economic History of the Hellenistic World,* volume 1 (Oxford: Clarendon Press, 1941), 446ff.

对《伊利亚特》的输出证明，一部经典文本可以从诞生之地被带到更远的地方，并仍然保持它的影响力，成为真正意义上的世界主义的文本。

让希腊获益的不仅有亚历山大的胜利，还有它的字母系统的影响力。字母的革新持续开展，很快它就取代了埃及象形文字（以及后来的玛雅文字）这样的非字母文字系统。这是一场还在继续的革命。今天，只有东亚仍然在对抗字母，但就算在那里，语音文字系统和音节表也在日益发展。

在小亚细亚，其他文化和语言也随着希腊的扩张而收缩。吕底亚语（Lydian）在安纳托利亚最终消失，帕提亚（Parthia，今天的伊朗东北部）和巴克特里亚也越来越熟悉希腊语，其中巴克特里亚就是亚历山大妻子的家乡。[*] 甚至在腓尼基这个字母系统的发源地，希腊语也占据了主流。这场前所未有的语言输出的影响力甚至远至印度，在那里希腊语音字母对好几种文字系统都产生了影响。[†] 印度国王阿育王（Ashoka）统治时，他下令碑文都要用希腊语刻制。[‡]

---

* Peters, *Harvest of Hellenism*, 61, 345. I also consulted Jonathan J. Price and Shlomo Naeh, "On the Margins of Culture: The Practice of Transcription in the Ancient World," in *From Hellenism to Islam: Cultural and Linguistic Change in the Roman Near East*, edited by Hannah M. Cotton, Robert G. Hoyland, Jonathan J. Price, and David J. Wasserstein (Cambridge: Cambridge University Press, 2009), 267ff, and *The World's Writing Systems*, edited by Peter T. Daniels and William Bright (Oxford: Oxford University Press, 1996), 281, 515, 372.

† Harry Falk, *Schrift im alten Indien: Ein Forschungsbericht mit Anmerkungen* (Tübingen: Gunter Narr Verlag, 1993), 127.

‡ Falk, *Schrift im alten Indien*, 81–83.

属于他自己的荷马

亚历山大继续前进，带着他的《伊利亚特》和货币，他的语言和字母系统，一路向东。如果可以，他甚至会去中国。可是，不满也在他的队伍中滋生。希腊和马其顿将领越发愤愤不平，与各路外族军团产生分歧，士兵们归心似箭。他自己的军队最终完成了敌国军队做不到的事——迫使亚历山大打道回府。* 他惩罚士兵们，要他们在沙漠中强行军，导致很多人死亡，最终他很不情愿地带领他们回到已经成为帝国中心的巴比伦。但巴比伦只是他暂时的停靠点。亚历山大开始筹划进攻阿拉伯以及整个非洲大陆。这些文明也会采纳希腊的语音系统和文化吗？我们永远也不会知道，因为在一夜酒宴之后，亚历山大就生起了病，并在几天之后死去，死因不明。也许像他父亲一样，他也是死于暗杀。当时，他只有 32 岁。

亚历山大是带着一个遗憾死去的：他的人生故事还没有被写下来。尽管他为荷马史诗所做的多于他生前和死后的任何人，但他对这位诗人的奉献还是有些悲剧色彩的，因为比起效法荷马的英雄们，他更想要的是一个跟随他的荷马。这个想法从他首次在特洛伊海岸踏上亚洲时就一直萦绕在他的心头。亚历山大预感到自己的成就会远远超过荷马笔下半人半神的英雄们，他公开抱怨过没有一个荷马来歌颂自己的丰功伟绩。†

只悲叹少了这样一位荷马而不做任何事，这不符合亚历山大的

* Plutarch, *Lives*, LXII, 1ff.

† Arrian, *Anabasis*, book I, chapter 12, section 2; Plutarch, *Lives*, XV, 5.

天性。他雇用了克利斯提尼斯来撰写记载着他功绩的编年史，但事与愿违。克利斯提尼斯拒绝向亚历山大屈服，之后又卷入了一场对亚历山大的反叛，最后死于狱中。*

向自己的编年史家开战算不上一件明智的事。克利斯提尼斯在死前写了一份关于亚历山大功绩的记录。记录本身已经失传，但其中对亚历山大新的波斯习惯的严厉批判出现在了后来亚历山大的大多数传记里。† 无论如何，克利斯提尼斯并不是亚历山大心中理想的新荷马。他想要的是一位真正的诗人；可惜的是，他没能活着看到自己被世人称颂。

克利斯提尼斯只是一个开始。亚历山大的人生太令人惊奇、太史无前例了，不能只由一位作者来记录。几位同时代的作者各自写下了亚历山大的故事，其他人受激发也来撰写他的生平，每位作者都以浓墨重彩对这个传奇的故事加以润色，希望成为这位新阿基里斯的荷马。‡ 在一个版本里，亚历山大追求永生；在另一个版本里，他去了天国。亚历山大的人生，由他自己以文学的方式构想过后，真正被变成了文学故事。

这些叙述被集合成《亚历山大传奇》（*Alexander Romance*），并以这个名字被世人传颂。撰写这些故事的人没有一位是有名的诗人，更算不上新荷马，但这部作品却成为古典时代晚期和中世纪早

---

* Arrian, *Anabasis*, book IV, chapter 12, section 5.

† Arrian, *Anabasis*, book IV, chapters 12–14.

‡ 有着最明确的荷马式野心的是阿里安（Arrian），他称没有一位堪比荷马的诗人来歌颂亚历山大的功绩，于是他用自己的记叙来填补了这个空白。Arrian, *Anabasis*, book I, chapter 12, sections 4–5.

期除了宗教文本之外最被广泛阅读的文本。[*]一些作者大胆地根据本地情况改编这些故事。希腊的版本声称亚历山大不是腓力的儿子，而是埃及最后一位法老的儿子。[†]在波斯史诗《列王书》（*Book of Kings*）里，亚历山大被认为是波斯国王达拉卜（Darab）和一位希腊公主所生。[‡]文学把亚历山大变成了他一直盼望成为的东方的世界之王。

亚历山大的文学丰碑

我追随亚历山大前往帕加马、以弗所（Ephesus）和佩尔格（Perge，在今天的土耳其）等城市，发现那个时代的大部分建筑物都已经消失。但剧场和图书馆这两种建筑的遗迹往往保存了下来，或至少留下了断壁残垣，成为历史遗迹的核心。这些建筑曾获得最大的资源投入，这证明了它们的重要性。两者都与文学有关。图书馆是文学被保存的地方，也是图书管理员们抄写重要文本并为经典写下评注的地方。剧场则致力于将荷马的世界带给那时的观众。早期的希腊剧场最多可以容纳 25 000 人，人们聚集在一起，观看荷马古老的故事不断地由悲剧作家们推陈出新。亚历山大十分喜欢戏

* Peters, *Harvest of Hellenism*, 550.

† *The Greek Alexander Romance*, translated with an introduction and notes by Richard Stoneman (London: Penguin, 1991), 35. 我还参考了 Joseph Roisman and Ian Worthington, *A Companion to Ancient Macedonia* (New York: Wiley, 2010), 122。

‡ Abolquasem Ferdowsi, *Shahnameh: The Persian Book of Kings*, translated by Dick Davis, with a foreword by Azar Nafisi (New York: Penguin, 1997), 454–55.

剧，甚至在东征时派人取来剧本，请来演员，为他和自己的军队提供娱乐。*

亚历山大对文学的最大贡献发生在埃及。在远征初期击败这个国家后，亚历山大向埃及的众神敬拜，并且接受了法老的头衔。希腊人总体来说都很敬仰埃及的文化和复杂的文字系统，他们视这种无法理解的文字为古老智慧的来源。但是就算在埃及，亚历山大对当地文化的包容也是有限的。就像往常那样，他对埃及的希腊化也是通过荷马来推进的。当亚历山大计划建立一座新的城市时，他想起了荷马史诗的一个段落中提出的最完美的地点。†

亚历山大港（Alexandria）不同于地处内陆的古老埃及城市，它位于海边，是为航海和贸易而设计的。城市的北边是一个巨大的天然海港，南边则有一片湖泊和连接尼罗河的运河，并且有许多停泊点。在城市的中心，矗立着传达希腊文化理想的壮观建筑。市中心有一所学校，学生们在此通过阅读荷马史诗学习希腊语。学校旁边是一座体育馆，据说其柱廊总长度超过 183 米，是运动和交谈的场所。当然，还有一座庞大的剧场。

亚历山大港以拥有这些机构而自豪，但对埃及的希腊化起到更重要作用的是另一个机构——图书馆。‡这个城市迅速成为主要港口，这种战略性的地理位置对图书馆的成功来说至关重要。对于

---

* Plutarch, *Lives,* XXIX, 2.

† Plutarch, *Lives,* XXVI, 3.

‡ *The Library of Alexandria: Centre of Learning in the Ancient World,* edited by Roy MacLeod (London: Tauris, 2000).

来亚历山大港做生意的船只，船主们被告知如果随船带来了文字作品，就必须交由图书馆制作副本。图书馆聘用了一支抄写员队伍来将这些文字作品完整保存下来，以此拥有了当时世界上最大规模的书卷藏品，他们力求收集当时存在的所有知识，谷歌最近重新燃起了那种野心——计划整合全世界的信息，供所有人使用。* 亚历山大港图书馆还拥有引领文学研究的学者和哲学家。荷马史诗是图书馆的核心，它们犹如经书一样被费尽苦心地抄写、编辑和评注。亚历山大将荷马史诗输出到他的整个帝国，而他的继承者们则建立专门的机构，将这些史诗传播到未来。

在亚历山大的继承者手中，亚历山大港成为世界上最大的希腊化城市，改变了埃及的文字文化。埃及人发明了象形文字，这是世界上最早的文字系统之一，这一发明有着重大的历史和文化意义。尽管几个世纪以来，象形文字已被简化，包含了一些流传范围渐广的语音符号，但使用起来仍然很难，以至于大部分埃及人要聘用专门的抄写员，哪怕是为了最简单的交易记录。† 希腊语音字母的简易对埃及人来说是一个极大的诱惑，所以他们最终采用了借鉴希腊字母创造出的字母来记录他们自己语言的语音。这种叫作科普特语（Coptic）的新系统很快取代了象形文字。‡

还有一种书写文化比埃及的象形文字更古老，那就是苏美尔的楔形文字。这种文字系统也被亚历山大的字母文字取代，并被完全

---

* Galeni, *In Hippocratis Epidemiarum librum III commentaria III,* Corpus Medicorum Graecorum, V 10, 2.1, edited by Ernst Wenkebach, (Berlin: Teubner, 1936), Comment. II 4 [III 1 L.], 606.5–17, 79. 我还参考了 Roy MacLeod, *The Library of Alexandria,* 65。

† Harris, *Ancient Literacy,* 122.

‡ Daniels and Bright, *The World's Writing Systems,* 287.

遗忘。它在 19 世纪意外地被重新发现。* 这个发现将我们带到文字的起源，以及人类历史上第一部伟大的经典文本。

* Price and Naeh, "On the Margins of Culture," 263. I also consulted Rostovtzeff, *Social and Economic History*, 423, and Kuhrt and Sherwin-White, *Hellenism in the East*, 23ff.

第二章

宇宙之王

吉尔伽美什和亚述巴尼帕

他带回了来自大洪水之前的信息，

艰苦跋涉回到家园，筋疲力尽，却很平和，

他将所有苦难都刻在了石碑上。

约公元 1844 年，美索不达米亚

我父亲告诉我，他在学生时代的一次考古探究中，学会了如何通过尝泥土的味道来探测化学成分中的微小差异。* 我不怎么喜欢吃泥土这个想法，这些土很可能被虫子拱过，也可能接触过动物尸体。这是真的，还是父亲编出来想恶心我的？我一直没有忘记这个故事，它在很多年后突然从我的脑海里蹦了出来，当时我正在琢磨奥斯汀·亨利·莱亚德（Austen Henry Layard）和他在摩苏尔（在今天的伊拉克）附近的一个土堆里挖出的沟。莱亚德在那儿发现的是世界文学的第一部杰作，可追溯至荷马时代之前，尽管他自己并没有清楚意识到这一点。

莱亚德是一个在意大利和瑞士长大的英国人，在 1839 年环游了中东，他此行的最终目的地原本是锡兰，据说是要去那里的殖民行政机构就职。天生的旅行家莱亚德喜欢融入当地环境，适应当地的食物和习俗，总是追求奇遇和冒险。他去过伊斯坦布尔，并从那

* 我感谢我的朋友兼同事大卫·达姆罗施（David Damrosch）对这一章（以及其他一些章节）的慷慨帮助。我和大卫一起讲授的 HarvardX 课程“世界文学的代表作”（Masterworks of World Literature），对我写成本书至关重要。

里探索了黎凡特，向东最远到过波斯，但从没到达印度。最终，他在伊斯坦布尔的英国大使馆找到一份工作，待在了他觉得历史更为有趣的中东。1842 年，一位名叫保罗–埃米尔·博塔（Paul-Émile Botta）的法国考古学家在摩苏尔附近的底格里斯河河岸上发现了一座古老宫殿的废墟，这大大激发了莱亚德的兴趣。莱亚德知道这大概是古城尼尼微（Nineveh）的位置，《圣经》里提到过它的毁灭。

莱亚德并不是考古学家，哪怕尝过泥土的味道，也没有记录下来。但是他很有可能做过类似的事。他总是那么好奇，不怕艰难困苦，也从不轻易放弃。1845 年，他在摩苏尔的一个土堆里挖出一条沟，并且碰到了什么东西。他往里挖，发现了墙壁、房间和地基，莱亚德意识到自己挖到了一座完整的城市。

这是一座用黏土建造的城市。他雇来的工人用铁铲挖掘出城墙，建造这些城墙的砖是用泥混合着稻草在阳光下晒干或在窑里烤干制成的。用来储存食物的各种容器，甚至是水管，都是黏土制成的；而“河流之间的土地”（希腊语的“美索不达米亚”），即底格里斯河和幼发拉底河之间的土地，正好拥有充足的黏土。在接下来的挖掘中，莱亚德发现了更多奇迹，美轮美奂的浅浮雕向他展现了一个未知的文明——被包围的城市，对抗中的军队，戴着桎梏的俘虏，有翼的狮子，以及长着人头的公牛。很显然，这是一个伟大的帝国，由很多伟大的君主统治过。

城墙、浅浮雕和雕像上面刻着楔形文字的铭文，这种文字系统被设计用来在黏土或石头上刻制楔形凹痕或切口。单独的砖块可以用这种方式刻制，浅浮雕和雕塑也可以——任何真正用黏土做的东

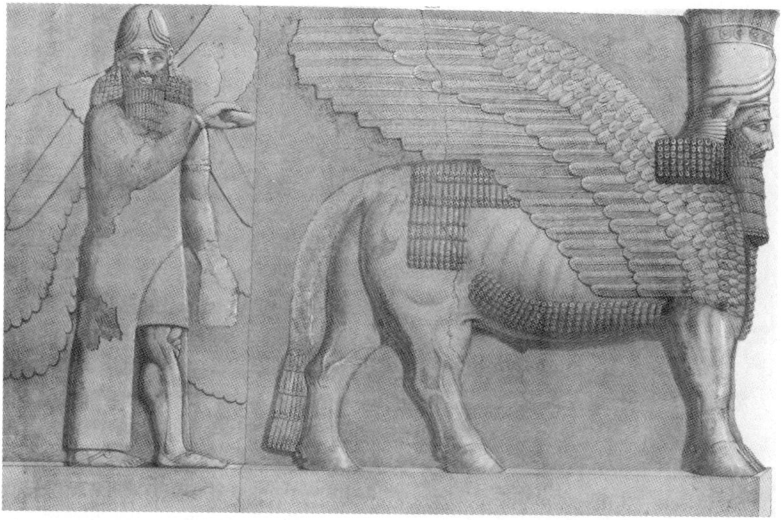

由英国艺术家弗雷德里克·查尔斯·库珀（Frederick Charles Cooper）临摹的一幅画，他曾陪伴莱亚德挖掘了尼尼微；画中的浮雕描绘了一只带翼的人面公牛

西都可以。

莱亚德很快发现了一些小的陶土印章，印章上的签名可以被压在潮湿的黏土上。他甚至在一面墙后面发现了铭文，除非这面墙倒塌，否则曾经在这座宫殿居住的人不会看见这些铭文。看来，这座对文字痴迷的城市的统治者，曾经预想到自己的帝国最终会消亡，于是给像莱亚德这样在未来发掘他们宫殿的人留下了一封信。*

莱亚德观察到，这座土城和它的碑文兑现了向莱亚德述说它

* Sir Austen Henry Layard, *Discoveries Among the Ruins of Nineveh and Babylon*, abridged from the larger work (New York: Harper, 1853), 292.

一块刻有楔形文字的浮雕，在尼姆鲁德被发现

们故事的承诺——莱亚德表示，“它们的意义写在表面上”。* 但问题是，除了几个由其他来源获知的名字之外，他并不能解读任何东西。没有人可以。关于楔形文字的知识，早在 2 000 年前亚历山大占领之时就已经消亡，没有人知道该如何解读它。

出土的铭文越来越多，人们越发好奇：这个古老的文明究竟想说些什么呢？接着，一系列有着成堆破损泥板的新房间被意外地发现。

这个发现再一次改变了莱亚德对这个世界的认识。这些统治者不仅在每一块泥板上写下密密麻麻的文字，还收集了大量泥板，建

* Sir Austen Henry Layard, *Nineveh and Its Remains, in Two Volumes,* volume 1 (London: John Murray, 1849), 70.

这幅版画由莱亚德亲自刻制，描绘的是他在尼尼微指导一块大型浅浮雕的挖掘

造了一栋房子来收藏这些珍贵的文字。莱亚德欣喜若狂。这个非同寻常的发现使他更迫切地想要解读楔形文字。它将使人有望“复原亚述的语言和历史，进而探索其习俗与科技，甚至有可能了解亚述人的文学”，莱亚德在一本挖掘记录中激动地畅想道。* 事实证明莱亚德是对的。因为看到了如此之多曾存于世的文字，他猜想，这些人很可能创造了整个文学传统，让世界不仅能够知道他们的名字和历史，还能了解他们富有想象力的生活与信仰。

一些黏土很容易碎，莱亚德很快就意识到，挖掘出这些泥板并将它们暴露在阳光下，会导致部分破损。他需要快速地记录下这些

* Austen Henry Layard, *Discoveries among the Ruins of Nineveh and Babylon: Being the Result of a Second Expedition* (London: John Murray, 1853), 347.

文字，否则在发现这一失传文明的同时，他的挖掘行为也会将它毁掉。莱亚德使用潮湿的牛皮纸拓印了这些濒危的铭文，然后挑出硬实一些的泥板，跟一些浅浮雕一起打包运往伦敦。*

在伦敦，破解这些铭文的秘密并不容易。许多年之后，它们才被一代代接力的亚述学家们解读出来。从其他来源获知的名字是破译的起点，学者慢慢弄懂了这些楔形符号的意思。†尼尼微这座被莱亚德发现的城市，终于让世人听到了它的声音。它揭示了一部不为人知的文学杰作——《吉尔伽美什史诗》。

一部经典文本与文字的发明

自从学会了用有象征意义的声音来沟通，人类就一直在讲故事，关于过去和未来、神灵和魔鬼的故事，关于那些赋予群体共有历史和共同命运的故事。故事也保存了人类的经验，告诉听者在困难的情况下如何行动，以及如何消除常见的隐患。那些关于创世和建城的重要故事，有时由特别指定的吟游诗人来传唱，他们将这些故事牢记于心，并在特殊的场合表演。但是，没有人将这些故事写下来，即使是在文字被发明出来很长时间以后。诗人们准确地记住这些故事，并在他们老死之前，将故事传给自己的学生和继任者。

5 000 年前，出于经济和政治交易之类的其他目的，文字在美

* Layard, *Nineveh and Its Remains*, volume 1: 327.

† 关于楔形文字的发现和解读，请查阅 David Damrosch, *The Buried Book: The Loss and Rediscovery of the Great Epic of Gilgamesh* (New York: Henry Holt, 2006)。

索不达米亚被发明。一个关于文字起源的故事讲述道，乌鲁克（Uruk）的一位国王想出了一个主意，就是将威胁的信息压印在黏土上，传给与他敌对的国王。对手收到这些记录了乌鲁克国王话语的难以理解的符号时，因为有感于这个神奇的让泥土说话的方式，遂向乌鲁克国王宣告他的忠诚与拥护。* 掌握文字的人利用文字在城市掌权并控制城市周边地区。

然而，在文字被发明数百年以后的某个时刻，某个训练有素的抄写员为他的技艺找到了更实用的归宿，开始把故事转换成一连串的书写符号。也许某位吟游诗人所说的故事使他特别着迷，他想要把它保存下来；也许他认识一位没能在去世前成功地将故事传给后人的诗人；也许，从账簿中抬起头来的某个记账员，尝试回忆很久之前听到的一个故事，但发现自己的记忆已经模糊；又或许因为一个完全不同的原因，一位抄写员突然意识到，只要有足够的耐心和足量的黏土，他每天用来记录销售情况或传递信息的烦琐符号，也可以用来写下一个完整的故事。

无论它是如何发生的，第一次将故事用文字写下来，都是一个意义重大的事件。讲故事这个吟游诗人的口述领域，第一次与文字书写这个外交官和会计人员的领域产生交集。严格来说，这不是一个自然的结合，但这个看似不太可能的联手所带来的结果异常丰饶——第一个伟大的书面故事诞生了。

《吉尔伽美什史诗》大约在公元前 1200 年正式成形，但它的

---

* Herman Vanstiphout, “Enmerkar and the Lord of Aratta,” in *Epics of Sumerian Kings: The Matter of Aratta* (Atlanta: Society of Biblical Literature, 2003), 49–96.

起源要比这再早几百年。[*]这部史诗将它的读者们带回更为久远的乌鲁克国王吉尔伽美什的统治时期。这个故事颂赞了乌鲁克城全部用窑烧砖（kiln-fired brick）建成的土质城墙、土质阶梯和土质地基，城中有郁郁葱葱的花园和2.6平方千米大小的黏土矿坑。[†]乌鲁克——在那里文字可能已经被发明——是世界上最早的城市之一，给读者提供了一个探究最初城镇聚居情况的窗口。

但在吉尔伽美什的故事中，并非一切顺利。作为一个国家的统治者，吉尔伽美什既固执又不公正，也需要被约束。为了掌控他，众神创造了一个肆虐乡村的麻烦制造者——恩奇都（Enkidu）。这里，史诗将读者带到了对城市居民来说既迷人又可怕的地方——野外。恩奇都是一个奇怪的生物，他虽然是人，但不愿和其他人类交往，更愿意和动物们做伴。恩奇都需要被改造成一个完整的人，这意味着他需要从野外被带进城市。城市的缔造者吉尔伽美什决定亲自负责这件事，他派出一个名叫姗汉特（Shamhat）的迷人女子，让她对恩奇都以身相许。这个计谋成功了。在享受了姗汉特七天的陪伴之后，这个野人被改变了，但随之而来的代价是他不再被动物伙伴们接纳。在姗汉特的诱惑之下，恩奇都不得不开始跟人类交往，并成为吉尔伽美什的朋友。城市胜利了。

当他们一起去荒野最深处的一座山林（在今天的黎巴嫩）里探险时，恩奇都对他的新生活和新朋友的忠诚受到了考验。美索不达

---

* *The Epic of Gilgamesh,* translated by Benjamin R. Foster (New York: Norton, 2001), reprinted in Puchner, *Norton Anthology of World Literature,* 99–150. I also consulted Stephen Mitchell, *Gilgamesh: A New English Version* (New York: Simon and Schuster, 2006).

† Foster, *Gilgamesh,* tablet I, line 20.

米亚远离森林，早在最初的城市兴起之时，美索不达米亚的森林就被砍伐一空。小屋完全可以用泥土建造，但宫殿、寺庙、图书馆等大型建筑物都需要好的木材，然而木材很难获得。城市的建设者们要到越来越远的地方去获取木材，最终他们去了黎巴嫩。这就是这部史诗中伟大的冒险故事的现实背景。

这对友人到达森林之后，就碰到了看守森林的怪兽洪巴巴（Humbaba）。他们杀了这个森林野兽，得到了想要的质量上乘的木材，完成了一个对城市建造者来说危险但不可或缺的任务。与荒野之地相比，文学也选择了站在城市这一边，大概是因为文学与城市文明密不可分。

在故事中，吉尔伽美什和恩奇都胜利回到家乡乌鲁克，可是一切并不太平。怪兽洪巴巴其实是在众神的保护之下的，于是众神决定用恩奇都的死来惩罚吉尔伽美什。失去恩奇都的吉尔伽美什被击垮了，不敢相信恩奇都真的死了，直到他看见蛆虫从朋友的鼻孔里爬出来。这是给所有贪婪地建设城市的统治者的一个教训。

恩奇都死后，伤心欲绝的吉尔伽美什离开城市，在荒野游荡，他变得和他的朋友一样野性。最终，在一个遥远的岛屿上，他找到了通向阴间的路。就是在这里，吉尔伽美什遇到了乌特纳匹什提姆（Utanapishtim）。老到令人难以置信的乌特纳匹什提姆和他的妻子是大洪水仅有的幸存者。夫妻俩是仅有的得到洪水警告的人，他们放弃了所有地上的财产，造了一艘船来保全几对动物。洪水来了，雨水渐渐减弱，船最终搁浅在一座山上。乌特纳匹什提姆放出一只鸽子，鸽子回来了。他又放出另一种鸟——一只燕子，燕子也回来了。但直到一只乌鸦衔着一根树枝回来，他们才确定某处肯定又露出了陆地。就算是大洪水的幸存者，乌特纳匹什提姆也不能让吉尔伽美什永生。令人痛苦的是，吉尔伽美什不得不像普通人一样，面对他自己必死的命运。

亚述学家们对刻有这个大洪水故事的泥板的解读引起了轰动：维多利亚时期的英国人不得不承认，《圣经》中大洪水的故事借鉴了更古老的《吉尔伽美什史诗》，或者还有一种可能，即这两者都

在尼尼微发现的刻着《希伯来圣经》的泥板上，也有大洪水的故事

来自另外一个更为古老的文本。*

对美索不达米亚人来说，想象一个远在大洪水之前的过去并不奇怪。洪水很常见，并且通常也是受欢迎的。人们利用运河把洪水疏导并蓄积起来，用于集约化的农耕作业，这种农业对维持城市空间来说是必要的。可是，当底格里斯河和幼发拉底河同时泛滥时，运河没有办法容纳上涨的水位，一切就都会被摧毁，尤其是易碎的黏土建筑。没有经过焙烧的黏土用于盖房子和写字很方便，可前提是它们得保持干燥。一场大洪水会抹去这个建立在泥土之上的文明赖以存在的一切东西，一切会“像一个泥罐一样”被击碎：史诗发出了这样的警告。† 人们甚至相信，人类也是由泥土塑造的。

《吉尔伽美什史诗》不仅使读者钦佩其城市文明并为它的毁灭而战栗，它还赞美了用于记录这个故事的泥板。不像其他史诗，比如现场吟唱的荷马史诗，《吉尔伽美史诗》是与文字连接在一起的。它是被书写下来的，吉尔伽美什这位主人公因此成为他自己故事的作者：

> 吉尔伽美什见过那源头，那是大地的根基，
> 他通晓一切，在所有事情上都英明智慧……
> 他发现了秘密，并将隐藏的予以揭示，
> 他带回了来自大洪水之前的信息，
> 艰苦跋涉回到家园，筋疲力尽，却很平和，

---

* Jeffrey H. Tigay, *The Evolution of the Gilgamesh Epic* (Philadelphia: University of Pennsylvania Press, 1982).

† Foster, *Gilgamesh*, tablet XI, line 110.

他将所有苦难都刻在了石碑上。[*]

吉尔伽美什是一位拥有作者身份的国王，他的史诗传颂了一个被书写出来的故事，这是其文化最重大的成就。

亚述巴尼帕的抄写教育

约公元前 670 年，美索不达米亚

莱亚德意外发现了历史上第一部重要的文学文本，这部文本比它的发现地尼尼微宫殿还古老。尼尼微曾经是个什么样的城市呢？《吉尔伽美什史诗》为什么被保存在那里呢？随着更多铭文和泥板碎片被破译，答案浮出水面：这一切都跟一位名叫亚述巴尼帕（Ashurbanipal）的国王有关。

亚述巴尼帕生于《吉尔伽美什史诗》被创作出来的几百年后，是这部古老文本的忠实拥趸。他将这部史诗带到尼尼微，复制、抄写并保存在他那了不起的图书馆里。通过一次挖掘，莱亚德不仅发现了第一部伟大的世界文学杰作，也发现了它最重要的读者。

亚述巴尼帕出生于一个王室家庭，在尼尼微雄伟的宫殿和神庙中长大。[†]那些威严高耸的建筑物之间有很多花园，绿洲也为躲避

---

* Foster, *Gilgamesh,* tablet 1, line 10. 关于写字这项活动是如何被直接赋予吉尔伽美什的还有一些不明确之处，但是在所有文本里，这位英雄都是和写字板密切相关的。

† 传记资料主要基于 Daniel Arnaud, *Assurbanipal, Roi d'Assyrie* (Paris: Fayard, 2007)。主要的资料可以在这里找到：Benjamin R. Foster, *Before the Muses: An Anthology of Akkadian Literature* (Bethesda, Md.: CDL Press, 1993)。

阳光提供了阴凉处。在街道和花园中游荡时，年轻的亚述巴尼帕可以看见记录修建这些街道和花园的国王生平的铭文。* 对那些识字的人来说，整个尼尼微城就是一块等待着被解读的大型泥板。在任何地方都能接触到文字的亚述巴尼帕，很快就学会了如何将文字刻到泥板上。† 亚述巴尼帕对自己识文断字的能力非常自豪，他在一首赞美诗中声称自己是个孤儿，而在另一首诗中又声称他真正的父亲是文字之神纳布（Nabu）。

事实上，当时亚述巴尼帕的父亲仍然健在，并且权力极大。他就是以撒哈顿（Esarhaddon），是建立了当时王朝的国王较年幼的儿子。当初，以撒哈顿被封为王位继承人引发了政治动荡，他那些被降格的兄弟出于嫉妒，将以撒哈顿逼上了逃亡之路。当以撒哈顿听说他愤怒的兄弟们刺杀了他们的父王时，就拼死回到尼尼微，在一场历时六周的内战中打败了他们。同一年，也就是公元前 681 年，以撒哈顿继承王位。

亚述巴尼帕不仅拥有人类父母，他父亲还是当时世界上最有权势的人。

控制尼尼微之后，亚述巴尼帕的父亲为自己建了一座崭新的宫殿。‡ 尼尼微处在一片巨大领土的中心，这是人类在这个历史阶段已知的最大帝国，国土从地中海海岸一直延伸到巴比伦。能在一座宫殿里实现对领土的控制和中央集权，是因为法令（刻在泥板上，

---

* Jane A. Hill, Philip Jones, and Antonio J. Morales, *Experiencing Power, Generating Authority* (Philadelphia: University of Pennsylvania Press, 2013), 337.

† "To Ishtar of Nineveh and Arbela," in Foster, *Before the Muses*, volume 2: 702, and "Assurbanipal and Nabu," in Foster, *Before the Muses*, volume 2: 712–13.

‡ Pierre Villard, "L'éducation d'Assurbanipal," *Ktèma*, volume 22 (1997): 135–49, 141.

并被保存在黏土信封里）可以通过信使送达各地，并且记录都可以被保存在档案中。

亚述巴尼帕作为年龄较小的王子，最初并不在继承人之列。为了成为神职人员，他进入训练抄写员的学校。在那里的学习为他日后欣赏《吉尔伽美什史诗》打下了基础。

起初，抄写员只在家族内部将他们的技艺代代相传。可当文字书写变得越发重要之后，对这些极有价值的专业人士的需求也随之增加，于是训练抄写员的学校开始出现。学生们需要学习怎么将潮湿的黏土压成一块平板，在上面划线，以及用尖细的芦秆笔写出楔形的印记（所以它被称为“楔形文字”，其英文 cuneiform 来自拉丁语的 *cuneus* 一词，即“楔形”）。一些双面泥板留存至今，一面是老师整齐的笔迹，另一面是学生笨拙的笔迹，可见要达到要求的熟练程度有多么困难。

参观大英博物馆时，看着莱亚德带来的浅浮雕和泥板，我总是被那些老师的抄写技巧和工整笔迹所震撼，尤其是考虑到泥板的尺寸。很多泥板只有 5 厘米 ×8 厘米左右，但上面密密麻麻地布满极小的楔形刻字。在一块存留下来的碎片上，一名巴比伦抄写学徒用苏美尔语写下对书写之难的抱怨：“我的老师说‘你的字迹不好看’，然后揍了我。”* 老师们也有苦衷：“和你一样，我也曾经是个年轻人，有过一位导师。那位导师给我布置了一个任务——这是人类的工作。像一个弹起的簧片一样，我猛然跃起，然后开始

* Samuel Noah Kramer, “Schooldays: A Sumerian Composition Relating to the Education of a Scribe,” *Journal of the American Oriental Society*, volume 69, number 4 (Oct.–Dec. 1949): 199–215, 205.

埃及的抄写员训练学校——学生抱怨老师的严厉，老师则抱怨学生的懒惰

工作。”* 像这样的严厉的老师和懒惰的学生互相抱怨的情况很普遍，它们被记载下来，在人类历史上也许是第一次。

看着这些小小的泥片，我也能想象那些技艺超群的抄写员的自豪感，他们为这些小小的物件能拥有如此强大的力量而骄傲。一位在遥远埃及的老师热情颂赞了抄写员的崇高地位，他写道：“你们不记得在田地里劳作的双手是怎样的吗？……田地里的老鼠肆虐，蝗虫飞来飞去，还有那些总要吃东西的牛……但抄写员，他是所有

* “A Supervisor’s Advice to a Young Scribe,” in *The Literature of Ancient Sumer,* translated and with an introduction by Jeremy Black, Graham Cunningham, Eleanor Robson, and Gábor Zólyomi (Oxford: Oxford University Press, 2004), 278.

人的工头。”[*] 抄写员是第一批官僚，他们的兄弟在田地里劳作，他们则舒服地坐在室内，计算收成，草拟契约，或者保管记录。

抄写员留下了自己的形象。我们看到他们坐着，手里拿着泥板，或者盘着腿，将泥板放在腿上抄写。他们旁边应该是一罐黏土，黏土应该是潮湿的，否则会变硬而无法使用。[†] 这些抄写员看起来很自信，为他们自己的文字之神感到自豪。他们跟文学并没有什么关系，他们只是最早的会计员和公务员，负责管理一个正在成长的帝国并传达宗教教义。[‡]

国王和王子们通常不会主动跑到这些学校去受苦，他们只需要聘用训练有素的抄写员来为他们工作。亚述巴尼帕自己是绝不需要靠抄写谋生的；他的某一位兄长会成为国王。亚述巴尼帕的父亲以撒哈顿是一位不平凡的国王，因为他知道如何阅读和书写，并且精通到能够欣赏这项技术的力量和神秘之处。（亚述巴尼帕的姐姐也会写字，她后来写过一封信给亚述巴尼帕的妻子，告诫她要记得练字，不要懈怠。[§]）

剑与芦管

从兄长死去的那一刻开始，一切都变了。亚述巴尼帕突然成

* 来自埃及文本："Reminder of the Scribe's Superior Status," in *The Literature of Ancient Egypt*, edited by William Kelly Simpson (New Haven: Yale University Press, 2003), 438–39, 439。

† Martin, *History and Power*, 44.

‡ Samuel Noah Kramer, *History Begins at Sumer: Thirty-nine Firsts in Recorded History* (Philadelphia: University of Pennsylvania Press, 1956), 3ff.

§ Alasdair Livingstone, "Ashurbanipal: Literate or Not?," *Zeitschrift für Assyriologie*, volume 97: 98–118, 104. DOI 1515/ZA.2007.005.

了王储。他父亲的身体一直不好，因此亚述巴尼帕现在需要学习成为一位国王所需的各项技能。骑马、体育、射箭等严酷的训练被提上日程。他虽然还是个少年，但已锻炼成一个可以带领士兵征战的人。*

即便武术训练是重中之重，亚述巴尼帕也并没有放弃更早些时候开始的文学教育。相反，他加强了这方面的学习。最好的抄写老师巴拉斯（Balasî）被雇来引领这位新晋王储进入抄写艺术的更高境界。† 亚述巴尼帕的父亲只掌握了基本的阅读和书写技能，而亚述巴尼帕深知，更高级的训练能使他接近整个读写文字的新世界，一个远比只给封臣们传递信息或阅读建筑物上的刻字更困难、更复杂的世界。亚述巴尼帕每天都能见识到展现在他面前的这些更高级的文学技巧。最有影响力的抄写员能够进入权力的密室，因为他们有能力读取关于未来的吉凶预兆。他们能告诉亚述巴尼帕的父亲，何时该发起战争，何时该为一座建筑物奠基，以及何时应该待在家中。‡

占卜者需要拥有解读特别的历法和注解作品的能力，也需要兼具文字之外的一些技能。在一个训练有素的抄写员的眼中，不仅是尼尼微的建筑物，甚至全世界都充满了可以被解读的迹象。他们既可以在公羊的内脏里，也可以在天空中找到被写下的信息——神的

---

* Villard, "L' éducation d'Assurbanipal," 139.

† Eckart Frahm, "Royal Hermeneutics: Observations on the Commentaries from Ashurbanipal's Libraries at Nineveh," *Iraq*, volume 66; *Nineveh. Papers of the 49th Rencontre Assyriologique Internationale*, part 1 (2004): 45–50. Livingstone, "Ashurbanipal: Literate or Not?" 99.

‡ Eleanor Robson, "Reading the Libraries of Assyria and Babylonia," in *Ancient Libraries*, edited by Jason König, Katerina Oikonomopoulou, and Greg Woolf (Cambridge: Cambridge University Press, 2013), 38–56.

隐秘书写。文字是这样强大，以至于在当时人们的想象中文字是无处不在的，接受过阅读训练的人可以读懂它们。[*] 文字书写一开始是一种记账方法，现在已经改变了人们看待周遭世界的方式。

亚述巴尼帕的父亲常常患病，抄写员们会提出治疗的建议，控制他的行动和决定。如果国王遭遇什么不测，这些抄写员要负责任，因此他们提出建议时格外小心谨慎。在尼尼微，抄写员可以比一位国王更有影响力，甚至是一位掌握了基本的阅读和书写知识的国王。

对亚述巴尼帕来说，上升到抄写艺术的最高阶意味着他将成为第一个不用依赖文字解读者的国王，因为他自己有能力去质疑那些抄写员的占卜发现。[†] 他可以平等地跟祭司们对话，对他们的占星解读提出反驳。他可以接触到权力密码的源头。作为一名高级的抄写员，他将可以掌握自己的命运。

当他的父亲在外征战时，手持利剑和芦管的亚述巴尼帕充分利用他在军事和抄写方面训练的优势。他的父亲死在前往埃及的途中时，亚述巴尼帕已经准备好继承王位。他的祖母获得了家族亲属们的支持，在她的帮助下，亚述巴尼帕在第二年，即公元前 668 年登基。他长长的头衔包含了“宇宙之王”这一称呼。[‡]

掌权后，亚述巴尼帕在他父亲的成功霸业的基础上，继续扩张帝国，最终将埃及收入囊中（莱亚德在尼尼微的遗迹中发现了埃及风格的文物）。不同于他的父亲，亚述巴尼帕并没有亲自率领军队

---

* Frahm, “Royal Hermeneutics,” 49.

† Arnaud, *Assurbanipal,* 68.

‡ “Pious Scholar,” in Foster, *Before the Muses,* volume 2, 714.

战斗，他选择了运筹帷幄。* 得益于文字和因为它才能建立的官僚机构，权力得到了前所未有的集中，国王因此可以端坐家中扩张他的领土。对亚述巴尼帕而言，远程指挥作战并不代表他不投入。他以残酷和强力的方式指挥着征战杀伐。如果一个城市拒绝投降，他会将反抗者斩首，把首级插在木桩上示众。

亚述巴尼帕扩张的不仅仅是领土。深知文字力量的他也扩充了父亲的泥板收藏，他聘用抄写员抄写古老的文本。其中的大多数文本不是在尼尼微城里发现的，而是向南去往更远的地方，是在乌鲁克和巴比伦等更古老的学习中心。亚述巴尼帕向北传播这些珍宝，绝不只是因为他沉湎于个人的爱好。他明白文字意味着权力，而权力不仅能通过将敌人首级插在木桩上示众来展现，还能通过书写技术和大规模的楔形文字泥板收藏来展现。与他之前的任何一位国王相比，文字在亚述巴尼帕的人生中所扮演的角色之重要是前所未有的，也许是因为，他是一位不同寻常的第二代抄写员国王。

在将书面知识从巴比伦传送到尼尼微的过程中，亚述巴尼帕必须得小心他的哥哥。为了避免围绕继承王位展开的纷争，亚述巴尼帕的哥哥被派去继承巴比伦的王位。严格来说，哥哥是弟弟的臣属，但哥哥实际在很大程度上掌控着伟大的巴比伦城。与巴比伦的关系总是让人头疼。他们的祖父曾经将这座城市夷为平地，并且将它最重要的神马杜克（Marduk）的雕像从巴比伦的神庙移到了尼尼微。但是自那以后，巴比伦一直不甘心成为由尼尼微掌控的亚述帝国的一部分，而现在亚述巴尼帕的哥哥几乎完全独立地掌控它，这

---

* Arnaud, *Assurbanipal*, 75.

必将给这座城市带来更多威望。

这种安排在一段时间里还算管用。亚述巴尼帕获得王位时，他哥哥被派去掌管巴比伦城，而他哥哥的母亲来自巴比伦。哥哥耀武扬威地将马杜克的大型雕像带回巴比伦。这不是一段简单的旅程，但是多亏了几百年间建立起来的无与伦比的灌溉和运河系统，运输雕像最终通过水路完成。马杜克的雕像先是沿着底格里斯河，之后穿过斯尔图（Sirtu）运河到了幼发拉底河，然后通过阿拉图（Arahtu）运河运到巴比伦（莱亚德也用相同的路线运送了他部分的"战利品"）。* 亚述巴尼帕的哥哥成为巴比伦的统治者，而这两位王者友好相待，至少在表面上如此。甚至，当他的哥哥拒绝称他为"国王"时，亚述巴尼帕也没有强求。他在巴比伦安插了眼线，利用他的影响让抄写员去巴比伦以及附近的乌鲁克抄写古老的泥板。†

这个局面并没有维持很久。他在每个场合都赞扬自己的兄长，虽然两人是异母所生，但他也称之为双胞胎哥哥。但他哥哥与国家政权的敌人密谋，向尼尼微发动了反叛战争。他们的父亲曾经期望终止的继承血战只是被延迟了，而如今它以前所未有的强度爆发出来。不像他们的父亲能在六周之内结束所有兄弟之间的纷争，这一代之间的内战持续了四年。这位亚述巴尼帕现在称之为"非我兄弟"的反叛兄长，被巴比伦有名的古老城墙牢牢地保护着，而亚述巴尼帕不得不用尽所有力量和决心来夺取这座城市。他有计划地围

* Sami Said Ahmed, *Southern Mesopotamia in the Time of Ashurbanipal* (The Hague: Mouton, 1968), 74.

† Ahmed, *Southern Mesopotamia*, 87. 我还参考了 Jeanette C. Fincke, "The Babylonian Texts of Nineveh," in *Archiv für Orientforschung*, volume 50 (2003–2004): 111–48, 122。

困这座城市，使城中人数月陷于饥饿，终于将其攻破。*

尽管哥哥背叛了他，亚述巴尼帕并没有用将反叛军枭首示众的方式来惩罚巴比伦。相反，他利用这次征服扩大了他对古老泥板的收藏。他劫掠了哥哥的私人收藏品，带着他所能发现的所有东西回到了尼尼微。†他也带回了抄写员——有时是通过武力——来充实他的抄写队伍。‡亚述巴尼帕意识到，文字不只对远程战事的管理或对经济交易大有用处，而且由于楔形文字的泥板是人类思想的人工延伸，这些泥板可以让他比之前的任何人积累更多的知识。整个图书馆将像一座人造的记忆宝库，使他成为世界历史上最有知识的人。

一座面向未来的图书馆

为了给他的图书馆腾地方，亚述巴尼帕将自己在尼尼微的宫殿夷为平地，然后在上面建了一座新的。§其中一个理由是技术问题：黏土没有办法维持很长时间，特别是在雨季漫长或者洪水侵袭的情况下。泥砖一般是在太阳下晒干的，而不是窑炉烧制的，几十年后会趋于瓦解，需要持续不断地再造和修复。另一个理由与声誉有关。在战胜了他的哥哥之后，亚述巴尼帕到达权力的顶峰，他的亚述帝国比以前任何时候都要强大。这一新的权势景象将反映在更加

---

* Arnaud, *Assurbanipal*, 270.

† Grant Frame and A. R. George, "The Royal Libraries of Nineveh: New Evidence for King Ashurbanipal's Tablet Collecting," *Iraq* 67, number 1: 265–84.

‡ Robson, "Reading the Libraries," 42, note 32.

§ Arnaud, *Assurbanipal*, 259ff.

雄伟的崭新宫殿上，而在这些宫殿的中心，是他持续扩充的楔形文字泥板的收藏，也就是莱亚德将在 19 世纪中叶发掘的那些东西。

对亚述巴尼帕而言，收藏远不只是积聚一大堆劫掠来的泥板。这是亚述巴尼帕在文字上史无前例的投入所得的结果。也许得益于他早期受到的会计员训练——学习科目之一就是计算——亚述巴尼帕用一种全新的方式来管理他的泥板。每一块泥板都被仔细地分类，而每个房间都有一个详细的目录：历史记载和交易记录在一个房间，预言和占卜文本在一个房间，吉日的日历和占星的评注在另一个房间……* 亚述巴尼帕收集了比任何人都多的信息，他意识到自己的知识储备只有在组织好的情况下才有用。面对这一挑战，他发明了第一个伟大的信息管理系统。

在他拥有的所有文本中，亚述巴尼帕最喜欢的不是交易记录，也不是日历或者预言，而是《吉尔伽美什史诗》。它被记录在十几块泥板上，泥板比发给封臣和军队将领的那些小小的信件要大，但仍要小于今天的硬皮书。

最早的关于吉尔伽美什的诗歌来自使用乌鲁克语的苏美尔抄写员。苏美尔帝国已不复存在。尽管《吉尔伽美什史诗》歌颂城墙和文字的力量，但乌鲁克、巴比伦以及其他苏美尔城市还是被阿卡德人（Akkadian）攻占了，他们是说某种闪米特语（Semitic）的游牧民族。阿卡德人占领了帝国领土后，发现自己需要一个文字系统来维持城市的官僚组织。他们最终选择了苏美尔人的楔形文字，以此

---

* Fincke, “Babylonian Texts of Nineveh,” 129ff.

记录自己的语言。[*]苏美尔抄写员无法保全自己的文明，但是他们通过教会阿卡德人如何书写将文明传递给了他们的劫掠者。[†]

《吉尔伽美什史诗》最终是以阿卡德语完成的，这也是在几个帝国的几番兴衰之后亚述巴尼帕接触到的版本。亚述巴尼帕为《吉尔伽美什史诗》的古老和经久不衰而着迷——随着越来越多的楔形文字文本被解读，莱亚德和他的同事们渐渐地感受到这一点。在一篇不同寻常的自传式铭文中，亚述巴尼帕自夸道："我很勇敢，也极其勤勉……我阅读了苏美尔富有美感的抄写本，还有晦涩、难以掌握的阿卡德语，享受着阅读来自大洪水前的石板的乐趣。"[‡]亚述巴尼帕不得不掌握他的母语的古代版本——古老的巴比伦阿卡德语，以及历史更悠久的文字系统——楔形文字，用以解读那些古老到他想象是"来自大洪水前"的文字。

只被口头使用的语言，一旦使用者消失，这些语言也就消亡了。可是一旦故事被用记号刻在泥板上，这些古老的语言就得以保留下来。文字无意中保存了再也没有人说的语言（并且从亚述巴尼帕开始，被保存下来的消亡语言的数量一直在稳定上升）。[§]

多亏了亚述巴尼帕，《吉尔伽美什史诗》作为一种保护领土和同化外来文明的工具，被多次抄写，传播到很远的地方，远至黎巴

---

* Daniel C. Snell, *Life in the Ancient Near East, 3100–332 b.c.e.* (New Haven: Yale University Press, 1997), 30ff. I also consulted Martin, *History and Power,* 11.

† 这是游牧的征服者采用文字的更大模式的一部分。请查阅：Robert Tignor et al., *Worlds Together, Worlds Apart: A History of the World,* second edition (New York: Norton, 2008), 99, 105, 252。

‡ Daniel David Luckenbill, *Ancient Records of Assyria and Babylonia,* volume 2 (Chicago: University of Chicago Press, 1927), 379. 英文翻译是我（作者）改编的。

§ 关于中世纪大学和它对已经消亡语言的侧重，请查阅 Martin, *History and Power,* 150。

嫩（Lebanon）和犹太（Judea）、波斯和埃及。* 文字最终成为建立帝国的一种工具，不仅仅因为它在统治和经济中的作用，还因为文学的力量。文字、集约的城市生活和领土广阔的帝国，以及用文字书写的故事，这几者紧密相连，并且会在接下来的几千年间一直维持这种状态。亚述巴尼帕意识到，拥有一部经典的文本在战略层面具有重要意义。他甚至在征战中效法吉尔伽美什，采用吉尔伽美什的称号：无敌的强大国王。†

亚述巴尼帕用尽全力将他珍爱的《吉尔伽美什史诗》保存给未来。他是不是感受到了自己的帝国终有一天会崩塌？他建图书馆，制作这首史诗的抄写本，是否因为他想要增加他最喜爱的文本在未来灾难中存活的机会？大洪水的故事提醒人们毁灭的降临是何等迅速，它是关于地球上几乎所有生命消亡殆尽的启示录式的异象。亚述巴尼帕的图书馆里的抄写员抄写的一些文本，包含着一个关于未来的祷告："我，亚述巴尼帕，宇宙之王……将纳布的智慧写在泥板上……我将它们……为了未来，放置在图书馆里。"‡ 文字不仅能使读者接触过去，还能让他们想象文学将如何留存到未来，并启发那些还未出生的读者。

亚述巴尼帕死后不久，他的帝国果真崩塌了。尼尼微被占领、被毁灭，在几个帝国和几种语言中幸存下来的《吉尔伽美什史诗》渐渐失去读者。没有新的亚述巴尼帕站出来营救这部史诗，也没有

* David M. Carr, *Writing on the Tablet of the Heart: Origins of Scripture and Literature* (Oxford: Oxford University Press, 2005), 47–56.

† Arnaud, *Assurbanipal*, 278.

‡ Foster, *Before the Muses*, volume 2: 714.

通晓消亡语言的强大支持者来承担这个任务。更新、更简洁的文字系统被发明出来，然而它们之中没有一种被用于记录这部史诗；它的命运仍牢牢系于楔形文字之上。亚述巴尼帕为他的图书馆构想的未来几乎完全没有实现。世界变了，部分归因于亚历山大以字母为武器的征服，这也意味着一个关于文学的惨痛教训：文学的生命源于持续的使用。不要将你的期盼寄托在黏土或石头上。文学必须被人代代相传。由于对文字持久性的印象过于深刻，世人已然忘记，一切都有可能被遗忘，哪怕是文字。

世界差一点就失去了《吉尔伽美什史诗》。当毁灭降临到尼尼微的图书馆时，来的不是洪水，而是大火。亚述巴尼帕的图书馆和其中的一切东西都被烧毁了：木质书架、木头底板的蜡制抄写板，以及保存这些抄写板的编织篮子等所有东西，除了黏土。黏土可以被洪水毁坏，但无法被大火烧毁，除非温度极高。一些泥板像热的玻璃或泥浆一样冒泡、熔化，但另外一些则变得更加坚硬，好像在窑炉里被烧制过一样。* 这些泥板被掩埋在为保护它们而建起的图书馆下面，在那里躺了两千年，等待着被发现的那一天。

它们一直等到 19 世纪，直到奥斯汀·亨利·莱亚德和他的法国竞争对手保罗–埃米尔·博塔开始挖掘尼尼微及其周边，以及接下来几十年人们对楔形文字孜孜不倦地解读。历史上第一次，一部文学作品在从所有记忆中消失了数千年后，重新被发现。

给读者提供一个进入过去的入口是文字最重大、最深刻的影响。口头传述的故事会为了新的观众和听众而被改编，在当下变得

* 请查阅：Damrosch, *Buried Book,* 194。

鲜活；而一旦被文字记录下来，过去的事情就按照原样存在下去。对于那些通晓这项高超技艺的人，比如亚述巴尼帕，文字将声音从几百甚至几千年前带回来，这些声音甚至古老到来自大洪水以前。是文字创造了历史。

古老的文物和建筑可以向我们展现祖先们的外在习俗，而他们被文字记录和保存下来的故事，则让我们进入他们的内心生活。这就是为什么莱亚德曾经因为不理解楔形文字而感到异常沮丧。他可以欣赏浮雕和雕塑，但是没有办法理解他们的声音、他们的语言、他们的想法和他们的文学。文字的发明将人类的演变过程划分成两段：一段是我们完全无法了解古人想法的时期，另一段是我们能够进入他们内心的时期。

第三章

以斯拉和神圣经典的诞生

他们赞美耶和华的时候，众民大声呼喊，

因耶和华殿的根基已经立定。

公元前 6 世纪，巴比伦

《吉尔伽美什史诗》、荷马史诗这样的经典文本，通过启发强大的国王们建立延长文本寿命的机构而得以存世。* 但其中一些发展成一种新事物：神圣经典。这些文本既有所有经典文本共有的特征，又不限于此：它们将人们聚集在一起，要求奉献和服从。这样，圣典建立起一种新的文本存世机制，完全不需要依赖亚述巴尼帕和亚历山大这样的伟大帝王的支持。

对神圣经典来源的探索引领我回到巴比伦，走近一群在公元前 587 年之后被放逐到那里定居的犹太人。那一年，巴比伦的统治者尼布甲尼撒二世（Nebuchadnezzar II，亚述巴尼帕的后继者之一）摧毁了耶路撒冷，并驱逐了当地统治阶层中的大约 4 000 名犹太人。在被迫迁移并经历了一段困难时期之后，他们被允许在巴比伦南边的尼普尔（Nippur）定居，并形成一个社区，在那里他们得以保持

* 我感谢我的同事大卫·斯特恩（David Stern）对这个章节的评论。关于美索不达米亚文学和《希伯来圣经》之间的关系，请查阅 David Damrosch, *The Narrative Covenant: Transformations of Genre in the Growth of Biblical Literature* (San Francisco: Harper and Row, 1987), 88ff。

自己的语言和生活方式，以及对古老的以色列和犹大王国的记忆。*

在他们中间有一位叫作以斯拉的抄写员†。他出生在犹太人迁徙的路上，成长于王国的文化中心巴比伦城。巴比伦有许多图书馆，历代国王都识文断字。以斯拉去过抄写培训学校，掌握了不同的文字系统，并成为一名成功的抄写员。如果他学习过楔形文字，他就能阅读《吉尔伽美什史诗》了，但是他专攻的是亚兰语，并成为一名会计员为国王工作，是掌控这庞大领土的官僚机构的一员。‡

但是，以斯拉和在他之前的那些犹太抄写员不只为征服者工作，他们也带来了自己的故事，这些故事写于大卫家族统治时期，那时耶路撒冷是王国的首都。§受巴比伦文化的启发，这些背井离乡的抄写员不仅通过抄写文本将他们的故事保存下来，还将始于创世的故事编织为更连贯的叙事。¶世界诞生之后，是他们最早的祖先亚当和夏娃的故事，然后是两人从恩典中堕落，继之以几乎毁灭了全人类的大洪水，这与《吉尔伽美什史诗》中的大洪水惊人地相似。**他们继续讲述了大洪水之后世世代代的故事，从原先是美索

---

* Joseph Blenkinsopp, *Judaism, the First Phase: The Place of Ezra and Nehemiah in the Origins of Judaism* (Grand Rapids, Mich.: William B. Eerdmans Publishing, 2009), 117. 定居最早始于公元前 597 年，以尼普尔为中心。

† 《圣经》的中文通译中也称以斯拉的职业为“文士”，同抄写员。——编者注

‡ Haim Gevaryahu, “Ezra the Scribe,” in *Dor le Dor: The World Jewish Bible Society*, volume 6, number 2 (Winter 1977– 78): 87–93, 90. 以斯拉被形容为一名“*unmanu*”，即给亚述巴尼帕出谋划策的那类抄写员。

§ 关于流亡时的校订，请查阅 Martin, *History and Power*, 105ff。

¶ Frank H. Polak, “Book, Scribe, and Bard: Oral Discourse and Written Text in Recent Biblical Scholarship,” *Prooftexts*, volume 31, numbers 1–2 (Winter–Spring 2011): 118–140, 121. I also consulted William M. Schniedewind, *How the Bible Became a Book: The Textualization of Ancient Israel* (Cambridge, U.K.: Cambridge University Press, 2004), and David M. Carr, *Writing on the Tablet*.

** Juha Pakkala, *Ezra the Scribe: The Development of Ezra 7-10 and Nehemia 8* (Berlin: Walter de Gruyter, 2004), 256.

不达米亚人的亚伯拉罕，到摩西率领犹太人走出埃及，最后在犹大地找到家园。

这些文字展现了许多类似《吉尔伽美什史诗》及其他经典文本的特征。它们叙述了一个关于起源的故事，将它们的读者与其邻人区分开来；然后，宣称犹大地和宏伟的耶路撒冷属于这部文本的读者，让他们可以将其视为自己的家园，即使他们早已从那片土地被驱逐到了巴比伦。

到以斯拉出生的时候，这些文本已经成为这个流亡族群的中心和保守他们信仰忠诚的保证。* 这些书卷保存了从过去流传下来的仪式和惯例，汇集了从崇拜到预备食物等一切事务的智慧和细则。它们还保存了这些流亡者的语言——希伯来语，尽管很多被流放的犹太人开始说亚兰语，一种在当地渐渐通用的语言。†

这些希伯来文本与《吉尔伽美什史诗》或者荷马史诗有些重要的不同之处。前者远远不是单一的、连贯的文本，而是由大量不同来源的文本汇集而成。这些希伯来文本与其他史诗最大的不同在于，前者是由一个长期颠沛流离的民族创作完成的。事实证明，如果说经典文本对国王来说很重要，那么对于一群没有王国和国王的人来说，它们则攸关存亡。

在整合这些不同的故事时，流亡的抄写员根据他们自身的境遇

---

* 关于以斯拉从巴比伦带回耶路撒冷的律法书（Torah）是哪一部文本存在着争议。只有《申命记》吗？不得而知。我支持那些认为他带回了完整的《五经》或者至少叙述了《五经》主旨的主张，例如，Lisbeth S. Fried, in *Ezra and the Law in History and Tradition* (Columbia, S.C.: University of South Carolina Press, 2014)。

† Carr, *Writing on the Tablet*, 169.

和价值观，对这些故事进行了重新塑造。* 摩西对他们来说很重要，因为传统上认为是他写下了律法书《申命记》，这证明他是一名抄写员（就像《吉尔伽美什史诗》将主人公歌颂为一名会写作的国王）。† 这些抄写员以同样的方式在经书的后半部分植入了抄写员的角色，比如巴录（Baruch），他记下了先知耶利米（Jeremiah）的话语。在每一个故事里，关于他们正在保存和编排的这些故事是如何变成文字的，他们都有论述。

在《圣经》最戏剧化的片段中，被流放的抄写员甚至将他们的上帝想象成一名抄写员。上帝最初呼召摩西，将他希望自己选民们遵守的律法口授给摩西。‡ 摩西信实地记下了所有，并将这些信息传达给选民们。§ 这是一个常见的抄写场景：某位当权者将信息口授给抄写员。然后，没有过多的解释，上帝就改变了他的心意，决定在没有抄写员的情况下继续传达他的律法。上帝不再口授，而是给了摩西一块已经刻了字的石板，这些字是上帝自己刻上去的。¶ 神明愿意花费心思亲笔写字，这并非不寻常。在美索不达米亚人众多的神灵中，纳布被奉为书写之神。犹太人的不同寻常之处在于，他们认为独一的神具备所有神圣的力量却仍然将这位神视为一名书写者。

戏剧性的事件还没有结束。在那个著名的场景里，摩西带着石

---

* 一些人甚至主张，以斯拉和他的抄写员同胞们在客居巴比伦时，以时存的较小篇幅的著述传统为基础，创作了《希伯来圣经》。请查阅：Gevaryahu, “Ezra the Scribe.”

† Martha Himmelfarb, *Between Temple and Torah: Essays on Priests, Scribes, and Visionaries in the Second Temple Period and Beyond* (Tübingen: Mohr Siebeck, 2013). Himmelfarb 在 105 页描述了摩西是如何被后世称为第一位抄写员的。

‡ Exodus 19–20.

§ Exodus 24:4.

¶ Exodus 24:12, 31:18.

板下了山，看见以色列人正围着一只金牛犊跳舞。他愤怒得失去了理智，将上帝亲手刻制的石板当场摔碎。* 现在所有事情都得重来一遍了。上帝再次呼召摩西，让他准备两块石板，与之前他在愤怒中摔碎的那一块类似；他——上帝，将再一次写下所有信息。† 听起来我们似乎可以期待之前那个场景会重演，但其实并没有发生。上帝重复了那些诫命，但这一次他并没有将它们写下。这一次，摩西自己成了抄写的人。‡ 他在上帝身边停留了 40 天，不吃不喝地日夜劳作，将上帝的话刻进石板里。§ “耶和华吩咐摩西说：‘你要将这些话写上，因为我是按这话与你和以色列人立约。’” 这是抄写模式的回归——一位权力至高无上的主人向他的抄写员口述信息，这也是这个片段开始时的场景。

这个场景仿佛一个抄写员的噩梦。开始，这个抄写员被要求记录上帝口述的话语，但被给予了一块已经刻印完成的石板，然后被要求更换新的石板，最后他发现自己还要重新听写一遍。在整个过程中，准确无误是关键；任何一个错误都会是致命的，必然会激怒这位本身就是一名专业抄写员的上帝。那些保存和修饰了这个场景的流亡抄写员，倾尽想象力用文字创作了一出戏剧，详细叙述了书写是多么复杂和让人紧张，特别是当它用来与上帝沟通时。

抄写员们也创造出了《圣经》中最伟大、最有名的一部分：创世神话。大多数这样的神话，包括美索不达米亚的那些，都是想象

---

* Exodus 32:19.

† Exodus 34:1.

‡ 在对这一段的大部分解读中，一般认为这一次是摩西写的，但还存在一些不明确性。

§ Exodus 34:27–28.

一位神，用泥土辛苦地塑造了这个世界和它的居住者们。那些保存在《希伯来圣经》中的更古老的希伯来创世故事也是如此，上帝亲手参与一个神圣的创造事件。这些创世故事是习惯于体力劳动的人类想象出来的。《创世记》的开场并非如此。上帝并没有弄脏他的双手。他也没有用双手来劳动；事实上，他根本没有触碰他的创造物。他单单凭语言的力量就将世界创造了出来。这样的创造故事是远离体力劳动的抄写员们想象出来的，并且完全是通过跨越遥远距离的（口头）语言来实现的。

公元前 458 年，耶路撒冷

抄写员不仅仅管理这些愈发重要的文本；这些文本还对流亡的犹太人族群产生了特别的影响力，让他们长久渴望回到这些故事强烈呼唤着的祖先故园。

以斯拉是他们的带领人。公元前 458 年，他呼唤流亡的同伴们放下他们熟悉的生活，迁回他们祖先的家园。* 不同支派、不同职业的后代回应以斯拉的呼唤，聚集在他设立在巴比伦北部亚哈瓦河（Ahava）边的营地。† 这趟旅途无疑是危险的。不会有士兵沿路保护他们。以斯拉说犹太人会被他们唯一的神耶和华保护，因此向波斯

* 记录基于詹姆士国王钦定版《圣经》（King James Bible）中的《以斯拉记》和《尼希米记》。如果假定此处提及的亚达薛西为亚达薛西一世，这一日期存在争议。

† Ezra 8:15–20.

国王要求士兵保护将是亵渎神的不虔诚举动。*

以斯拉沿途携带了一个也许能保护他们的东西：一封来自波斯国王亚达薛西一世（Artaxerxes I）的信。信中声明，这些在旅途中的犹太人是受到保护的，各地的统治者们都应该支持他们的活动。† 盗贼们可能读不懂国王的这封信，但是上面的国王印玺也许足够使他们意识到其重要性。实际上，以斯拉是以官方的名义前往耶路撒冷的：他奉亚达薛西之命，调查约旦河以西的情况。‡ 他是一个官方任命的特使。

犹太人难得享受到一个大国的保护。对犹太人来说，不被强大邻国注意就够好的了，这是那个毁灭了耶路撒冷的巴比伦人尼布甲尼撒二世教会他们的。但是，他们昔日的敌人早就被波斯人降服，波斯人占领了巴比伦，如今正将国土延伸到埃及。作为埃及和巴比伦之间的重要连接，犹大地忽然变成了战略要地。将以斯拉和他的同伴们送回他们祖先的家园，并不是这位波斯国王的慈善之举。他是派遣以斯拉去为帝国建立前哨。§

以斯拉和他的同伴们沿路没有受到袭扰，在行进超过 1 200 千米之后，他们终于渡过了约旦河。这是他们人生第一次踏上传说中祖先的家园。

然而，他们沿着河谷往上进入高山时，发现事情并不如他们

---

* Ezra 8:22.

† Ezra 7:11–28. 关于亚兰语的传播，我参考了 Falk, *Schrift im alten Indien*, 77ff。

‡ Fried, *Ezra and the Law*, 13, 27. 以斯拉被称为上百名“国王的耳朵”（*gaushkaiya*）中的一员。

§ Pakkala, *Ezra the Scribe*, 13. 以斯拉据称在公元前 464—454 年埃及爆发起义后平定了黎凡特。

所期待的那样。[*]似乎没有人在这里生活，到处是颓圮荒废的迹象。视线所及之处没有村落和设防的城镇，只有勉强生存的农民，他们是 70 年前因为身份过于低微而躲过被放逐命运的那些人的后代。那些极少数的留在这片土地上的人几乎没有办法维持生活，这与犹太人故事中所描绘的相差甚远，更不要说和那些归来的流亡者在巴比伦看到的高级文明相比了。[†]这些粗鲁的农民说一种粗鄙的方言，他们的生活方式也非常不同。的确，他们中的一些人声称自己是耶和华的追随者，但是他们紧挨着其他族群生活，他们的崇拜仪式也很松懈。流亡者中间早已定下了严格的规则，以维持安息日以及其他圣洁的仪式和律法，但这些规则在这里似乎都不起什么作用。[‡]

比起到达目的地耶路撒冷时迎接他们的，这些景象都算不了什么。耶路撒冷以其城墙和壮观的城门闻名，然而此时只剩下废墟。[§]这座城市对任何想要侵占它的人都城门大开。可是有谁会想要它呢？整片整片的城区遭到废弃，其他城区也几乎无法居住。耶路撒冷，以斯拉和他的跟随者听闻甚多的故事和梦想之城，如今只是一堆碎石。

---

* Donna J. Laird, *Negotiating Power: The Social Contours of Ezra-Nehemiah* (Ann Arbor: UMI, 2013), UMI number 3574064, 338.

† Laird, *Negotiating Power*, 21ff; Pakkala, *Ezra the Scribe*, 253.

‡ Ralf Rothenbusch, "*. . . abgesondert zur Tora Gottes hin*": *Ethnisch-religiöse Identitäten im Esra/Nehemiabuch* (Freiburg: Herder, 2012), 268.

§ 我遵循《圣经》的时间先后顺序，认为以斯拉生活在重建了城墙的尼希米之前。支持这个观点的有：Pakkala, *Ezra the Scribe*；Blenkinsopp, *Judaism, the First Phase*。而其他人，包括 Fried，则主张尼希米先到达并重建了城墙，然后以斯拉才到达耶路撒冷，参见 Fried, *Ezra and the Law*。从一个更戏剧化的角度看，我认为《圣经》章节顺序的编订者想要将两个标志性的事件——重建城墙和宣读律法书——放在一起。编订者将作为高潮的以斯拉宣读律法书放在《尼希米记》中城墙完成重建之前，以此达到这个目的。

有一件让人得安慰的事：虽然城墙和城门都成了废墟，但至少圣殿还在，它是一群更早些归来的人修复的。[*]失去圣殿对犹太人来说尤其难以接受，因为那是他们的神居住的地方。为了将这独一真神的力量集中在一处，犹太人很早以前就不顾地方同胞的抗议，放弃了其他献祭的地点。这种专注使他们与临近的民族不同。他们失去耶路撒冷时，失去的不仅是他们国王的王位，还有他们的神的居所。

几十年前，有一群人回到耶路撒冷并且重建了圣殿。[†]以斯拉和他的队伍知道这群更早的使者，并期待看到新的圣殿；他们自己不必去做重建圣殿的重活。就像早期的那群流亡者，以斯拉和他的追随者想在自己的土地上再次敬拜他们的神。他们休息了三天，在第四天将每个人带来的金子和珍贵的物品集中起来，精确地称重并做了记录。然后，他们做了整个流亡过程中一直期待的一件事：以传统的方式，献上公牛、公绵羊、绵羊羔和公山羊。

破败失修的不仅仅是城墙和建筑物。以斯拉沿路观察到，不合规范的宗教活动已经全面侵入城市。各种各样的人在耶路撒冷住了下来，犹太人也开放地与其他族群通婚。[‡]人们开始到以斯拉跟前报告犹太人违反规则的罪行，这些行为违背了让这个流亡群体保持团结的那些圣洁的规则和仪式。承受这座城市外在的毁坏已经很困难，然而更让以斯拉绝望的是其精神上的毁坏。他结束了巡视，花

---

* 我遵循《圣经》里提出的顺序，即以斯拉和重建了城墙的尼希米是同一时期的人。Nehemiah 2:13.

† Ezra 1:1–6.

‡ 帕卡拉（Pakkala）描述了从巴比伦归回的流放者，即名为“*golah*”的群体，与所谓的留守的“那地的人民”（people of the land）之间的紧张关系。参见 Pakkala, *Ezra the Scribe*, 265。我也参考了 Blenkinsopp, *Judaism, the First Phase*, 48ff。

了半天时间思考这座城市和它的居民们的堕落。

献晚祭的时刻来临时，以斯拉强迫自己去往圣殿，但他实在没有办法主持完全部的仪式。在绝望中，他撕裂自己的衣裳和外袍，倒在地上痛苦地大喊。最后，他做了一个祷告，这个祷告谴责了这片土地上的人们——那些留下来的人，他们的习俗使归来的流亡者感到震惊。*

越来越多的人聚集起来围观这位新近归来的流亡者不同寻常的举动，他是亚达薛西王派来的高级特使，他带来了令人惊讶的财富，而如今他躺在众人面前，控诉他们对自己崇拜之神的致命冒犯。他们觉得他说的是对的，于是开始哭泣。以斯拉提议，他们应该向一个全新的圣约宣誓，而在他们同意之后，以斯拉才站起来并接受他们的誓约。他再一次离开并开始禁食，因为这些人的罪仍然令他备感悲伤。

一份宣言被分发给所有从巴比伦归回的人。流亡者的儿女们纷纷来到，在那里等待以斯拉。他们在暴雨中发抖，雨大得仿佛他们的神在哭泣。最后，以斯拉出现，宣读了他严厉的宣言：流亡者们必须遣走他们外族的妻子和孩子们。他们必须将自己和这片土地上的其他人群区分开来。在流亡中持守更加圣洁和虔诚的崇拜仪式的人们，发誓要团结在一起，实现耶路撒冷精神上的复兴。†

然而如何让流亡者们遵守他们的诺言呢？以斯拉意识到，他需要其他东西来确保他们对上帝的信仰。为此，他将经书带给了他的同胞。但是，这些经书会在耶路撒冷扮演什么样的角色呢？文士以

* Ezra 9.

† Ezra 10.

斯拉（Ezra the scribe）有一个计划，他正很小心地在推行。他建造了一个升起的木台，将其特意置于重建的水门（Water Gate）之上，并安排了象征着 12 个支派的 12 名代表和他一起。他们对称地站在左右两边，每一边有 6 名代表。每个人都被告知，以斯拉将要进行一件壮举。

以斯拉爬上木台，他远眺成群的人们，将书卷展开给他们看。他们马上俯首在地，如同他们将要崇拜临在的神或神在圣殿里的代表。* 但是，那一刻他们并不在圣殿里，以斯拉也并不是以祭司的身份出现在他们面前。他只是手持书卷，站在那里。这是第一次，人们崇拜他们以文本形式显现的神。†

以斯拉开始宣读，但是问题出现了：并不是每个人都能听懂。将书卷从藏书室带到街道上，带给人民，这是一件困难的事。经书中的字句原本就不适合连续朗读给普通听众，因为它们是很多素材拼凑在一起的。圣经希伯来语晦涩难懂，而一些听众只懂地区通用的亚兰语。以斯拉发现了听众们的困难之处，意识到必须向他们翻译并解释他正在读的故事和律法。‡ 在长达几个小时的时间里，以

---

* Nehemiah 8:5–6.

† Fried, *Ezra and the Law*, 37–38, 43. Pakkala, *Ezra the Scribe*, 279. 另外，请参考 Jeffrey H. Tigay, "The Torah Scroll and God's Presence" in *Built by Wisdom, Established by Understanding: Essays on Biblical and Near Eastern Literature in Honor of Adele Berlin*, edited by Maxine L. Grossman (Bethesda: University Press of Maryland, 2013), 323–40, 328ff。Tigay 讨论了书卷是怎么开始象征上帝存在的。Karel van der Toorn 将犹太教中对书卷的崇拜与巴比伦宗教里对偶像的祭拜进行比较，参见 Karel van der Toorn, "The Iconic Book: Analogies Between the Babylonian Cult of Images and the Veneration of the Torah," in *The Image and the Book: Iconic Cults, Aniconism, and the Rise of Book Religion in Israel and the Ancient Near East*, edited by Karel van der Toorn (Leuven: Peeters, 1997), 229–48。

‡ John J. Collins, "The Transformation of the Torah in Second Temple Judaism," *Journal for the Study of Judaism*, volume 43 (2012): 455–74, 461. I also consulted Nehemiah 8:8。

斯拉就这样朗读、解释、翻译，他甚至将这些文本传达给了那些不识字的人。宣读完以后，他以祷告结束。这个祷告重复了他之前所讲的故事，从创世到亚伯拉罕，再到出埃及，总结了那个有一天会被后世的宇航员带上月球的宏大故事。

正是在这个人们向文本屈膝敬拜的场景里，以斯拉揭示了他回归耶路撒冷的真正意义。他想做的不只是为一位波斯国王守护一个帝国前哨，或者重建一座实体的城市。以斯拉之所以被耶路撒冷和它的圣殿所吸引，是因为他想改变犹太人敬拜神的方式。在流亡中，经书从严格意义上来说依然是一个替代品。只有在耶路撒冷，它们才能成为与圣殿相提并论的神圣物品。

这些希伯来著作在很久以前就成了一部经典文本，它将一群人与周围的邻舍区分开来。这部文本记录了这个群体的集体经历，讲述了一个关于起源的令人震撼的故事，恒久流传。这一文本的维护工作需要调动诸多重要的资源，包括学校和抄写员。而如今，在以斯拉的手中，另一个特征浮现了：一部经典文本被宣称为神圣文本，它本身就是被崇拜的对象。

书卷之民

以斯拉宣读律法书，引发了文士和祭司之间的一场争战。根据传统，祭司被赋予专有的主持宗教仪式的权利。* 以斯拉本身是一

* Mark F. Whitters, "Baruch as Ezra in *2 Baruch*," *Journal of Biblical Literature*, volume 132, number 3 (2013): 569–84, 582.

名祭司，但他改革了宗教仪式，提高了文士的地位，成为祭司不是做文士的先决条件。[*] 以斯拉宣读律法书对犹太人中最有权势的阶层是致命一击。

文士和祭司之间的这场斗争在接下来的两个世纪里将持续上演。在这期间，犹太人可以生活在耶路撒冷，而且自主权日益增强，尤其是当波斯帝国将注意力放在其他地方时。耶路撒冷越强大，对祭司和他们的圣殿圣所——全城保卫最森严的地方——就越有利。[†] 圣殿仍然很重要，但是随着以斯拉的文本被奉为神圣，他引入了另一股竞争的力量。

跟以斯拉有关的这些文字被分散地传播开来，就像《希伯来圣经》的许多部分，它们包含了写于不同时间的文本。生活在以斯拉之后相对稳定阶段的文士们，将这些记录了耶路撒冷在物质上和精神上重建的故事，编辑成一个更完整的叙事，形成了我们今天拥有的截然不同但互相联系的《以斯拉记》和《尼希米记》。（我对以斯拉回归的重写，大部分建立在这两本书和历史研究的基础上。）

只要犹太人（Judeans）被允许生活在耶路撒冷，这座城市的权力就会被统治者、祭司和文士瓜分，他们管理着一个开始自称“犹太人”（Jews）的族群。但是这段相对和平的时光并没有持续很久，耶路撒冷就被亚历山大大帝征服，任凭他相互争竞的后继者们摆布。

接着，耶路撒冷吸引了兴起的罗马帝国的注意力。公元 70 年，

---

* Martha Himmelfarb, *A Kingdom of Priests: Ancestry and Merit in Ancient Judaism* (Philadelphia: University of Pennsylvania Press, 2006), 12.

† Nehemiah 13.

罗马发动攻击，占领了耶路撒冷，如此费力重建的圣殿再一次被摧毁。既然在圣殿的崇拜再无可能，那些世代相传、规定利未支派享有担任祭司的特权*的最神圣法则，也就不再有实际意义。

在这种情况下，以斯拉通过可携带的经书来崇拜神的做法，就成为至关重要的选择。在流亡巴比伦的经历中想出的点子，同样适用于新的流亡。随着圣殿再一次消失，犹太人将在犹太会堂里崇拜，而服侍崇拜的将不再是祭司，而是能够阅读和解读经书的文士——拉比。

一名手持经卷的拉比在众人聚集时宣读神圣的文本，这样的场景我们再熟悉不过。但就像所有的事情一样，这个熟悉的惯例需要先被发明，而它是文士以斯拉在返回耶路撒冷之后发明的。以斯拉的朗读创立了我们所知的犹太教（Judaism）。当犹太人将他们和这片土地上的其他人群区分开来以建立一个族群身份时，他们成为"圣书之民"（a people of the book），或者，鉴于以斯拉所用经书的形态，也可以说他们成了"书卷之民"（a people of the scroll）。

《希伯来圣经》从一部经典文本发展为经文，从扎根于一片土地的文本发展到流亡中也可以发挥作用的文本，这种转变也是它得以保存的原因，而《吉尔伽美什史诗》就被湮没在历史中了。《希伯来圣经》能留存下来，是因为它不依赖土地、国王和帝国；它可以没有这些依凭之物，它创造了自己的敬拜者，而他们不管去哪里都可以将经文随身携带。

由于这种新的保存机制，奥斯汀·亨利·莱亚德在挖掘尼尼

* 以色列人的祭司只能从十二支派中的利未支派中产生。——译者注

微时，是通过《圣经》和它看待这座城的视角来看尼尼微的，而不是通过《吉尔伽美什史诗》。尼尼微在《希伯来圣经》中得到的评价并不好，亚述巴尼帕在后世的名声也一样不堪，有时会被罗马人混同于虚构的皇帝萨丹纳帕路斯（Sardanapalus）*，被描绘成无能、堕落的帝王。在两部经典文本的竞争中，《希伯来圣经》暂时领先。直到楔形文字被破译出来，一个截然不同的关于尼尼微和亚述巴尼帕伟业的故事才大白于天下。

回头看，以斯拉宣读律法书至关重要，因此，人们不仅将保存、修改和解读《希伯来圣经》归功给他，还有人认为是他写了这些经文。† 这些故事的精神当然是真的：是以斯拉和其他致力于抄写这些经书的流亡的抄写员，创立了神圣文本这个概念。‡ 另外一些评论家（他们也都是抄写员）对于以斯拉在技术方面的成就更感兴趣。他们认为他发展了一个全新的、现代化的书写系统，用借鉴自亚兰文的方块字母取代了古希伯来语字母，这些字母被沿用至今。§ 人们还认为，是以斯拉将对于普通犹太人而言愈发难理解的希伯来经书，翻译成了近东地区的通用语言，亚兰语。

以斯拉的名气越来越大，出现了一群人数不多但敢于发声的贬低者。一些犹太作家谴责以斯拉将错误和更改引入了神圣文本。¶ 后来的基督教和穆斯林作家延续了这个思路，将任何他们在《希伯

---

* 萨丹纳帕路斯是希腊人虚构出来的亚述末代皇帝，他的昏庸、腐化导致了亚述帝国的毁灭。实际上这位帝王并不存在。——译者注

† Martin Whittingham, "Ezra as the Corrupter of the Torah? Re-Assessing Ibn Hazm's Role in the Long History of an Idea," *Intellectual History of the Islamicate World,* volume 1 (2013): 253–71, 253.

‡ Ezra 4:10.

§ Whittingham, "Ezra as the Corrupter," 260. I also consulted Gevaryahu, "Ezra the Scribe," 92.

¶ Whittingham, "Ezra as the Corrupter," 261.

《律法书》最古老的手稿之一，来自 1155 至 1225 年之间，是以受巴比伦抄写传统启发的方块字母写下的，这份手稿被错误地分类，到 2013 年才被重新发现

来圣经》里看到的错误都归罪于以斯拉。为什么耶稣或穆罕默德的诞生没有被更明确地预言？批评者认为，以斯拉一定在他的《希伯来圣经》中犯下了错误，甚至为达到自己的目的故意篡改了文本。* 这些控诉是有些真实性的。以斯拉和后来编辑这部分圣经的评论家们，怀着一个特别的目的在创作这些经书——将归来的流亡者们团

* Whittingham, "Ezra as the Corrupter," 264.

凝聚成一个群体。这是一个为了将一个文本放在一个文化的中心而精心谋划过的行动。并且，它奏效了：因为持续地被使用，《希伯来圣经》成功地将流亡者凝聚为一个群体，确保了它自身的留存。

神圣文本这个概念不仅成为犹太教的核心，对基督教和伊斯兰教也是如此，这些宗教如今被称为圣书宗教。大声朗读和解读书面文字变成重要的宗教活动，使宗教成了与文学相关的事。既然总是有一些关于神的隐藏和不可知的事，神圣的文字就不能只从字面上理解。解读字里行间的言外之意，提出可能会揭示隐藏真理的精巧解释，变成必需的事。很快，具有竞争关系的不同解释流派将沿着不同的文学路径，建立不同的宗教。亚述巴尼帕学习过占卜学，并且夸口说知道来自大洪水之前的晦涩文本。以斯拉之后，钻研费解的段落，将文本中关系不密切的部分联系起来，独创地解读经文，成了与宗教崇拜同等重要的事务。

耶路撒冷——圣书之城

在思考以斯拉和神圣经典的诞生时，我决定去参观它诞生的城市*。耶路撒冷是一个垂直的城市，这不仅仅是因为它建在山坡上。所有东西都建立在其他一切之上：人民、宗教、记忆和历史。但是，与尼尼微和其他被毁灭的古老城市相比，这里的所有层面都是鲜活的。当靠近耶路撒冷老城时，我首先看到的就是绕城一周的高

---

* 我感谢弗雷迪·罗凯姆（Freddie Rokem）指引我游览了耶路撒冷老城。

耸城墙。为了进城，我必须穿过其中一个巨大、坚固的城门。一旦进入，我便置身于狭窄街道组成的迷宫里。我偶尔走到视野开阔的地方，就能看见在更高的建筑物上飞扬着不同的旗帜，不同的群体在主张自己的存在、标明自己的领地。我路过一些陌生的古老基督教派的教堂，这些教派在耶路撒冷占据了自己的一方地盘。我们仍然能看到耶稣穿越这座城市到达髑髅地所走的道路，即“苦路”（Via Dolorosa），耶稣受难之路上的其他重要地点也被标记出来。这里到处都是罗马的遗迹。不过，圣殿山（Temple Mount）才是不同宗教瞩目的焦点——其上半部分伊斯兰教宣称占有，而下半部分的哭墙（Wailing Wall），则属于犹太教。

这座城市向上建得很高，向地下建得也很深。有一层接一层的地下室、下层地室和隧道。我是 7 月去的，室外的空气又热又干燥，但是我走得越深，就越感到凉快，空气也变得越发潮湿，再下一层阶梯和隧道，我听见了水往下滴的声音，然后看到了一池子水。

水的存在肯定是耶路撒冷成为历史上兵家必争之地的原因之一。在这贫瘠的土地上，水是很珍贵的东西。大洪水的故事，对住在两条容易泛滥的大河之间的美索不达米亚人来说，是很平常的经验。但是当这个故事到达干旱的耶路撒冷时，听起来一定很不一样，很陌生，几乎不可想象。

单单对水的需求不能解释为什么不同的宗教和民族如此密集地扎堆在这一个地方。细细探究耶路撒冷的历史，我发现这座城市不仅是“神圣文本”这个概念的诞生地，还是它持续、充分发挥影响力的地方。将所有人带到这个地方并赋予这些山坡如此重大意义的，是神圣文本在这单一地点的聚集，从《希伯来圣经》开始，接着是《新约》，最后是《古兰经》。

耶路撒冷也许是研究这些神圣文本影响力的最佳地方，但它绝不是唯一一个被这些文本触及的地方。在以斯拉之后，我们就生活在一个被神圣经典主导的世界。神圣经典是经典文本的一种，所有的经典文本都创造了文化的凝聚力，讲述了关于起源和命运的故事，并且将文化与遥远的过去连接起来。除了具备经典文本的这些一般特征，神圣经典还激发了人的崇拜与顺服。不仅是那些所谓的“圣书宗教”，比如犹太教、基督教和伊斯兰教，其他文化的宗教也是如此，比如在寺庙里供奉他们经书的锡克教徒，还有在佛像边摆放短小佛经的佛教徒。

有时候，这些被崇拜的文本将文化变成古老思想的“人质”，将文化跟过去和文本里的文字牢牢地捆绑在一起。这个效应可以被称为“文本原教旨主义”（textual fundamentalism）。犹太教、基督教和伊斯兰教等“圣书宗教”，大概是最有文本原教旨主义倾向的，但是所有以神圣经典为基础的宗教，都在它们历史的某些时间点上，经历过文本原教旨主义的浪潮。文本原教旨主义也不局限于宗教类文本。美国的宪法，一部带有宗教意味的经典文本，也有它的原教旨主义解读者（期望能根据宪法的字面意义和作者们原本的意图来解读它），而另一部现代经典文本《共产主义宣言》也是如此。一个好的迹象是，我们面对的神圣文本，都有一群专业人士负责解读，从宗教权威到最高法院。（我有时会想到我自己的职业——文学研究，也是这些官方解读者的一个分支，虽然我们的权威性比较弱。）

文本原教旨主义依靠两个相互矛盾的观念。第一个观念是，文本是固定不变的。第二个观念则承认文本是需要被解读的，但是要将解读它们的权威限制在一个专门的群体中。* 目睹了文本原教旨主义在几乎每一个与文字相关的文化里兴起的程度，我开始将它当成文学不可避免的副作用和阴暗面。我们要如何防范它呢？

通过有力的解读，读者们总是会将他们自己的想法、价值观和文化带入文本，用全新的方式来理解这些存在了一百年或一千年或三千年的文字。我们不应该试图削弱或限制这个过程。我们可以崇拜文本，崇拜它们的故事、智慧，或是单单崇拜他们的古老。经典文本和神圣文本是文化中最好的纪念碑，是我们共有的人类遗产。而恰恰是因为这个原因，我们应该允许每一代的读者将这些文本变成他们自己的。

今天，绝大多数人宣称信奉某种形式的神圣文本。我们选择如何解读这些文本，已经成为我们这个时代最重要的问题之一。

* Wolfgang Iser, *The Act of Reading: A Theory of Aesthetic Response* (Baltimore: Johns Hopkins University Press, 1980).

第四章

向佛陀、孔子、苏格拉底和耶稣学习

由，诲女知之乎！知之为知之，

不知为不知，是知也。

我从来都不是老师的宠儿，但是我欣赏的那些老师在我的一生中留下了很重要的印迹，他们是我心路历程的主要参与者。他们多半是遥远的，又或者是我选择跟他们保持距离，宁愿从远处欣赏。* 即便如此，我还是着迷于他们所说所做的一切，他们的着装，以及我所知道的他们的生活点滴。现在我自己也成了老师，我唯恐在有意无意间创造出个人崇拜，也提醒自己当老师不要太自以为是。

每当我拿起跟古典世界里伟大的老师们有关的哲学或宗教著作，比如展现佛陀跟信徒对话的经书，描述孔子如何生活与教学的文本，苏格拉底和学生们的对话，耶稣的福音书，这些想法就会在我脑海中浮现。我喜欢教授这些文本，因为它们再一次将我变成学生，使我能跟自己的学生们一起欣赏这些有着非凡魅力的老师。

与描述与我们生活相去甚远的国王和帝王生活的《吉尔伽美什史诗》、荷马的史诗或者《希伯来圣经》相比，这些文本读起来、教起来都切身得多。这些围绕师生互动展开的文本能让几乎每个人

---

* 我感谢帕里马尔・G・帕蒂尔（Parimal G. Patil）和魏朴和（Wiebke Denecke）对这个章节的帮助。魏朴和教了我许多关于东亚文学的知识，包括在她的佳作中阐明的中国的师父传统。Wiebke Denecke, *The Dynamics of* Masters *Literature: Early Chinese Thought from Confucius to Han Feizi,* Harvard-Yenching Institute Monograph Series, number 74 (Cambridge, Mass.: Harvard University Press, 2011).

都有共鸣：我们都做过学生，而这个记忆将伴随我们一生。

在尝试理解文学历史的过程中，我才发现了一个存在于佛陀、孔子、苏格拉底和耶稣的教学活动中的惊人规律。他们生活的年代跨越几百年，彼此毫不相识，他们彻底改变了理念的世界。当今许多哲学和宗教流派，比如印度哲学、中国哲学、西方哲学和基督教，都是由这些拥有非凡个人魅力的老师塑造成形的。[*]仿佛在公元前的五个世纪，世人一直等待着被指导，渴望学习新的思考和存在的方式。可这是为什么呢？又要如何解释这些老师的出现呢？

这些老师出现在中国、中东和希腊的读写文化中（印度也许只有很少或几乎没有文字，但是它拥有伟大的口述传统），就这样，我在文字的历史中找到了一个答案。[†]在这些读写文化的中心，文士、国王与祭司建立了官僚机构、图书馆和学校，他们收集故事，将这些故事确立为经典文本，甚至是神圣经典。然而，这些老师共同的特征是，他们都没有用文字书写，而是坚持让学生聚集在自己身边，通过对话和面对面的交谈来教导学生。

决定不使用文字以避免产生书面著作，这是文学史上的一个奇妙发展。它正好出现在文字得到更广泛使用的时间点，仿佛这些文化突然开始担心这个逐渐普及的技术的效应，于是决定质疑它的使用。

可与此同时，另一件更加有趣的事发生了：避免书写，坚持个

---

* 这个规律与卡尔·雅斯贝尔斯（Karl Jaspers）的“轴心时代”（axial age）概念有关，尽管雅斯贝尔斯没有注意文学的动力学和书写技术的影响。Karl Jaspers, *The Origin and Goal of History,* Routledge Revivals (Basingstoke: Routledge, 2011).

† 为数不多的将雅斯贝尔斯的“轴心时代”概念和文字联系起来的学者之一是 Jan Assmann, “Cultural Memory and the Myth of the Axial Age,” in *The Axial Age and Its Consequences,* edited by Robert N. Bellah and Hans Joas (Cambridge, Mass.: Harvard University Press, 2012), 337–65, 397ff。

人现场教学的做法又导回了文学。老师的话语变成了我们如今可以阅读的文本，将我们带回围绕这些老师形成的学生圈子。这些老师似乎也在对我们说话，而且是跨越了时间和空间，亲自对我们说话。一种新的文学形式由此诞生：教师文学。

这些老师都是谁呢？他们的话语又如何在文学的故事里，变成与之前的经典文本和神圣经典如此不同的一类新文本的基础？

佛陀

公元前 5 世纪，印度东北部

最早出现的老师之一，是一位住在印度东北部的王子。他的生卒年份存在争议，但是他的人生成了一个传奇，这个传奇又成为一场强大运动的根源。[*]

王子觉醒的故事，始于他听说父亲宫殿附近森林里有美景的时候。[†]他听说那郁郁葱葱的林木一眼望不到边，遮挡着炽热的阳光，池塘上点缀着最美丽的莲花，岸边青草如织。他无法想象这样的奇

* 绝大多数西方学者认为佛陀在公元前 400 年去世，享年 80 岁。K. R. Norman, *A Philological Approach to Buddhism* (Lancaster, U.K.: Pali Text Society, 2006), 51. 佛教传统中他的时间背景提早了 80 年。

† 这个故事基于多种资料，主要有：*Buddha-Karita: Or Life of the Buddha, by Asvaghosha, Sanskrit text, edited from a Devanagari and Two Nepalese Manuscripts, with variant readings, and English translation by Edward B. Cowell* (New Delhi: Cosmo Publications, 1977). See also the new translation of this text, *Life of the Buddha*, by Ashvaghosha, translated by Patrick Olivelle, Clay Sanskrit Library (New York: New York University Press, 2008)。我还参考了 Peter Harvey, *An Introduction to Buddhism: Teachings, History and Practices,* second edition (Cambridge, U.K.: Cambridge University Press, 2013)。

观。王子装饰精美的寝殿深藏在恢宏的王宫里，平日他所需要的一切都会由成群的仆人或他挚爱的妻子带到他面前，然而现在这位王子不愿意这样，他也不想让谁去森林从池塘里为他采一朵莲花回来。他想亲自去看看。*

一直保护王子免受外部世界侵扰的国王非常担心他，极其小心地准备了这次出游。不能让任何事物打扰他儿子细腻的情感；残疾的、乞讨的、患病的、不得体的，一切都被严格地挡在王子的视线之外。当王子和他的车驾在宫殿的大门出现时，道路早已被花环和彩旗装点一新，到处撒满花瓣。†

王子十分享受这次出游，认为一切都理所当然，市民、鲜花、城市和仰慕的人群。但就在那一刻，他的眼睛突然捕捉到了一个奇怪的景象。不知从哪里出现的一个生物，动作迟疑，行走困难，脸庞因大量的褶皱而变了形，佝偻着向他靠近。这是一个残忍的玩笑吗？王子转向他的车夫，寻求答案。国王事先吩咐过车夫，要将王子与可能打扰到他的一切隔离开来，但车夫还是不由得道出了那可怕的真相："这是衰老造成的。""衰老"是什么意思，王子想要知道。这也会发生在他身上吗？是的，它会的，车夫回答，因为他不想误导王子。‡事实上，衰老必然降临。王子困惑地回到家中，极力想弄明白这个经历。

经历过面对疾病和死亡的两次类似遭遇之后，王子决定离开他感到虚假的生活和与之有关的一切。他开始云游四方，依靠他人的

* *Buddha-Karita,* 3:1.

† *Buddha-Karita,* 3:3ff.

‡ *Buddha-Karita,* 3:23.

施舍生活。人们看到一个富有的年轻人选择贫穷的生活，都感到吃惊，不过那时的印度并非没有苦行者。[*]（亚历山大在他的远征中遇到过一些，并称之为“赤身的哲学家”。[†]）王子沿着一条既定的路线，和另外五个云游者一起投身于贫穷艰苦的生活。[‡]他放弃了为数不多的剩余财产和必需品，靠越来越少的东西存活，直到一位姑娘发现了这位身体憔悴、神志不清的苦行者，并给了他牛奶。[§]他满怀感恩之情地收下了。他的身体恢复了些许力气，心智也明晰了起来，他坐在一棵古老的菩提树下，开始冥想自己的经历。极端的匮乏是解决方案吗，还是说它只是王子失去纯真之后出于震惊和愤怒的反应？肉身的禁欲并没有使他从自己的身体中解脱出来，反而让他更关注自己的身体。苦行的生活并没有使他的头脑冷静下来，反而使他发狂。[¶]一定还有别的解决方案，可以帮他解脱自己对这个世界的失望。

王子坐在菩提树下时，感到年老、疾病和死亡所带来的影响渐渐地消散了。他起初只是很微弱地意识到，他的生命将他从与世隔绝的宫殿带到外面残酷的世界，再到极端的苦难和匮乏，然而这并不是他唯一的一次生命。他在这之前已经活过好多回了，而那些早前的生命现在开始向他显现，那是成千上万、上百万的动物和人类的奇异生活。那使他如此震惊的世界也不是唯一的世界，只是如今他能看见的许多世界中的一个。沉思着生命和世界的这些奇特之

* *Buddha-Karita*, 10:34.

† Plutarch, *Lives*, LXIV, 1.

‡ *Buddha-Karita*, 12:89ff.

§ *Buddha-Karita*, 12:111.

¶ *Buddha-Karita*, 12:101.

处，他知道自己得到了他在六年的禁欲修行中从未体会到的——悟道。他觉悟了，成了佛。*

如今从世俗的牵绊中解脱出来，佛陀吸引来了追随者。开始时与他一起修行的五人曾对王子离开他们严苛的生活感到失望。可他们再次遇见王子时，却发现自己才是选择了错误道路的人。越来越多的追随者出现了，苦行者和非苦行者，婆罗门（Brahmins，祭司阶级的成员）和非婆罗门，他们都渴望见到王子，被他教导，通过他获得觉悟。†

佛陀继续着他的生活，从一个地方到另一个地方，每日乞讨，吃简单的饭食，清洗他的双脚，安排他的座席，然后终于坐下来开始教学。‡他没有演讲，而是让信徒们问问题，然后耐心地予以回答，有时用简短的语句或比喻，有时通过需要解释的谜语或寓言。与其说是教学，不如说是劝说他们弃绝此前的思考习惯和生活习惯。他鼓励信徒们放弃对尘世中人和事的依附，甚至放弃对自我的依恋。想解释清楚出世的益处是很困难的，有时甚至面临矛盾和悖论。超脱了尘世，如果不能退回已身，又该去哪儿呢？有些教学很有名，比如在舍卫城（Shravasti）讲法后，佛陀被问到这次教学该叫作什么，他回答说该被称为《金刚经》，因为它能像钻石一样除去错误的念头。

---

* *Buddhism,* edited by Peter Harvey (London: Continuum, 2001).

† *The Collection of the Middle Length Sayings* (Majjhima-Nikaya), volume 1, *The First Fifty Discourses,* translated from the Pali by I. B. Horner (London: Pali Text Society, 1954).

‡ 这些行为在诸多经书中均有描述，包括：*The Diamond of Perfect Wisdom,* translated by the Chung Tai Translation Committee, January 2009, buddhajewel.org/teachings /sutras/diamond-of-perfect-wisdom-sutra/, accessed November 13, 2016。

笼罩在自相矛盾和谜团中的佛法为什么这么引人入胜呢？其中一个原因是它们普遍的感染力。曾经的王子转向最卑微的人们，与他们对话、交谈，并许诺他们一个闻所未闻的理念。这个启示不是只传达给有特权的人，而是给每个人的。只要他们勇于尝试，就可以跟随佛陀，追寻觉悟。他们也可以跟佛陀辩论。* 这跟佛陀曾经批判的婆罗门排外的教学完全不一样。† 不同于婆罗门和王子们掌控的教学，佛陀与每个人对话，强有力地劝告他们改变自己的生活。

佛陀年岁日高，他不觉得将自己学生中的一员提升到高于其他人的位置是明智的，所以拒绝指定一个接班人。由于很多学生在修行觉悟的道路上颇有所成，他们都可以通过彼此支持来相互学习，就像他们一直在做的那样。尽管有这样的鼓励，佛陀圆寂时，他的学生们还是很悲伤，也没有方向。他们要如何确保自己不会在教义和生活实践上犯错呢？以前，他们可以向佛陀寻求指正，佛陀会慷慨地帮助、训诫，甚至让那些坚持错误信仰的人感到羞愧。而如今他们又能找谁呢？

圆寂的尊师不想推崇一个单一领袖的遗愿受到了学生们的尊重，他们求助于彼此，并且把一大群从前的弟子召集起来。他们一起回忆并厘定行为与信仰的规则，在如何成为佛的追随者的问题上

---

* Richard F. Gombrich, *How Buddhism Began: The Conditioned Genesis of the Early Teachings*, second edition (London: Routledge, 1996), 15.

† Gombrich, *How Buddhism Began*, 16. See also Richard Gombrich, "Did the Buddha Know Sanskrit? Richard Gombrich's Response to a Point in the *BSR* Review of His *What the Buddha Thought*," *Buddhist Studies Review*, volume 30, number 2 (2013): 287–88. I also consulted Norman, *Philological Approach*, 34.

达成一致。*学生们集体的记忆能够将“世尊”的金口玉言保存下来，防止在《金刚经》等这类珍贵的教学中出现错误，确保正确的字句得以世代相传。而当出现争执时，他们不得不唤来另外一群弟子以消除错误和怀疑。

如果准确地记住佛陀的话如此重要，那么为什么之前没有人想过要将它们写下来呢？佛陀在世时，印度可能已经有了某种文字系统 [所谓的“印度河流域文字”（ Indus Valley Script ）可能并没有成系统，并且一直未被解读]。†其中最重要的是《吠陀经》中古老的颂歌和故事，它们是由特别指定的婆罗门口头传诵的，对这些人来说，牢记这些经文是义务，也是特权。这个祭司阶级建立了明确的劳动分工来保存这个庞大的颂歌和故事的整体。教义和诗篇被分成更小的部分，然后被分配给不同的组别。尽管没有单独一个人能够记住完整的教义，婆罗门还是用集合的方式精确无误地将它保存下来，并且确保世代之间无缝的传承。‡

这个系统运转如此之好，成为社会组织不可或缺的一部分，所

* Shi Zhiru, “Scriptural Authority: A Buddhist Perspective,” *Buddhist-Christian Studies,* volume 30 (2010): 85–105, 88.

† 关于这个问题的争论很激烈。Richard Gombrich, “How the Mahayana Began,” in *The Buddhist Forum,* volume 1 (1990): 21–30, 27, 声称当时文字还不存在。我还参考了 Falk, *Schrift im alten Indien,* 337。Peter Skilling, “Redaction, Recitation, and Writing: Transmission of the Buddha’s Teachings in India in the Early Period” in *Buddhist Manuscript Cultures: Knowledge, Ritual, and Art,* edited by Stephen C. Berkwitz, Juliane Schober, and Claudia Brown (Basingstoke: Routledge, 2009), 53–75, 63, 认为此时已经有某种文字存在，但仅用于行政事务。还有一个未解之谜是关于比悉达多的时代古老得多的“印度河流域文字”，它可能是一种语言，也可能不是，而且它还没有被解读。Daniels and Bright, *World’s Writing Systems,* 165ff.

‡ Berkwitz et al., *Buddhist Manuscript Cultures,* volume 3. 有一个论点支持固定的口头传播，参阅 Alexander Wynne, “The Oral Transmission of the Early Buddhist Literature,” *Journal of the International Association of Buddhist Studies,* volume 27, number 1 (2004): 97–127. 我还参考了 Norman, *Philological Approach,* 57。

以宗教领袖们不需要用文字记录下这些神圣的颂歌，而颂歌出现在文字系统进入印度之前。可就算是引入文字系统之后，神职人员还是避免使用文字，因为害怕将神圣的话语用文字写下之后，一切都会发生变化。* 文字不是古老的存储话语方式的替代。它是一个全新的事物，一项可能带来无法预知的深刻改变的技术。

有一件事神职人员们可以马上预测到，那就是当他们允许神圣的话语被写下来时，这些话语会被掌控这项新技术的人拥有。这些人不是婆罗门或神职人员，而是不值得尊敬的商人和记账员。谁知道他们会带来怎样的堕落？所以最好还是继续由少数特权阶层和那些被精心教导的人来口头传诵。最古老的印度史诗《罗摩衍那》，也是口头创作，后来才被文字记录下来，就像荷马史诗那样。

佛陀的追随者跟婆罗门在很多事上意见不一致，但与婆罗门相同的是，他们也采用口头传诵的办法。† 几个世纪以后，他们才采用文字书写，但仍然早于婆罗门，因为他们并不像婆罗门那样坚持将教学掌控在特权人员手中。‡ 文字可以帮助佛教徒们将佛法传到更远的地方。§

终于开始采用文字技术之后，佛教的抄写员们尽可能栩栩如生地描述佛陀的生活。通常，这些文字描绘的是佛陀跟门徒或反对者的对话，以及他对行为准则的解释和对世界的观察。今天，我们拥

---

* Falk, *Schrift im alten Indien*, 243.

† 关于两种口头传播的区别，尤其是在佛教传播中的巨大差异，请查阅 Wynne, "The Oral Transmission," 123。关于婆罗门背诵技术的影响，参见 Gombrich, "How the Mahayana Began," *Journal of Pali and Buddhist Studies* (1988): 29–46, 31ff。

‡ Falk, *Schrift im alten Indien*, 287ff.

§ 请查阅：Gombrich, *How Buddhism Began*。

有争议的印度河流域文字，来自公元前第三千年

有的关于佛陀的记录都是基于这些在他死后几百年才写下的文本，这些文本最终成了神圣的经书。*[一旦佛经的地位被建立，诗人们就开始想象佛陀的一生；我在这本书里对佛陀故事的概述就是基于生活在公元 2 世纪早期的诗人马鸣（Ashvaghosha）的叙述。] 佛陀

* Zhiru, "Scriptural Authority," 98.

的魅力、他对听众的即影响力，以及他的所言所行，是一种新的文学形式，即“教师文学”的产物。它呈现了一个有着非凡个人魅力的大师的感召力，他虽然早已过世，但他的人生和教导最终与文字技术产生了交集。

孔子

公元前 5 世纪，中国北方

在公元前 500 年左右，有一位与众不同的老师，关于他的消息在东方大地上到处传播着，而此地正是泰山从北方平原拔地而起之处。人们砍伐森林，开垦出大片的田地，北风在这些田地上肆虐。在宏伟的山峰下，敌对国家和氏族的首领们通过献祭祈求上天来保佑他们在持续的攻伐中获得胜利。尽管鲁国理应由一位君主来管理，但它实际上由三个强大的家族掌控，他们之间彼此争斗，试图削弱其他各方的势力。*

孔子曾经为其中一个家族效劳，并且被卷入纷争。他曾经指导年轻的官员们应对这个复杂局面，直到他无法说服自己的良心继续这个工作，于是辞去官职，开始流亡。† 流亡中，他的教导越发普适，吸引了更多的学生，直至成为名闻天下的老师，并将以拉丁语名字 Confucius 闻名于西方。

---

* *The Original Analects: Sayings of Confucius and His Successors*, a new translation and commentary by E. Bruce Brooks and A. Taeko Brooks (New York: Columbia University Press, 1998), 3ff.

† Brooks and Brooks, *Original Analects*, 11.

他的弟子常常跪坐着围绕在他身边，全神贯注地聆听他的教导。[*]孔子讲的东西不难理解，他不喜欢用复杂的词句，但他简单的话语常常也需要弟子们花好一会儿才能完全吸收。他的一个学生叫仲由，曾直截了当地问他什么是知识。孔子冷静地回答："由，诲女知之乎！知之为知之，不知为不知，是知也。"[†]这听起来简单，但这个概念是需要思考咀嚼的。孔子并没有因为直白的问题而生气，因为他对弟子们喜爱有加。他远游时，总想快点回到弟子们身边。他尤其喜欢之前的一些弟子，比如颜回，孔子曾说他是自己最好的弟子。[‡]但颜回死了，他的老师思念他的程度令人动容。

有名士来找孔子交谈时，学生们通常都可以旁听。许多君王来过，地方的官员和音乐大师也来过。[§]孔子也会跟普通人交谈。有仪地长官求见，夫子同意了。[¶]还有一次，他对一个传话的童子很感兴趣，像对待他的学生一样认真对待这个男孩。[**]

学生们不仅仅从孔子的话语中学习，他的行为和生活方式也吸引着学生们。他们发现，他进食很节制，但特别爱吃姜。他还喜欢自己的竹子长得笔直。他喜欢一切都井然有序。[††]即使已经辞去公职，他仍在思考稳定和善治的问题，并用这些价值观影响学生。

孔子最关心的是过去，信而好古。这一点不让人意外，因为当

---

* Brooks and Brooks, *Original Analects*. I also consulted the Chinese Text Project, ctext.org/analects, accessed July 17, 2015.

† 《论语 · 为政》第十七。—— 译者注

‡ *Analects* 2:9, 5:9, 6:3, 11:7, 11:11.

§ *Analects* 3:19, 3:23.

¶ *Analects* 3:24.

** *Analects* 14:44.

†† 《论语 · 乡党》只描述了孔子的行为和习惯，没有任何一句言说。

时他们周围的世界正处于暴力和混乱中。他让学生们读古老的诗歌集《诗经》，以此提高他们的语言和表达能力。[*]可当有些学生总是引用其中的词句时，孔子告诫他们单单引用经典是不够的。[†]他们的整个生活都需要改变。可重点仍然是，过去的一切都更好些，那时政治权力更集中，国家更有秩序。[‡]孔子说："我非生而知之者，好古，敏以求之者也。"[§]

在他看来，当下的混乱甚至影响到了词语的意义：

> 名不正，则言不顺；言不顺，则事不成；事不成，则礼乐不兴；礼乐不兴，则刑罚不中；刑罚不中，则民无所措手足。[¶]

找到正确的名称和词语是很重要的，因为中国是世界上最早拥有文字的伟大文明之一，并且是极少数延续至今的之一。最早的中国文字可以追溯到公元前1200年，写在龟壳和动物的骨头上，也就是所谓的"甲骨文"；它们被用于占卜（很像亚述巴尼帕在美索不达米亚学习的占卜术）。[**]虽然最终没有被完全证实，但中国很有可能是完全独立于美索不达米亚和埃及之外创制了自己的文字，尽管发明一种符号来记录语言这个理念可能是从美索不达米亚借鉴来的。中国文字本身绝对是独特的。它的词语并不像字母文字那样被

* *Analects* 16:13. 其他赞扬之词出现在以下章节：1:15, 3:8, 7:18, 8:8, 17:9。

† *Analects* 13:5.

‡ *Analects* 13:3.

§ 《论语·述而》第二十。——译者注

¶ 《论语·子路》第三。——译者注

** Daniels and Bright, *World's Writing Systems*, 191ff.

划分成一个个单一的语音，而是不同的概念和事物有它们自己的符号，这个符号系统变得越来越复杂和庞大。现在的中国文字从这个古老的源头直接发展而来，而且直到今天，它还在对抗字母文字的广泛传播。

在孔子的时代，文字已经进入生活的方方面面，从宗教占卜到国家官僚体系，再到文学经典的创作，包括《诗经》。生活在世界上一种伟大的读写文明中，孔子完全可以采用文字书写（比佛陀容易得多），但他并没有。他至死都没有记录下任何教学内容。

但在他死后不久，学生们开始用文字写下他的话语，记录对话和教学的场景，以及问题与解答，从中诞生了我们今天所谓的儒家思想。他的语录逐渐以《论语》为大家所知，其中一卷并没有记录孔子的任何演说，只记录了他在不同场景里的行为举止，以及他参加的仪式和遵循的礼仪。*《论语》描绘了这位大师最值得纪念的瞬间，成了一本教人如何为人处世的指南。

与佛陀的情况一样，这些文本变得很有影响力。许多模仿者出现了。在接下来的几代里，一些门徒崭露头角，启发他们自己的追随者将新的理念写成文字。不同老师的言论变得如此受欢迎，以至于这种全新的文学形式需要一个新的名称：大师文学（masters' literature)。† 从某一点来说，这个术语是不恰当的，因为这些大师自己并没有写下这些文本，文本是他们的学生写下来的。我们也许还可以称这些文本为“学生文学”（students' literature)，由学生们写下来以纪念他们过世的老师。

---

* *Analects,* book 10，即《论语·乡党》。

† Denecke, *Dynamics of Masters Literature.*

最早的中国文字是写在牛骨或者龟壳背面的平面上的，来自公元前 1600—前 1050 年

由于孔子的教学大部分围绕着过去，他也建议学习最古老的诗歌和礼制，因此儒学与中国重要的经典文本《诗经》紧密联系起来。不寻常的是，《诗经》不是关于吉尔伽美什、阿基里斯或摩西这样的神或英雄的长篇叙事，而是诗歌集，收录着表面看来很简单的诗歌，通常篇幅短小，互相之间也没什么关系。当世界陷入混乱时，这些古老的诗歌因为文字得以存活。而如今，它们能够帮助读者与原本可能已经失去的一段美好过往产生共鸣。被收集起来的不仅有抒情

诗歌，还有礼仪制度的选集、编年史和其他古老的文本，它们也是从遥远的过去流传下来的。它们的编辑整理工作都被归功于孔子。

所以，尽管没有写下自己的教学内容，孔子还是成了当今以儒家经典为人所知的整个中国经典体系的权威。*

苏格拉底

公元前 399 年，雅典

佛陀的圆寂和孔子的过世对他们的学生来说是痛苦难忘的。苏格拉底和耶稣的情形却是，死亡让他们成了殉道者。

苏格拉底最富深意的教导发生在他的弥留之际，在公元前 399 年的监狱里。那时，他告诉学生们哲学无非是对生命终结的一种预先思考。† 回想起来，他被判死刑也许并不让人意外。由于在城邦里充当牛虻的角色，反对被普遍接受的智慧，质疑从民主投票和随机任命到剧院庆典等最受欢迎的制度，他建立了自己的名声。‡ 他那些惹人愤怒的问题为他赢得了一小群满腔热忱的追随者，但也招致了许多仇敌。注定会有人用法律对付他，这是迟早的事。当这一刻到来时，苏格拉底还给敌人行了方便，爽朗地声称他只是没有办法停止自己在做的事，因为他头脑里一直有个声音在迫使他这么

* Michael Nylan, *The Five "Confucian" Classics* (New Haven: Yale University Press, 2001), 1ff, 36.

† 故事基于 Plato, *Phaedo*, in *Euthyphro, Apology, Crito, Phaedo, Phaedrus*, translated by Harold North Fowler, Loeb Classical Library 36 (Cambridge, Mass.: Harvard University Press, 1914), 64a。

‡ Plato, *Apology*, in *Euthyphro, Apology, Crito*, 18bff.

做。[*]所有人都将这一宣告当作苏格拉底最后的，也是最公开的宣言，而这一宣言也招来了不可避免的结果——死刑判决。

但是学生们无法任由他们的老师就这么死去。他们将所有的资源都汇聚到一起，他们贿赂了监狱的看守者，安排将苏格拉底带到安全的地方。有许多讲希腊语的殖民地和城邦可供他躲藏，他甚至可以重新教学。学生们向他透露这个计划时，也许还带着一点骄傲，但被苏格拉底意外地拒绝了。苏格拉底这个众人眼中格格不入的、使人厌烦的煽动者，决定服从法律。就算审判是装模作样，他也会服从判决。[†]

这不是无意义的顽抗。苏格拉底有他的理由，他一直以来都有自己的理由，他一步步地引领学生们从前提抵达了结论，一个让他们出乎意料但也无法反驳的结论。他把这个过程称为"哲学探讨"（philosophizing），而这就是他在监狱里，在必然的死亡面前，正在做的事。学生们仍然因为他拒绝逃亡而震惊不已，并且试着不去想他们老师的不可避免的死亡，但是苏格拉底还在继续说话。很快，他开始哲学性地探讨即将临到他的死亡，尝试说服学生们这是发生在他身上的最好的事。[‡]如他所言，既然哲学就是关于如何将人从肉身的桎梏中解脱出来，那死亡不就是终极的解放吗？并且，既然他曾经教导他们世界不过是一出皮影戏，那从这个影子中解放出来不就是任何一个追寻真理的哲学家都该盼望的吗？[§]一个接一个的

---

* Plato, *Apology*, in *Euthyphro, Apology, Crito*, 31d.

† Plato, *Crito*, in *Euthyphro, Apology, Crito*, 45bff.

‡ Plato, *Phaedo*, in *Euthyphro, Apology, Crito*, 61bff.

§ Plato, *Republic: Books 6–10*, edited and translated by Chris Emlyn-Jones and William Preddy, Loeb Classical Library 276 (Cambridge, Mass.: Harvard University Press, 2013), VII, 514a.

论点向他们袭来，迫使他们去思考死亡，他的死亡。

但是他们的老师想要更多，他想要他们承认他的死亡其实是在他身上能发生的最好的事。一些学生试图跟他辩论，但并没有什么成效。即使当他们完全投入时，通常也会在跟苏格拉底的辩论中败下阵来。而现在他们陪同苏格拉底在监狱里，心中充满悲伤，更是没有胜算了。他不停地从各个方面论述。他问他们，你们知道天鹅之歌吗？天鹅们只在死之前那一刻唱的最美丽的歌？[*] 天鹅们这样歌唱是因为它们向往死亡，赞美死亡。学生们很可能觉得天鹅们听起来并没有那么欢庆，他们甚至意识到他们正在听老师唱自己的天鹅之歌，但都极力忍住眼泪，因为知道老师希望他们欣然接受他的死亡，而他们也希望老师以他们为骄傲，视他们为哲学的同伴。[†]

感受到学生们的悲痛，苏格拉底换了一种方式。他用戏谑的语气说道：

> "你们会像孩子似的恐惧，当灵魂离开身体时，风会把它吹散荡尽，特别是一个人碰巧死于一个大风天气，而非风和日丽。"然后，塞贝斯（Cebes，他的一个学生）笑了，并说道："就当我们害怕，苏格拉底，试着说服我们吧；或者，别当我们害怕，但我们心里也许还有个害怕的小孩，让我们试着劝说他不再像害怕鬼怪一样害怕死亡。""噢，"苏格拉底这样回答，"那你必须每天唱歌哄他，直到你驱散他的恐惧。"[‡]

---

* Plato, *Phaedo*, in *Euthyphro, Apology, Crito,* 85a.

† Plato, *Phaedo*, in *Euthyphro, Apology, Crito,* 116c.

‡ Plato, *Phaedo*, in *Euthyphro, Apology, Crito,* 77d–e.

行刑时刻还没到，苏格拉底突然叫来监狱的看守，要求他把死刑的毒药拿来。看守拿着一个杯子回来，将它递给苏格拉底。苏格拉底接过杯子，冷静地一饮而尽。他继续跟已经说不出话来的学生们对话，向他们描述毒药是如何在他身体里经过的。最初他的腿麻了，他只能躺下来。* 然后毒药向上移动，他越来越不能动弹，但仍然在跟学生们说话。最后，毒药到达头部，苏格拉底最终变得安静了。又过了一会儿，他还是没有动静。苏格拉底，他们挚爱的老师，死了。

他留下的遗产是什么呢？问题是苏格拉底也拒绝用文字写下任何东西。这并不是因为他不识字。作为雕塑家和助产士的儿子，他并不属于市民中的最高阶层，而几乎在其他所有地方，文字都只属于远远在他的阶层之上、享有特权的极少数专家们。但公元 5 世纪晚期的雅典并不是这样，它是当时世界上识字最普遍的地方之一。† 因为字母的缘故，希腊文字远比其他文字系统更容易学会；24 个字母与语音整齐地对应，这就意味着希腊语的书面语和口语是相当接近的。因此，不需要去学习希伯来语或者古阿卡德语这样古老的书面语言。而且，雅典的政治系统确保每个公民，甚至是底层人民，比如奴隶、移民或女人，都可以学习阅读和书写。唯有需要进口的莎草纸的费用会给读写造成负担。‡

有很多文本可以阅读。特洛伊战争的故事，几百年前就在《伊利亚特》和《奥德赛》中被记录下来。经过特别训练的吟游诗人向

---

* Plato, *Phaedo*, in *Euthyphro, Apology, Crito*, 117e.

† 关于识字率的争议，请查阅 Harris, *Ancient Literacy*, 8, 13ff, 100。

‡ Harris, *Ancient Literacy*, 95.

大批听众口头传诵这些史诗，所以人们可以继续现场体验。学校里也教这些史诗，这意味着那些了解文学的人会因为能背诵荷马史诗而感到骄傲。后来又涌现出许多新的作品，大部分是剧作家们改编的荷马神话世界里的故事，它们可以在节庆日里在大型开放剧院上演，于是莎草纸手卷的交易也变得活跃起来。*

苏格拉底学习过荷马，但他在自己的教学中并没有使用文字。相反，他在体育馆或市集上通过吸引人们过来对话以找到潜在的学生。因为他很怪异，所以并不是每次都能成功。苏格拉底长相丑陋，大脸庞，朝天鼻，衣衫不整。他很少去公共浴室，不给自己的皮肤和头发抹油，也不常使用香水。† 有时，他会忘记穿草鞋。尽管外表时常不整洁，他还是在城里的贵族青年中发展出了一批追随者。苏格拉底提供给他们的是一种新的思考方式，通过这种方式，一切都可以被质疑，甚至是荷马。

事实上，关于荷马和那些改编荷马故事的剧作家们，苏格拉底提出了很多问题。荷马对于战争和战车追赶了解多少？‡ 苏格拉底自己曾经作为一名步兵在著名的希腊方阵中战斗过。§ 荷马有没有亲自打过仗或造过战车或耕过地？所有人在这些话题上总是引用荷马的准则，仿佛他是一切问题的专家，但是苏格拉底对此并没有那么确定。他认为，一些语句说不通，而另一些似乎完全是错误的。

---

* Harris, *Ancient Literacy*, 86.

† Plato, *Symposium*, in *Lysis, Symposium, Gorgias*, translated by W.R.M. Lamb, Loeb Classical Library 166 (Cambridge, Mass.: Harvard University Press, 1925), 174a.

‡ Plato, *Ion*, in *Statesman, Philebus, Ion*, translated by Harold North Fowler and W.R.M. Lamb, Loeb Classical Library 164 (Cambridge, Mass.: Harvard University Press, 1925), 537b.

§ Plato, *Symposium*, in *Lysis, Symposium*, 219e.

苏格拉底对文字的反对远远不只是对荷马权威性和专业性的不满。有一天，他跟他的一个同伴菲得洛斯（Phaedrus）坐在雅典城外的一棵梧桐树下，据说风神玻瑞阿斯（Borealis）在这里诱拐过一个年轻女人。菲得洛斯带来了雅典最有名的知识分子之一吕西阿斯（Lysias）的一段演说。* 在苏格拉底的激励下，菲得洛斯大声朗读了这段演说词，而苏格拉底则在正午的影子里打断他并向他提出疑问。苏格拉底缓缓地将对话引向文字这个主题。他发现，文字在雅典正十分流行，尤其是在最有野心的公民和政治家中。† 所以，他也应该采用这项强有力的技术吗？

苏格拉底的答案是否定的，他通过回顾文字的起源来解释自己的立场。对希腊人来说，这源头不可避免地指向埃及，这个文明比希腊更古老，而且拥有一个美丽的、无法学习的文字系统。实际上，我们熟悉这个系统的希腊名字：象形文字（*hieroglyphics*）。这个词的意思是“神圣的文字”，即神秘的、宗教的文字，对刚开始学习的人来说，这种文字难以解读，但可以揭示出某些神秘的意义。因此，苏格拉底对菲德拉斯讲述了一段关于文字起源的埃及传奇故事，这并不奇怪。‡ 一位神将文字带给一位埃及国王，并颂赞这项新技术的好处，它可以奇迹般地使稍纵即逝的话语变得永恒。文字可以改善记忆，并通往知识和智慧。但是这位埃及国王拒绝了这个提议，因为他发现事实恰恰相反。人们不会再费心去记住事

---

* Plato, *Phaedrus*, in *Euthyphro. Apology. Crito*, 227a.

† Plato, *Phaedrus*, 257e.

‡ Plato, *Phaedrus*, 274aff.

情，相反会依赖这项新技术，然后他们的思考能力就会退化。*

苏格拉底没有就此打住，这就是他的个性。他用这个逸事来论证一点，即文字的影响甚至比这个埃及故事中所说的更糟糕。文字只是话语无声的影子，是一门技术，记录了词句，却无法记录它们的语音、呼吸和灵魂。文字只是一个精巧的机械装置，是一项有巨大缺陷的技术。你无法让文字回答问题；词句会从它们被说出的语境中抽离，而这将带来它们的作者无法掌控的误解；词句会比说话的人活得更久，所以说话的人将无法反驳那些可能在以后出现的错误解读。†

在所有拒绝文字的伟大老师里，苏格拉底是最明确拒绝的一位。这拒绝显示了文字已经成为何种程度的文化力量。苏格拉底处在一个最佳的位置，可以准确地意识到这一点，因为他生活在当时读写最普及的社会之一。作为对语言很关键的一项技术，文字扩展和改变了人类交流甚至思考的方式。文字的节节胜利引发了像苏格拉底这样有感召力的老师们带头的强烈抵制。

在监狱里，苏格拉底对文字的控诉使得他的学生们无法保存刚刚死在他们眼前的老师的任何话语。仅有一个学生想出了一个计划，他就是柏拉图（Plato）。他并没有见证苏格拉底的最后时光。他是无法面对苏格拉底在监狱中死亡吗？他是否知道苏格拉底会拒绝非法逃亡的计划？柏拉图只是告诉我们，那时他病了。‡

无论是哪种情况，柏拉图都想出了一个自己的计划。与他的老

---

* Plato, *Phaedrus*, 275b–c.

† Plato, *Phaedrus*, 175d–e.

‡ Plato, *Phaedo*, 59b.

师极力反对文字相反，柏拉图开启了通过文字书写来保存老师遗产的进程。他不是以演说稿的形式将苏格拉底说过的话写下来，因为那将是很大的背叛。他敬重老师问答的方式，将老师的一切话语以对话的形式记录下来。既然苏格拉底曾经谴责文字不能回答问题，柏拉图就竭尽所能使文字回应真实对话中的每个互动。并且，由于苏格拉底曾经谴责文字将词句带离原本的语境，柏拉图特意记录了每段对话的背景和对话者不断变换的互动，读者仿佛可以在舞台上重演这些对话。柏拉图是在创作理念的戏剧（drama of ideas）。*

当苏格拉底留存下来的记忆渐渐褪色，这些用文字记录下来的对话将他和他所有的小缺点、怪癖和魅力都保存了下来。事实上，我们对苏格拉底的所有了解，他灌醉同伴的能力，他不整洁的外表，以及他在学生中激发出的热爱，都是通过柏拉图记录的对话获得的。另外一位作家色诺芬（Xenophon）也记录了苏格拉底的对话，但影响并没有这么深远。我们所知的苏格拉底，是柏拉图的苏格拉底，一个通过文字被传播的苏格拉底。

耶稣

公元1世纪，加利利海（以色列）

苏格拉底出现400年后，另一位老师出现了，这次是在中东。非常幸运的是，他熟知《希伯来圣经》。在野外禁食40天后，魔鬼

* Martin Puchner, *The Drama of Ideas: Platonic Provocations in Theater and Philosophy* (New York: Oxford University Press, 2010).

来试探他。“吩咐这些石头变成食物，”魔鬼说，[*]“你若是神的儿子，可以跳下去，因为经上记着说：‘主要为你吩咐他的使者。’”

耶稣很饿，他的身体和精神都很软弱，但在这个时刻，他可以求助于经文，背诵那些经文，以抵御魔鬼在他耳边的诡诈诱惑。“人活着，不是单靠食物”，“不可试探主你的神”。不管魔鬼想做什么，都会撞上耶稣的经文知识。上帝借助文士以斯拉创作出一部神圣文本，这是一件让魔鬼至少暂时无力抵抗的武器，这真是太好了。还有一件好事是，耶稣学习了怎么阅读这部文本。[†]

在经历禁食和被诱惑之后，耶稣与以往不同了，他开始传道。起初他只是召集了几个学生，劝说他们离开自己的家庭和家人，舍弃他们了解和珍惜的一切事物来跟随他。而他们真的跟随了他，起初只有几个，随着消息传播开来，这个在加利利海（Sea of Galilee）附近活动的老师有了越来越多的追随者。耶稣在犹太会堂和庭院里传道、提问和解答，有时是用非常直接的方式，而更多时候是用预言和比喻。

很快，他吸引的人群就超出了犹太会堂和庭院的容纳能力，于是耶稣带领他们到了俯瞰加利利海的一座山上。就是在那里，他发表了最有名的布道，一场用大家都可以明白的语言进行的布道，关于贫穷、软弱和逼迫，以及新的生活方式。他告诉人们，这个世界即将走到尽头，他们的生命也一样。他让他们预备自己，去改变，并且追随他。[‡]他对每个人说话，甚至是最底层的。

---

* Matthew 4:1ff.

† Matthew 4:1–11.

‡ Matthew 5–7.

只有一个群体是耶稣不喜欢并予以直接抨击的，就是守护《圣经》的文士。这些文士负责解读他们文化的经典文本，即文士以斯拉流亡归来时确定为经书的那部文本。但是耶稣并不承认这些文士的权威性。就像在他之前的那些反对经典文学的老师，如孔子和苏格拉底（也许还有佛陀），耶稣完全可以将自己的话写下来。和这几位老师一样，他没有这么做。他是在一种建立在一部神圣文本之上的抄写文化中长大的，就像他在沙漠中与魔鬼战斗时所证明的那样。但他拒绝创造自己的文字。

耶稣实际上只写过一次字。他坐在圣殿的院子里，教导那些聚集在自己身边的人。那时，一群祭司和文士将一个犯了通奸罪的女人拖进来。根据《希伯来圣经》中写下的律法，她应该被石头砸死，而这些文士盼望耶稣可以公开反对这个判决，也就是反对律法，这样他们就可以攻击他了。但是耶稣并没有掉入他们的陷阱。他知道经书中的律法，也不会说它们是错误的。为了使他们感到羞耻，耶稣说，谁没有罪，谁就可以先拿石头打她。只见他们一个个都溜走了，最后只剩下耶稣和这个女人，他就对她说话。但在这之前，他用手指在沙子上写字。* 福音书（Gospels）并没有记载他写了什么。也许知道他写过字就足够了，并且是在祭司们用经书来挑战他的时刻。他不是在莎草纸上写字，而是在沙子上，而风会将它们吹走。耶稣的文字，如果如其所是，注定不是永恒的。

关于经书，他有不同的计划。创作一部新的经书会是前所未有的亵渎神的行为。他接受现存的经书，表示："莫想我来要废掉

---

* John 8:6.

律法和先知；我来不是要废掉，乃是要成全。”[*]“成全经书”是什么意思？这意味着将他自己放进这些经书里。施洗约翰（John the Baptist）第一个清楚地解释了这个问题：

> 这人就是先知以赛亚所说的，他说："在旷野有人声喊着说：'预备主的道，修直他的路！'"[†]

耶稣说自己就是经上预言的那一位。他没有告诉众人他写了新的经书，他说的是“这话必应验在我身上”。[‡]他就是经书，是经书活着的显现：“道成了肉身”。[§]

耶路撒冷的当权者厌恶他们的文本成了肉身这个想法，因为文字长久以来都是关乎势力和权威的问题。罗马的领主也不喜欢。他们本不关心经书，但耶稣所说的话让他们感受到了反叛。结果是另一场虚伪的审判和死刑判决。苏格拉底是幸运的，在学生们的陪伴下没有痛苦地死去了。而耶稣被公开嘲弄，头上戴着荆棘冠冕，并被强迫拖着沉重的木制十字架穿过街道，走上髑髅地。他被钉在十字架上，十字架和他沉重的肉身一起被挂了起来。耶稣被挂在那里，直到断了气。那肉身死亡了。

耶稣留下来的遗产是什么呢？其他老师的学生们曾经面对的困境，耶稣的追随者现在也要面对。在他们最初的绝望中，耶稣来做

---

* Matthew 5:17.

† Matthew 3:3.

‡ Luke 22:37.

§ John 1:14.

他们的帮助。他的尸体消失了，然后又出现在他的追随者面前，鼓励他们用言语来传播他的教导。为了鼓励他们，他又给了他们第二个奇迹，一个话语的奇迹，就是五旬节（Pentecost）。如火焰的舌头出现，然后他的学生们就开始说起人类的各种语言，这是劝人归信的一个完美场合。*

这些奇迹只是暂时推迟了他的遗产问题，最终解决问题的还是文字。关于耶稣的文字记录是在他死后不到一个世纪时出现的，建立在他学生们的口述传统上。后来，这些记录被称为“福音书”，它们保存了耶稣的言语和行为，仿佛是由亲身经历的人叙述的。福音书影响很大，而且不只是因为耶稣的话语有影响力。福音书的作者们将重点放在他们老师的耻辱和死亡上，由此创造出一种不同寻常的英雄类型，一个同时是牺牲者的反叛者。暂且不论一个英雄该如何被呈现，这些作者意识到，耶稣的特殊吸引力部分源自他曾是一个普通人。他们描述了老师所受的耻辱，因为他们和读者们能在这一点上产生共鸣。

福音书并不是唯一在流传的与耶稣有关的文本。一些最狂热的作者生活在远离耶稣门徒的圈子里，这些作者甚至没有尝试书写目击者的叙述。

有一个犹太人叫保罗（Paul），同时也是罗马公民，他曾参与对耶稣追随者的迫害。但在去大马士革（Damascus）的路上，他相信复活的耶稣向他显现，于是归信了耶稣。† 归信之后，他开始以传道者的身份工作，到远至小亚细亚的基督教会拜访。保罗解读了

---

* Acts of the Apostles 2:1ff.

† Acts of the Apostles 9:4–18.

耶稣的言语和行为，将它们变成一个叫作基督教的信仰体系（就像柏拉图对苏格拉底所做的——创造了柏拉图主义，也像列宁对马克思做的——创造了马克思主义）。

在这个过程中，保罗开始意识到文字的力量。他在演讲方面也很出色，以在以弗所的希腊剧院的那次演讲最为有名，他在那里对当地神灵的攻击引起了一场骚乱。但他最有影响力的表达方式还是书信，这也符合他到处传道的生活方式。这些信写给罗马、哥林多、加拉太、以弗所、腓立比、歌罗西和帖撒罗尼迦教会的信徒，帮助将分散在各地的耶稣追随者变成互相联系的有组织群体。*

在耶稣死后的几个世纪，基督教的抄写员们从众多的福音书中选出四部被认为是最准确的。后来他们又添加了现在以“使徒书信”（Epistles）为人所知的保罗和其他使徒所写的信，还有保罗和其他使徒行为的记录，以及关于末日的启示录故事（apocalyptic story）。又一次，一位魅力非凡但没有写下任何文字（除了在沙子上的那些）的老师，成了一种新的文学形式的主角和压阵人物。通过将自己变成《希伯来圣经》的“成全”，耶稣最终获得了他自己的经书。

翻译和形式之争

学生们将佛陀、孔子、苏格拉底和耶稣这四位老师的话语写成

* 关于信件对早期基督徒的重要性，请查阅 Harris, *Ancient Literacy,* 221。

了与每个读者对话的文本，从而返回老师们意欲与学生们直接对话的文学。一旦这些教学变成文字，它们就会借助羊皮纸、书本、纸和印刷等技术的革新传播开来。为衡量这些技术的影响力，我再次启程，这次是去往帕加马（在今天的土耳其）。

帕加马的图书馆是古代最伟大的文学机构之一，并且跟亚历山大港的图书馆一样，是由亚历山大的一个继承者建立的。[*]根据一份古典资料，图书馆的起源是亚里士多德的一系列书卷收藏，他是第一个系统性地收藏文本的希腊人。[†]

亚历山大港的图书馆在几波讨伐中被烧毁，之后消失，与此不同，帕加马的图书馆有些部分幸存至今。我去参观时，从远处就可以看到这座城市的废墟。我沿着蜿蜒的道路向上，在进入防御区域之前，经过了一个剧院。帕加马拥有对大海和内地居高临下的视野，这个战略性的位置促成了它的强盛。图书馆的支柱和墙壁在堡垒的中心占据了显眼的位置。就是在这里，图书馆员们收集了大量珍贵的书卷，同时吸引了一些最优秀的学者，催生了极富影响力的思想流派。帕加马和亚历山大港的这些图书馆收藏了柏拉图与荷马的文字，是横跨亚历山大的王国向外输出希腊文化的一部分。

帕加马看起来像是一个典型的希腊风格的小镇，有着希腊雕塑、一座剧院和这个著名的图书馆的废墟，它还是希腊的图书馆文化和耶稣的追随者产生交集的地方之一。虽然耶稣对《希伯来圣

---

* 帕加马图书馆甚至可能是亚历山大港图书馆的原型。Thomas Hendrickson, "The Invention of the Greek Library," in *Transactions of the American Philological Association*, volume 144, number 2 (Autumn 2014): 371–413, 387ff.

† Strabo, *Geography*, volume I, translated by Horace Leonard Jones, Loeb Classical Library 49 (Cambridge, Mass.: Harvard University Press, 1917), VIII, 1, 54–55.

经》很熟悉，他说的是中东通用的语言亚兰语，可是他的学生将他的话语写成文字时，使用的是那个区域最享有盛名的语言，也就是亚历山大带来的通用希腊语。

选择希腊语不只是图方便。除了语言之外，早期的基督徒（以及坚持他们传统经书的犹太人）吸收了希腊的思想和字母，包括柏拉图的对话。希腊文学的影响在《约翰福音》中达到巅峰，它使用了希腊词语“道”（*logos*）——对苏格拉底来说很亲切的一个词，意思是“理性”（reason）——来描绘基督教的神。早期的基督教产生于犹太教，吸收了希腊最伟大的老师苏格拉底的教诲。

如今耶稣的教导被写了下来，一个新的问题出现了。这些文字跟《希伯来圣经》的关系是怎样的？耶稣曾用自己成全了它。起初，耶稣的跟随者认为这些由他们的老师发展出来的文本是独立于《希伯来圣经》的，因为关于耶稣的这些文字如此之新，并且记录的是真实的经历，同时因为被保罗用来激烈地驳斥正统的犹太教，这些新的文本形成了自己的活力。最终，它们使《希伯来圣经》沦落成更古老的文本——只是真正重要文本的序言，它在耶稣的文本里获得“成全”。

于是《希伯来圣经》就这样被称为《旧约》（Old Testament），而其后的《新约》（New Testament）带来了整本经书的完结。就这样，围绕耶稣的“教师文学”变成了一本神圣的经书，带着所有伴随这个地位而来的光环。* 关注这些文本变成一项宗教义务，成了修道士们的一个准则，指导他们创作各种美丽的版本作为一种宗教

---

* Carr, *Writing on the Tablet*, 283.

服侍形式。

就像其他神圣的文本一样，《新约》也形成了自己的原教旨主义传统，虔诚的教徒们在这些文本中，寻求着在不断变化的世界里不变的人生指南。

《希伯来圣经》早已被翻译成希腊语这一事实，使得将《希伯来圣经》吸收为耶稣文学的新正典变得更加容易。翻译是在亚历山大港进行的，就是那个以其为中心希腊文化传遍埃及的地方。* 因为不断的流放和动乱，一个相当大的犹太人群体已经在那里形成，他们基于文士以斯拉创造的《希伯来圣经》而团结在一起。群体中的大部分人已经忘记他们经书的语言希伯来语，以及近东通用的亚兰语，他们接受的是亚历山大的通用希腊语。这种状况威胁到了人们获取神圣经书的途径。对此，只有一个解决方案：《希伯来圣经》需要被翻译成希腊文。

在亚历山大港著名的图书馆里进行的翻译是很棘手的，因为《圣经》是部神圣的经典，并且与希伯来语关系密切。耶和华（Yahweh）有可能用希腊异教徒的语言创造世界吗？他有可能用记录荷马六音步诗的文字刻下“十诫”吗？也许是为了减缓冲击，一个传说出现了——亚历山大港的图书管理员招募了 72 名亚历山大港的犹太人来翻译《希伯来圣经》，而他们都分别交出了完全相同的翻译。† 这样产生的希腊语《圣经》因翻译者的数量之故被命名为《七十士译本》（Septuagint）。起初只有说希腊语的犹太人使用

* Daniels and Bright, *World's Writing Systems*, 487.

† Abraham Wasserstein and David J. Wasserstein, *The Legend of the Septuagint: From Classical Antiquity to Today* (Cambridge, U.K.: Cambridge University Press, 2006).

这个译本，但是很快地其他人也开始接受它。

对于说希腊语的基督徒来说，希腊语《圣经》现在可以作为福音书作者（Evangelists）给他们讲述的耶稣故事的前传。并不是每个人都很满意这本被翻译的《希伯来圣经》的新用途，尤其是各个犹太人群体；对他们来说，无论用的是希伯来语还是希腊语，他们的《圣经》都不是古老的，而是永恒的，并且不需要添加或完善。

基督徒和犹太教徒之间随之而来的关于《希伯来圣经》的矛盾变成了文字的形式之争。犹太人坚持使用传统的莎草纸书卷，就像文士以斯拉在耶路撒冷举起并被崇拜的那种。基督徒则利用了两种互补的发明。其中一种发明的诞生源于帕加马和亚历山大港的图书馆之间的竞争。虽然帕加马变得越来越强大，亚历山大港仍然拥有一个极大的优势——制作书卷需要的植物在那里随手可得，也正是这种植物巩固了希腊世界的文字文化。书卷是用亚历山大港毗邻的尼罗河三角洲（Nile Delta）原产的纸莎草的叶子压干后制成的，而尼罗河三角洲离帕加马有几百千米的距离。进口莎草纸是昂贵且不稳定的。如果帕加马的图书馆员们想要不依赖埃及，他们就需要找到另一种写字的材料。

可以替代莎草纸技术的是使用羊皮。饲养动物很费钱，预备羊皮也需要大量劳动力，但随着时间的推移，帕加马的图书馆员们逐渐完善了这个过程，发明了一种至今仍然以他们命名的新产品——羊皮纸（pergamentum）。首先将羊皮泡在水里洗净，然后摊开放在木架上干燥。在生成的薄且耐用的皮面撒上粉末，使它更加平滑并能更好地吸收墨水。这些图书馆员在完善这个可书写的皮面上非常成功，他们开始将其出口，尤其是给他们的盟友和主人罗马。*

基督徒们使用羊皮纸，并且将它跟一项与新的书写皮面很相配的罗马发明结合在一起。这是罗马人发明的一个新的叠纸系统，将纸张装订在一侧，并将它们放在封面之间。罗马人称这个系统为“抄本”，也就是我们所知道的书。† 这项发明有几个优势——占据更少的空间，而且封面提供了保护。这种书打开和查阅都更容易。抄本跟羊皮纸结合得更好，因为羊皮纸比莎草纸更厚实（最初用的是涂了蜡的木版）。一个新的形式发明出来了——羊皮纸抄本。

一开始，羊皮纸抄本并不像莎草纸书卷那样享有盛名，并且主要用于随时记下笔记。‡ 而对于耶稣的追随者来说，这恰好是完美的，因为他们想要避开与《希伯来圣经》有关的经书的永恒和敬畏，他们更倾向于保留老师在教学中自发的口述特色。§ 很快地，一场关于形式的争斗在犹太人和基督徒之间展开了。忠诚于《希伯来圣经》的犹太人坚持在犹太教仪式里一直使用莎草纸书卷，而基督徒们则采用了羊皮纸抄本。¶ 保罗是这种新形式的早期采纳者。**

最终，抄本成了主导的形式。它轻便，易于携带和运输，还可以让读者翻阅和浏览。这两种形式被牵扯进一场新旧经书之间的争

---

* Rudolf Pfeiffer, *History of Classical Scholarship: From 1300 to 1850* (New York: Oxford University Press, 1976), 236.

† Jonathan M. Bloom, *Paper Before Print: The History and Impact of Paper in the Islamic World* (New Haven: Yale University Press, 2001), 25.

‡ Bloom, *Paper Before Print*, 27.

§ Carr, *Writing on the Tablet*, 279; Bloom, *Paper Before Print*, 25. See also Harris, *Ancient Literacy*, 296.

¶ Martin, *History and Power*, 59ff.

** Colin H. Roberts and T. C. Skeat, *The Birth of the Codex* (London: Oxford University Press, 1983), 22.

斗，旧的是基于一部经典文本，而新的是基于一位魅力超凡的老师的新教导。

中国的两项发明——纸和印刷术

当基督徒采用了羊皮纸抄本时，东方的两位老师，即佛陀和孔子的追随者们正在经历更令人兴奋的书写技术的进步。为了仔细检验这些创新的证据，我再一次走进大英图书馆，那里收藏着《金刚经》，也就是被付诸文字的佛陀的教学内容之一，它从印度被带到中国，并被翻译成中文。像《希伯来圣经》一样，这部经文被写在书卷上，看起来相当易碎。一部分是寻常的文字，在灰色的页面上发黑，并且因为使用和霉菌的影响而褪了色。另一部分是黑白的图像，描绘的是与学生对话的佛陀。

这一书卷到大英博物馆的旅途开始于19世纪末，那时，一位流浪的道士王圆箓意外地发现了一系列有着古老的佛教雕塑和壁画的洞穴。尽管不是佛教徒，他还是被这些来自远古的物件深深地震撼，决定用尽余生之力去修复它们。*

在其中一个山洞里工作时，王圆箓在墙上发现了一个裂缝，而裂缝背后是一个隐藏的，放满了铜像、画作和超过五千本文学材料的储藏室。† 它们能奇迹般地被保存下来，得益于干燥的沙漠气候。

---

* 关于发现《金刚经》的精彩记录，请查阅 Frances Wood and Mark Barnard, *The Diamond Sutra: The Story of the World's Earliest Dated Printed Book* (London: British Library, 2010)。

† Wood and Barnard, *Diamond Sutra*, 32.

事实上，在 14 世纪的某个时间点，这个山洞被封锁起来，使其免遭侵入者、阳光和湿气的损坏。* 这一切为世界上最伟大的文学宝藏之一创造了完美的贮藏环境。这个山洞保存着超过五百册《金刚经》副本的片段，许多已经支离破碎，几乎无法辨识了。这些反复使用的经文被存放在山洞里，是因为它们被当作神圣的经书，因此不应该被丢弃或毁坏。

《金刚经》作为文字存在的状态是很明确的。虽然佛陀不关心文字，后来他的学生却借佛陀之口强调了他其实并不看重的文字的重要性。当佛陀被问到一个人可以从用珠宝将恒河填满的行为中获得多少精神上的益处时，他回答，相比之下，还是教授他的一部经书更有益处。†《金刚经》甚至鼓励信徒们抄写它。对文字的强调在下面的宣言中达到巅峰："若是经典所在之处，则为有佛，若尊重弟子。"‡ 佛陀和经书已经成为一体。就像一个不断自我繁殖的有机体，《金刚经》生成了各种不同的版本，类似于文士以斯拉创造出的神圣经书。

山洞里保存了用梵文写下、之后从印度的佛教中心被带到中国的佛经，但是大部分书卷和折叠书都是用中文写的。这一点并不奇怪，因为这些山洞位于汉人为主的敦煌，在塔克拉玛干沙漠和戈壁之间，是连接中国和印度北部及波斯的丝绸之路的一个停靠点。佛

* Joyce Morgan and Conrad Walters, *Journeys on the Silk Road: A Desert Explorer, Buddha's Secret Library, and the Unearthing of the World's Oldest Printed Book* (Guilford, Conn.: Lyons Press, 2012), 134.

† *The Diamond of Perfect Wisdom Sutra*, translated by the Chung Tai Translation Committee, January 2009, from the Chinese translation by Tripitaka Master Kumarajiva, 11, buddha jewel.org/teachings/sutras/diamond-of-perfect-wisdom-sutra/, accessed November 13, 2016.

‡ *Diamond of Perfect Wisdom*, 12.

教能在中国产生影响，是因为它的经书并非针对特定的文化和特定的地域，而《吉尔伽美什史诗》、荷马史诗和《希伯来圣经》等许多更古老的文本则是如此。这些文本的普遍性及许多佛教徒的传教热情，使得这些文本能在远离印度的地方，在所有阶级中都找到信徒。

在中国，佛经遇到了两项至关重要的创新。千佛洞里的梵文经书是写在棕榈叶上的，大部分的中文文本则被刻在一个新的写字平面上，一个将改变文学世界的技术——纸。

纸是用植物纤维制成的，大多来自常见的桑树。这些纤维在反复的拍打过程中被分解，然后浸泡在水里，先将纤维分离，再在没有胶水或其他黏合物的情况下将纤维聚合在一起。在台湾的一个造纸工坊，我目睹了整个过程。分解的植物纤维制成的纸浆中的水分被排干，然后被压平和干燥，最后被压制。结果形成一个光滑又轻盈的可书写的表面，可以被折叠或卷起。蔡伦被认为是纸的发明者，他生活在汉朝（公元前 206 年—公元 220 年），直到今天仍被深深地尊崇。

是纸改变了一切。在中国，文本起初被写在骨头、竹简或者丝绸上，这些材料或笨重，或昂贵。* 而纸张廉价又耐用，文字材料可以被高效地储存和保护起来。它光滑的表面和薄度允许将更多信息浓缩进一个小小的空间，这使得保存大量的文字记录变得可行，

* Sarah Allan, *Buried Ideas: Legends of Abdication and Ideal Government in Early Chinese Bamboo-Slip Manuscripts* (Albany: State University of New York Press, 2015).

而这为复杂官僚系统的建立奠定了基础。[*]纸还便于运输；事实上，千佛洞里的一些中文资料来自千里之外。[†]

《金刚经》有一个副本有些不同。它也是纸质版本，被制成书卷，里面有这样一条信息："咸通九年四月十五日（公元 868 年 5 月 11 日），王玠为二亲敬造普施。"[‡]对富有的佛教徒来说，资助佛经的抄写是很平常的，不管是为了自身，还是为了所爱的人。很显然，王玠是为了他的双亲。

可以确定的是，王玠自己并没有写下这个信息。富有的佛教徒通常聘用抄写员来为他们抄写佛经。但是这个《金刚经》副本并不是人手抄写的。它是印刷的——现存的第一部注有日期的印刷本。

印刷术依靠的是硬木块。一位抄写员先抄写出整个文本，这个文本接着被雕刻在木块上，木块被蘸上墨水，压印在纸上。印刷术最初用于行政记录，但是出于累积功德的渴望，佛教徒也迅速地采用了这项新技术。由于考虑到将每一页文字雕刻到木头上所需要的劳动力，印刷术只被用于特殊的文本。但一旦雕刻完成，一个印刷工人一天之内便可以生产上千个副本。对于想要将老师的话语最迅速地传播开来并由此累积功德的佛教徒来说，这是最理想的。于是，中国的佛教徒们成了印刷术较早的使用者，紧接着是在韩国，印刷最终将通过陶瓷或金属制成的活字来进行。

---

* Tsien Tsuen-Hsuin, *Paper and Printing*, in *Science and Civilisation in China*, edited by Joseph Needham, volume 5, *Chemistry and Chemical Technology* (Cambridge, U.K.: Cambridge University Press, 1985). I also consulted Dard Hunter, *Paper making: The History and Technique of an Ancient Craft* (New York: Dover, 1978).

† Morgan and Walters, *Journeys on the Silk Road*, 135.

‡ *Sacred Texts*, British Library Online Gallery, bl.uk/onlinegallery/sacredtexts/diamondsutra.html, accessed November 13, 2016.

四个改变世界的发明都来自中国：指南针、火药、纸和印刷术。其中两个是写字技术的革新。它们推动文学在中国上升到前所未有的位置，包括唐朝（公元618—907年）的文学兴盛——中国诗歌的黄金时代。再晚些时候，雕版印刷也将为中国小说的兴起搭建好舞台。*

还有一趟旅程正等着《金刚经》的印刷本和山洞里的其他文本。随着王玠的发现逐渐引起关注，一些西方的探险家组织了远征。英籍匈牙利探索者奥莱尔·斯坦因是第一个到达这些山洞的人。作为亚历山大大帝的崇拜者，他跟他崇拜的英雄一样对文学很感兴趣，并且设法用极少的钱窃取了大量的手抄本。他将它们偷偷地藏在木箱里，放在骆驼的背上，然后沿着丝绸之路向西。他穿越了塔克拉玛干沙漠，翻越了兴都库什山（Hindu Kush），然后前往伊朗，经由巴格达（Baghdad），到达在地中海地区的、位于今天叙利亚的安条克（Antioch）。从安条克，他经由直布罗陀海峡（Gibraltar）航行至伦敦，也就是我在一百多年后还能看见这些书卷的地方。

另外一些人也打劫了这些山洞，既有西方人，也有中国人。于是历史上被发现的最重要的文本收藏之一就这样被瓜分了。直到最近，这些书卷才再一次被聚集到一起，这完全依赖于书写技术的另一次革命：早期获益于造纸术和印刷术的《金刚经》，它的一系列文本现在以电子书的形式集合到一起。†

* Martin, *History and Power,* 393.

† The International Dunhuang Project, idp.bl.uk/, accessed November 8, 2016.

这个雕版印刷的《金刚经》副本是世界上现存最早的印刷本，来自公元 868 年。它描绘的是被信徒围绕的佛陀

奥莱尔·斯坦因（Aurel Stein）的法国竞争对手伯希和（Paul Pelliot）在千佛洞的密室里研究手稿

火与石头

中国佛教徒迅速开始使用纸和印刷术，那么孔子的追随者又是如何使用这些技术的呢？孔子的语录以及其他被认为是他编撰的经典，早在造纸术和印刷术发明之前就出现了。这些文本基本没有存留到能够利用这些技术的时代。

公元前 213 年，丞相李斯对中国的第一位帝王秦始皇说，经典文本的不同记述造成了前朝的混乱。既然这位皇帝正致力于一统中国，对文学经典加以掌控当然会有好处。结果是一场焚书运动。秦始皇只为自己的藏书馆保留了副本，以实行对文学的中央集权。*

虽然不知道有多少文学知识和文化在焚书中丧失，但有一件事可以肯定——孔子的语录和与他相关的经典已经流传得很广，启发了太多的读者，无法轻易地被禁止。尽管孔子的追随者没有期望获得像佛教徒在复制经书时累积功德的那种宗教利益，但焚书事件教会了后代儒生们一件事，即纸和印刷对文本的广泛传播与保存有很大的益处。

由于孔子曾经是一名官员，并且教导维持社会秩序的重要性，统治者和官僚们对他的教学尤其感兴趣。在焚书不到一百年后，儒家经典被抬高到正统国学的地位。† 太学（Imperial Academy）创立，为最早的科举考试制度奠定了基础。这种考试制度以这样或那样的

---

* 这个事件的主要资料来源是伟大的中国史学家司马迁，他在一百年后写下了历史记录。Nylan, *Five Confucian Classics,* 29.

† Nylan, *Five Confucian Classics,* 33.

形式一直持续到 1905 年。*

科举考试成为选拔官吏的最主要渠道，这个官僚阶级负责管理庞大的中华帝国。它要求学生熟读儒家经典及其他一些文本，通过长达三天的严酷考验来测试考生的知识。在去南京（中国历史上有好几个朝代在此建都）的旅途中，我参观了曾经的科举考场。考生们坐在不到两平方米的石头小屋里，依靠家人为他准备的食物和必需品度过三天的艰难考试。12 月，天极其寒冷，气温勉强过冰点。排列成扇形的小石屋是露天的，考生们都暴露在严寒的天气里。一块木板用作桌子，另一块用作板凳。考生们如果想用睡觉来打发时间，就必须尽量蜷缩在板凳上。如果表现得好，他们就能进入下一轮考试，然后再下一轮，直到进入在首都举行的、最负盛名的终场考试。他们所获得的奖励是俸禄丰厚的官职。这个独特的考试系统，将对文学的学习放在了中国政治系统的中心［它间接地启发了美国的学业能力倾向测试（SAT）］。这一制度将军事精英从政府的最高等级序列里排除，而给了文学教育前所未有的权力。在两千多年的时间里，中国是由主要接受了文学教育的精英阶层治理的。

这个庞大的考试制度要求考生们能随时读到经典，而纸和印刷术使其变得很容易。从 10 世纪开始，政府回应日益增长的需求，用雕版印刷将儒家经典复制在了纸上。†

想要创造儒家文学经典的渴望导致了另一个更不寻常的现象，

---

* Nylan, *Five Confucian Classics,* 32–41.

† Simon Eliot and Jonathan Rose, *A Companion to the History of the Book* (Malden, Mass.: Wiley-Blackwell, 2007), 104.

这个现象似乎与纸和雕版印刷的新世界格格不入。2 世纪，这些经典被下令刻在石头上，之后成为熹平石经（stone classics of Xiping），这是将经典刻成石经的许多尝试中最早的一次。[*]（佛经也是被刻在石头上的。[†]）这些石头文库是对造纸术和印刷术发明之前的时期的回归吗？更有可能的是，这些文库是对造纸术早期影响的一种反应，纸的发明导致了这些重要文本的不可靠版本大量衍生。

我在北京的国子监参观过一个这样的石头文库。[‡]文本被刻在两到三米高、仔细排成行列的石碑上。在它们中间漫步就好像走在字句的迷宫里。这些文字很小，也很精巧，但它们的持久性毋庸置疑。没有更改、纠正和评论的空间，而且也很难重新排列它们的顺序。难怪孔子的雕塑看起来很平静，似乎为以他命名的这座石头图书馆感到骄傲。

---

* Liang Cai, "Excavating the Genealogy of Classical Studies in the Western Han Dynasty (206 b.c.e.–8 c.e.)," *Journal of the American Oriental Society* volume 131, number 3 (July–September 2011): 371–94, 383.

† Katherine R. Tsiang, "Monumentalization of Buddhist Texts in the Northern Qi Dynasty: The Engraving of Sutras in Stone at the Xiangtangshan Caves and Other Sites in the Sixth Century," *Artibus Asiae*, volume 56, number 3/4 (1996): 233–61.

‡ 还有其他一些石头文库，其中一个是魏国的，在公元 220—265 年间雕刻。P. J. Ivanhoe, "The Shifting Contours of the Confucian Tradition," *Philosophy East and West*, volume 54, number 1 (January 2004): 83–94, 89.

第五章

紫式部和《源氏物语》

世界上第一部小说巨作

此身远戍须磨浦，

镜影随君永不离。

公元 1000 年，京都

我仍然记得，当听说世界文学里的第一部小说巨作是由日本皇室里的一位宫女在大约公元 1000 年时创作的，我是多么地吃惊。我们甚至不知道这位作者的真实姓名，她后来以她那令人无法忘怀的女主人公的名字——紫式部，被人熟知。这位无名的宫女创作了一个有着屏风、纸扇和诗歌的文学世界，这是史无前例的。这个世界围绕着一位刚刚被贬为庶民的王子和一位躲在乡间的贵族女性之间的浪漫史展开。在展开这个故事时，紫式部让她的读者们可以无限接近人物的思想和欲望，这些人物的生活被局限于严厉的宫廷礼仪和性别角色。然而，尽管被强加上了这些限制，这些人物随着情节的展开变得越发复杂，这让紫式部的宫廷读者们十分喜悦。等到《源氏物语》完成时，它已经成为很有深度、编织精巧的优雅叙事。

这位作者了解日本宫廷女性处处受限制的生活原貌。作为一个地方官员的女儿，她比书中这些人物的身份稍低一等，但她仍然是自己所描述的世界中的一员。为了能在那样的世界里存活，紫式部学习过如何用日语撰写短诗。但是紫式部对于被认为符合她身份的女性诗歌和书法并不满意。特别是，她想要学习神秘又具挑战性的中国文字体系，因为只有这样才能接触到在日本被高度崇拜的中国古老的文学传统。但是，中国文学历来是为男性准备的。

下定决心要达到目标的紫式部，通过偷听她哥哥的中文课程，以及在没有人发现时私下练习，悄悄地习得了中国文字。很快地，她就比哥哥更加精通中文。当父亲意识到她的成就时，不禁哀叹道，“我的运气啊！只可惜她没有生为男子。”等到了待嫁的年龄，紫式部以传统的包办婚姻形式被嫁给一个较为年长的男人。她是幸运的，因为她丈夫拥有一个摆放文学书籍的藏书室，这让她可以继续学习，与她年幼的女主人公一样能受益于包办婚姻。

紫式部对中国文学的隐秘学习是建立在对日本文学的全面学习之上的。从这一点来看，她出生在了一个对的家庭。她曾祖父的诗被收录在最早、最重要的日语诗歌选集之一里。就像日本的许多其他事物一样，这本选集也受了中文典籍的恩惠。虽然多数文化崇敬地将《吉尔伽美什史诗》或《奥德赛》这样大型的史诗叙事作为文化的基础，但在中国则是《诗经》，一部精细编制的诗歌集，也是被学习最多的文本（后来据称由孔子编辑为儒家经典的一部分）。所以，通过诗歌选集来建立日本文学的理念是跟随中国传统的。同时，日本作家已经开始保存历史记录，这是文化日渐独立的标志，而紫式部也兴致勃勃地学习了这些文本。

学习中文和日本的历史是有风险的。紫式部尽力隐藏自己的知识，但还是会不经意间流露出来。有一次，天皇半钦佩地提及，紫式部一定很深入地学习了日本历史，所以才会有她炫耀自己知识的传闻出现。紫式部知道自己以后需要更加小心了。对于女性来说，学习中文和日本历史是不合规矩的事。在一个流言蜚语和政治密不可分的世界里，引起一种错误的关注，或者看上去不够女性化，都可能带来极其严重的后果。为了保护自己，紫式部开始假装连纸质屏风上最普通的中文题词都不会读。

丈夫去世以后，紫式部突然意识到自己有足够的自由来将她艰难获得的文学教育付诸实践，于是她开始撰写最终成为《源氏物语》的单个章节。尽管这部作品被称为“物语”（也就是日文中的“故事”），但它很快就超越了简单的故事，发展成平安时代宫廷生活极为详细的真实写照。紫式部不为人知的中国文学知识，通过许多中国诗歌的典故显现出来，可最终的作品与中国文学几乎没有任何相似之处。作为一种新的文学形式，这部作品体现出日本的文化独立意识逐渐增强。

这种类型的文学不是一位潜心研究中国文学传统的男性学者能够写出来的。与那些被困在传统和中国文字里、更有特权的男性同道们相比，女性反而因为对她们的歧视而处于一个更适合创新的位置，这有些矛盾。

纸张和屏风的世界

紫式部很清楚，描绘日本宫廷内部的运作是件很大胆的事。为了不伤害她所属的藤原氏宗族的感情，她小心翼翼地将故事设定在100年前。藤原氏通过谨慎的姻亲政治控制着天皇，这也是《源氏物语》极其关注的话题。宗族的主人，也是紫式部的主人，不会想要看到关于藤原氏的权势手段的真实记录（有一部匿名写作的藤原氏宗族的历史，有时也被认为是紫式部撰写的）。*

宫廷位于今天的京都，当时的京都“平安京”是一个南北约5.6千米，东西约4.5千米的长方形区域，被石墙围绕，模仿的是中国的城市布局和建筑风格。† 城里人口当时有十万左右，而日本的总人口大约为五百万，但是这部小说并不是关于他们或为了他们而写的。它是为那些靠近宫廷、至少对充满条条框框的上层社会略有所知的几千人所写的。与天皇距离之近是一切的重点。

宫中之人可以离开城市去寻找佛教寺庙或隐匿的美景，抑或两者兼寻，但是他们会迅速回到他们原本的生活环境——城市。在城外，房屋是土褐色的，方言很奇怪，诗歌平淡无味，而书法则粗糙得无可救药。

在《源氏物语》中，就是这样一次出行开启了主要的情节。在初次前往一个偏远的寺庙时，源氏透过房屋的窗帘瞥见了一个女孩，但是她迅速地退到闺房深处，被一小群侍从保护着。出身名门的女性难得一见，接近她们更几乎是不可能的。将女性和男性分开的屏障层层叠叠，有石墙、木栏、竹帘、布帘和纸质屏风。轻薄的、六片式的屏风是由米纸制成的，更重的屏风有精美的装饰和上漆的框架，但它们也是由纸制成的。‡ 如果一个男人靠得太近，女人就会用纸制的扇子挡住自己的脸，免得被他看见。哪怕是儿子、

---

* *Okagami, the Great Mirror: Fujiwara Michinaga (966–1027) and His Times*, a study and translation by Helen Craig McCullough (Princeton: Princeton University Press, 1980).

† Ivan Morris, *The World of the Shining Prince: Court Life in Ancient Japan* (New York: Knopf, 1964), 22.

‡ Kazuko Koizumi, *Traditional Japanese Furniture: A Definitive Guide* (Tokyo: Kodansha International, 1986), 158–60. I also consulted Joseph T. Sorensen, *Optical Allusions: Screens, Paintings, and Poetry in Classical Japan* (ca. 800–1200) (Leiden: E. J. Brill, 2012).

兄弟、叔侄，都有可能从来没有面对面见过他们的女性亲戚。到了待嫁年龄的女子是不可以在被除父亲外其他男人看见的情况下四处走动的。

女性被很严格地保护起来，但是这层保护往往只有纸那么薄；它隔离了视觉，但没有隔离听觉。源氏这位“光华公子”在居所外潜伏着，他偷听到屋子里有人即兴作了一首诗，将那位女孩比作春草的嫩芽。他马上沿用这个主题写了一首回应的短诗，并且向一位侍从吟诵。他希望女孩能够无意中听到，然后回应他。宫廷里的每个人都可以在特制的纸上做几首短诗——实在是非常优雅的词句。在所有纸做的东西里，诗歌是最重要的。* 一首好诗应该从植物、花朵或动物等自然世界里找到主题，并且将它跟描写的场合联系起来。每一首诗都需要应和。有时，甚至日常事务也是通过交换短诗进行的，而这让人们可以间接暗示其真实意图而无须清楚地说明。

在一个极度依赖暗示和典故的社会里，诗歌是至关重要的交流方式。在宫廷内寻常的一天中，会有上百首诗被交换。诗歌迂回得越精妙，就越能与其他的诗产生共鸣，就越是好的诗作。但是，如果不能即刻想出一首好诗，平庸的也可以，只要它能通过暗示将不该被直接表达的意思表达出来以达到交流的目的即可。

女孩没有回应，看守人员也拒绝了他的接近，于是光华公子回到京都。但是他并没有放弃。他又作了另一首诗，暗示他曾透过屏风瞥见女孩，他尤为注意自己的书法。他将这首诗折成一个结，并随意包装了一下，仿佛不用心的样子。在这个连帽子、衣服、各

* Bowring, *Murasaki Shikibu*, 68.

种家居用品和武器都是用纸这种神奇的材料做成的世界里，知道如何使用纸是一切的关键。每一张纸的表面都是对一首诗的邀请。有些诗歌被写在置于贵族居室之内的折叠式的纸屏风上。在这个故事里，光华公子本可以在女性用的扇子上写诗，或者跟女孩交换题有诗句的扇子。然而，考虑到源氏此刻的处境，最好还是用通常的方式——在特制的纸上写诗，用另一层纸包裹好，再通过送信人传递。*

这一次有了回应，但并不是源氏盼望的那种。女孩的侍从——一位尼姑，告诉源氏，对于爱情的嬉戏而言，她的主人还太年幼。光华公子得知他所爱慕的对象只有 10 岁。这显然很年幼，但也不是没有前例。他自己就是在 12 岁时成的婚，而一些女子则在更早的时候就出嫁了。这样的包办婚姻是宫廷内复杂社会系统的一部分，有竞争关系的宗族都努力将女儿们放在接近权力中心的地方，最理想的是成为天皇的皇后。正如源氏非常清楚地知道，天皇妃子们的孩子的未来更是未知的。他父亲是天皇，但他母亲只是身份卑微的妃子，并因此被那些有更强大支持者的妃子们轻视。

在面对最有权势的宗族时，天皇也无能为力。当被迫承认自己最喜欢的儿子的卑微地位时，天皇决定让源氏免于这场权力游戏，于是将他贬为庶民。光华公子就这样获得了“源氏”这个标志着他的新阶层的名字，虽然人们仍然出于敬意称他为“光华公子”。

源氏该怎么应对女孩和她的那些倔强对抗的侍从呢？虽然婚姻在年纪很轻时就可以缔结，但是侍从们坚持称这个 10 岁的女孩

---

* Murasaki Shikibu, *The Tale of Genji*, translated by Dennis Washburn (New York: Norton, 2015), 109.

还没有成熟。应源氏要求，他们将他的诗给了她，但是没有任何效果。问题在于，女孩还没有学习如何写诗。源氏必须得承认，这说明她的确还很年幼。对爱情来说，一个不会写诗的女孩确实太年幼了。

不久之后，当听说长期忽视自己女儿的父亲正计划将她带离源氏的可及之处时，源氏知道自己得迅速行动起来了。他找了一个借口，坐车前往女孩的居所。这一次，他抛开所有的习俗和礼仪，闯过竹帘、布帘和纸质屏风，无视受惊的侍从们抗议的尖叫。女孩正在睡觉，可王子直接将她搂在臂弯里，在她颤抖的时候安抚她，将她抱起并放进自己的座驾，然后驾车离去。* 在他看来，这都是为了女孩好。在他的宅院里，他可以将她置于自己的羽翼之下，确保她有合适的侍从和美好的前途。他可以亲自负责她显然被忽略了的教育，将她变成一位得体的年轻女子。

对许多读者（包括我自己）来说，这个开场是很令人不安的——绑架一个 10 岁的女孩，违背她父亲的意愿，这听起来不像是开始一段健康关系的良好方式。但紫式部早期的读者反应却完全不同。他们也许会对男性求爱者绑架一个 10 岁的女孩感到有些震惊，但他们不谴责使这种行为成为可能的婚姻制度。并且，他们崇拜光华公子，尽管他有缺陷，他们还是觉得这个过程可以让他变得成熟。

最重要的是，他们赞许源氏教育女孩写诗的方式，他们眼看着《源氏物语》变成了一个关于文学教育的故事。对诗歌来说，不

* Murasaki, *Tale of Genji*, 122–23.

是只有自然的意象和典故。最重要的是，字句是怎么被写下来的。有能力制造高品质的纸，这开创了书法的黄金时代，而书法是想在宫廷有所成就的女性和男性必备的才艺。诗歌是如此重要的沟通方式，一个人的性情和教养，很大程度上可以通过不同的书写风格展现出来。极其不幸地生活在京都和宫廷之外的人，他们练习的书法风格可能是过时的（或者，更难以置信的是，他们根本不会写书法）。源氏要确保这不会发生在他年轻的被监护人身上。* 他会亲自悉心排好临摹的字符，供女孩练习时使用。

女孩在他家里安顿下来，处理好她亲戚们的干涉之后，源氏又写了一首诗。有不同颜色、类型和质量的纸可供他选择。他选择了一张深紫色的纸，这种颜色是用从紫草（一种特殊的植物）的根茎中提取的染料染成的。这首诗和它所暗指的植物，将成为女孩的名字：紫。通过这首诗，源氏为他的挚爱命名："不识武藏野，闻名亦可爱。只因生紫草，常把我心牵。"†

小说继续：

> 源氏公子对她说："你也写一张看。"紫仰望着源氏公子说："我还写不好呢！"态度天真烂漫，非常可爱。源氏公子不由地满面堆上笑来，答道："写不好就不写，是不好的。我会教你的。"她就转向一旁去写了。那手的姿势和运笔的方法，都是孩子气的，但也非常可爱，使源氏公子真心地感到不可

---

* Murasaki, *Tale of Genji*, 125.

† 丰子恺译：《源氏物语》，北京：人民文学出版社 1980 版，第 126 页；此处的"武藏野"为紫草的生长地。——译者注

思议。

……

写得的确很幼稚，但笔致饱满，显然前途有望。很像已故的外祖母的笔迹。源氏公子看了，觉得让她临现世风的字帖，一定容易进步。*

被这一希望所激励，源氏继续教女孩如何写出美丽的字。他改善了她的笔画，并向她展示如何选择合适的纸和如何包装一首诗。他正在将这个女孩变成一位得体的宫廷女子。

中国文字、笔谈和日本文学

平安时代的纸文化起源于中国。几百年来，日本吸收了中国的文明和科学，这是一种文化接受另一种文化的大部分成果的极端案例。像这种整体的文化传递通常是军事占领的结果，但日本则是自愿地接纳了中国文化（罗马也曾经像这样吸收了希腊文化）。†

为了跟中国文化保持联系，日本曾阶段性地派出使臣跨越将日本和大陆分隔开的、狭窄的朝鲜海峡造访中国。日本使者和他们的中国东道主不明白彼此的语言，但他们可以通过中文字符来交流。中文字符不是语音的，所以日本人能将它们吸收进自己的语言，用

* 出处同前。——译者注

† Wiebke Denecke, *Classical World Literatures: Sino-Japanese and Greco-Roman Comparisons* (New York: Oxford University Press, 2014).

日语发音来念这些中文字符。这很像是讲不同语言的人，可以通过在一张纸上写下数字来商议一桩买卖的价格。他们用各自的语言读这些数字字符的发音不同，但都可以理解写下的数字的意思。同样地，中国和日本的使臣可以通过写下两种语言里都有的字符来沟通。这个基于书写的跨语言沟通形式，因其非语音文字系统的便利，被称为“笔谈”（brush talk）。

输入到日本的文化产品有用汉字书写的文学作品，其中包括儒家经典。它们不需要翻译，因为有学问的精英阶层接受过直接阅读中文字符的教育，只是用日语发音而已。源氏所处的平安时代的宫廷里所交换的诗歌，常常隐约提及中文经典和更新近的文化，并且有一所基于儒家经典的汉学堂在京都建立，那是当时的学习和教育中心。*

在中国，儒家经典催生了科举考试制度，这个制度确保成功的应试者能获得俸禄丰厚的政府工作和闲职。这种考试制度从未在日本出现过，因为日本有权势的宗室和家族想要通过联姻政治来控制权力，而不是通过他们可能无法掌控其结果的考试制度。†

所以，在紫式部的故事中，当源氏决定将自己的儿子送往汉学堂时，他的儿子并不高兴。源氏的儿子更想按照传统的做法，利用自己的家族关系获得一个高等的官职，而非跟社会地位低得多的学生们一起在大学用功。‡

但是毫无疑问，源氏绝对不会将年幼的紫送到大学，或者教她学习中文。中文读写能力在官方专属于男性，并且主要用于为国

---

* Morris, *World of the Shining Prince*, 97.

† Morris, *World of the Shining Prince*, 67.

‡ Murasaki, *Tale of Genji*, 426–27.

家服务（还有颂扬历史）。也许，有着数千个字符的复杂的中国文字系统，被认为超出女性的理解能力，抑或就像作者紫式部熟知的那样，让女性远离这个文化源头的密码只是保护男性特权的一种方式。女性被要求使用一种叫作“假名”的文字系统，《源氏物语》就是用假名书写的。

假名系统最初被发明是用来服务另一个中国的舶来品——佛教。佛教强调对世俗的脱离和对转瞬即逝的美的欣赏，在平安时代的宫廷里被交换的许多诗歌都着力捕捉对一个转瞬即逝的世界的感觉。佛教也得益于造纸术和印刷术的革新，甚至可能比儒家获益更多。在中国、韩国和日本，现存最早的印刷文本都是佛经。《金刚经》——世界上现存最早的印刷本——以及《妙法莲华经》在日本特别有影响力，两部经书都被频繁地复制和诵读。正是在京都城外的一座寺庙修习佛道时，源氏第一次见到年轻的紫，而在小说中，紫后来将资助包括《金刚经》在内的经书的大量复制和阅读。*

佛教带来了一整套的文字系统。日本的僧人一路旅行回溯至印度去寻找原始文本。在那里，他们与被用以书写了许多佛经原作的梵文和梵文字母不期而遇。由于这些日本僧人热衷于劝说人们皈依佛门，他们意识到，基于语音的梵文文字系统比字符数以千计的汉字书写系统更有优势。他们决定尝试为日语做些类似的事，于是创造出假名系统。

这个新的系统包括日语口语中 47 个不同的语音，然后用 47 个符号来表达它们。一些符号代表的是音节而非单个的语音，这个语

* Murasaki, *Tale of Genji*, 675.

音系统被称为“音节文字”（syllabary）。

在某种程度上，假名音节比语音字母更复杂，因为口语包含比单个语音更多的音节。但它仍然比非语音文字的中文简单得多。这个新的日本文字系统的另一长处是，它代表的仅是日语的语音，而没有强行将中文字符融入日语。为了与这个新文字系统的佛教起源保持联系，年轻的学生们通过诵读一首使用这 47 个语音（每个语音只出现一次）的佛教诗歌来熟记这 47 个字符。*

一开始，假名文字在日本不如传统的中文字符有声望，但被认为很适合女性，比如作者紫式部。在《源氏物语》中，源氏训练年轻的紫用假名写字，而所有廷臣要通过短诗与女性交流时，不得不使用的也是这个系统。假名文字在宫廷社会找到了立足点，它使这个社会得以依靠日常诗作来进行最重要的沟通。

在《源氏物语》中，在成功地教会女孩书法、诗歌和假名之后，源氏娶了她为妻。她那时只有 12 岁，和他第一次成婚的年龄一样。不管源氏已经给予她多少的关怀，她仍然感到很吃惊。在他们婚礼后的第二天早晨，源氏依照习俗留了一首诗给她。因为他们关系的突然变化而不知所措的紫，并没有回应。源氏查看了她本应在里面放入对他所留晨诗的应和之诗的盒子，而里面空无一物。但是，无论如何这桩婚事还是完成了。这在源氏下令端上米糕时得到了确认，这是表明圆房的传统标志。很快，他年轻的夫人习惯了新的关系，并将她所受的训练很好地运用起来，在源氏发起诗歌交流时写下应和之诗。文学世界中最伟大的爱情故

* Morris, *World of the Shining Prince*, 101, 110.

事之一开始了。

宫廷生活指南

在作家紫式部描绘的世界里，生活基本聚焦于京都和宫廷内，流放被认为是一种无法承受的苦难，是一种仅次于死亡的惩罚。在《源氏物语》中，当光华公子因为和天皇的一位妃子的一段相当离谱的风流韵事而被逐出宫时，他体会到了这种苦难。像这样的风流韵事，如果足够小心谨慎，也许没有什么问题，但在此事中，他犯了一个错误，就是过分关注在宫廷中与自己敌对的宗族中的一个姐妹。当这段关系被公开时，流放是唯一的答案。

他决定不带妻子紫一起走。当离别的时刻到来时，这对爱人看着他们在镜子中的投影，很自然地用诗歌与对方告别：

此身远戍须磨浦，
镜影随君永不离。

紫的回答：

镜中倩影若长在，
对此菱花即慰心。*

* 丰子恺译：《源氏物语》，第 265 页。——译者注

从此，残留的影像徘徊在这对著名爱侣的心中，直到他们再次团聚。

对源氏来说，远离宫廷生活是一种苦难，他需要对这个转瞬即逝的世界之虚无有更多佛教式的冥想。最终，在流亡两年以后，他被允许回到宫廷。他重拾过去的生活，享受着新的晋升，获得了新的荣耀，但流放的经历一直萦绕于心。归来时，他已经变成了另外一个人。只有都城里的生活才真正值得去过，这种观念深深扎根。甚至连成为地方官员都被认为是放逐。而平民百姓显然在这范围之外，比起城市，他们更多生活在乡间。

只有在宫廷里生活过的人，才能理解紫式部在她的小说里捕捉到的细节和规则有多么重要：女性应该如何拿扇子；什么香味对男性最有吸引力（源氏花了好几个小时调配出最不寻常的香水，并因此广受崇拜）；男子在什么情况下可以靠近遮挡女子的屏风；他何时可以真正穿过屏风握住女子的衣袖；他何时可以推开屏风，用力量征服一位不情愿的女子而不陷入麻烦。很难想象一个比这更受限制的世界，尤其是对宫廷女子来说，她们被困在内室，除了自己的侍从之外，不允许跟任何人交谈。宫廷男子们至少可以离开都城，偶尔去看望亲朋，但他们也处处受到规则和惯例的制约。

作者对礼节和礼仪的所有关注，起到了引导读者进入那个社会的效果。在阅读了一千多页的《源氏物语》之后，我几乎感到自己已然学完了关于基本规则和礼仪的速成课程，可以在那个奇特的世界里生活了。在源氏教育紫的同时，这本书的作者也在教育我和其他读者。

紫式部并没有攻击宫廷制度——它允许男性绑架女性并将其囚

禁在房间里，但她向读者们展示了，对于控制那些生活在其中的人的欲望、恐惧和幻想，这个规则体系是多么无能为力。这些规则驱使着人物进入不正当的关系或破坏性的嫉妒之中，而正是这种嫉妒让女主人公紫在之后的生活中深受其害。而随处可见的是，书中人物与强加在他们情感表达之上的种种限制所做的抗争。当新任天皇知道源氏是他的亲生父亲时（他是源氏和上任天皇的一位妃子最不可思议的露水情缘的结果），这位天皇被宫廷礼节禁锢得如此之深，由于惧怕引起怀疑，他几乎无法跟源氏交谈，也不能去看望他。* 他觉得自己没有办法直接透露他所知道的事实。天皇只好在父亲源氏 40 岁生日时，通过赠送速写画和书法与他交流。†

诗歌是礼节和真情实感的交汇处，紫式部为这部小说创作了将近八百首诗。在书中，它们在朋友和廷臣，父亲和儿子，以及最为重要的爱人之间被交换。并不是所有诗都是完美的，它们本来也不该是。一些不得不即兴作诗的人物，比如源氏，从一开始就非常擅长诗歌这门艺术，而其他人，比如年轻的紫，必须要经过学习才能创作出高水准的诗。但总体而言，诗歌构成了这部小说的中心，是人物交流的主要方式。对紫式部来说，诗歌也是一条将她的故事确立为严肃文学的路径。在一种以诗集为基础的文化里——中文诗集和诸如与她曾祖父有关的日本假名诗集——紫式部撰写的长篇散文故事只能通过包含尽可能多的诗歌来获得正统性和权威。

我发现，在紫式部的时代，《源氏物语》有效地教会了读者如何举止端正，所以它被用作宫廷礼仪的指南。这一点也不奇怪。为

---

* Murasaki, *Tale of Genji*, 677.

† Murasaki, *Tale of Genji*, 678.

了写出更好的诗，为了摆出更吸引人的姿态，以及为了学会何时应该从追求者不受欢迎的行动中抽身（以及何时向他们妥协），女性和男性都可以读它。毫无疑问，它也让读者能够欣赏到比实际生活中的人更优雅、更光彩照人的人物。他们从《源氏物语》中学会，如果一位廷臣连续三晚前去探望一位女子，这就算成就了一桩婚事（并且通过为心爱的人端上米糕来公之于世）。* 读者会明白如何赏月，以及跟谁一起（只应该是一位精心挑选的伴侣）。同时，生活在平安时代的宫廷里处处受限的读者，还能读出隐匿在各种规矩之下的情感，以及礼节和欲望之间的挣扎，这些都在字里行间被如此深切地表达出来了。

《源氏物语》最初有可能只是为一位读者写的。† 紫式部最早写出的几个章节引起了中宫皇后藤原彰子的注意，皇后让她做了自己女儿的侍女。这个职位有许多便利，让紫式部能接近权力的中心，包括天皇本人。这让她可以扩展故事的早期版本，好让故事更符合她新主人的需求和喜好。中宫想看更多的章节，于是紫式部不停地创作，直到《源氏物语》的故事超出了女主人公活着的时间，小说进行到一半时，紫在成为尼姑之后去世。紫式部将故事继续进行到下一代，再下一代，创作出了一部真正的多代小说。没有一个年轻的人物拥有源氏和紫那样的光彩与魅力，即便在他们不由自主地重蹈这两个人的覆辙时。就像源氏曾经爱上一位默默无名地生活在都城外的女子，他的曾孙也会做同样的事。源氏深爱着年轻的紫，因

* Murasaki, *Tale of Genji,* 121.

† Haruo Shirane, *The Bridge of Dreams: A Poetics of "The Tale of Genji"* (Stanford: Stanford University Press, 1978), 58.

为她使他想起自己一生挚爱的祖母，而他的曾孙也爱上了一个隐藏着的女子，因为她使他想起自己徒然爱过的某个人（这两者的相似之处源于家族关系）。就这样，紫式部用她不断扩张的作品篇幅编织出一个错综复杂的模式，其中有重复，也有变化，而这给了她的小说与众不同的形态。* 最后，《源氏物语》的长度达到《堂吉诃德》（*Don Quixote*）的两倍，后者是写于500年之后的、欧洲传统里第一部重要的小说。

这部作品的篇幅和它极小的读者群体意味着，它不适合用早已从中国传入日本的印刷术。雕版印刷用于印刷佛经这样篇幅短小且需要大量复制的文本很合适，对于读者群体小的大型文本则不然。《源氏物语》通过手抄本流通，但纸是很珍贵的商品，即便对这个享有特权的读者群体来说也是昂贵的。一套完整的小说定价高昂。1051年左右，一位年轻的宫廷女子记录下她收到过的最好礼物："五十多册《源氏物语》，都放在各自的盒中。"† 她继续写道："当我独自一人躺在屏风后，拿出它来阅读，即便是与皇后换位子我也不愿意。一整天，直至黑夜，只要能睁开眼，我都会借着身边的一盏灯阅读它。" 那些渴望炫耀他们的财富或者他们对《源氏物语》的喜爱的人，可以购买用特殊纸抄写的版本或者带有插画的精装版本（有许多带有插画的珍贵版本被保存下来）。那些买不起完整一套私藏本的人，可以购买分开流通的单独章节，或者与其他人一起听某一章节的朗诵。

不过几百年之后，从16世纪开始，商人阶层的不断发展和识

---

* Morris, *World of the Shining Prince*, 280.

† Bowring, *Murasaki Shikibu*, 78.

字率的提高推动了新的市场需求，而印刷本的出现正满足了这种需求。那时，日本宫廷生活已经发生很大变化，使得这部小说不再被当成生活指南，而是像今天的我们一样，将它当作通往遥远过去的窗口（就像亚述巴尼帕利用《吉尔伽美什史诗》一样）。由于这部小说是为一小群熟悉宫廷行为规则的读者写的，所以需要有人向后来的读者做出解释，这导致文本上出现了大量的评注。[*] 即便是今天，由于无与伦比的《源氏物语》，我们对于中世纪平安时代的宫廷生活的了解，远甚于对那个时代世界上的其他任何地方。

文学最神奇的能力一直在于，它能让读者进入他人的内心世界，包括那些已经长眠的人。在紫式部的手里，这种能力大大超越了更早时期的文学作品。她前无古人地使得她的读者可以观察人物的思考过程，并通过人物的视角来看待那个与众不同的世界。

这部小说先后通过手抄本和印刷本获得成功，这招致了嫉妒。尽管《源氏物语》向日本文化的两个文学起源——佛经和儒家经典表达了敬意，但小说本身和它们两个完全不同，儒家学者和佛教徒意识到一种崭新且强大的文学类型已经登场。不久之后，儒家学者就开始告诫人们要警惕这部小说，而佛教徒则说其作者正在地狱中为她的罪孽受苦。[†] 尽管遭遇了如此强劲的诋毁，《源氏物语》还是证明了自己无法抵挡的魅力。这部长篇小说与其中的上百首诗成为一个文化上的参照物，一个与早期文学相竞争的、储存着语录和智慧的公共储藏库，巩固了日本独立于中国的文化身份认同。

---

* 关于《源氏物语》的接受史，请参阅：Haruo Shirane’s excellent *Envisioning the Tale of Genji: Media, Gender, and Cultural Production* (New York: Columbia Uni versity Press, 2008)。

† Bowring, *Murasaki Shikibu*, 86.

几百年来，《源氏物语》一直在日本占统治地位，起初作为指南，后来作为历史画卷，最后作为一部经典，但它始终局限于这个孤立的岛国。一直到 1853 年后，当日本被迫开放与西方的贸易关系时，世界其他地区才对这部文本有了最初的了解——这种了解恰如其分，形式呈现为源氏屏风。这部小说对日本来说已经变得无比重要，小说里的场景常常被描绘在屏风上。当新的贸易契机在欧洲引发日本物品的风潮时，其中的一些屏风将小说中的场景带到了欧洲。紫式部以其美妙的文字描绘过的扇子，也到达了欧洲。紫式部描述过的纸文化先是将她的作品送往欧洲，然后又从那里去往世界的其他地方。

西方收藏家开始好奇，这些绝妙地绘在纸质屏风和扇子上的场景是从哪里来的，然后他们透过 19 世纪晚期的部分翻译第一次瞥见了这部文本。但是，完整的《源氏物语》进入西方人的视野是通过 20 世纪早期阿瑟·韦利（Arthur Waley）的翻译，这几乎是这

狩野常信（1636—1713）制作的六片式折叠屏风，描绘了《源氏物语》里的场景

部作品被创作出一千年之后的事了。西方世界极其惊奇地发现，小说创作被许多人认为是欧洲对文学做出的特殊贡献，但它早在一千多年前就已经被一位我们不知道名字的日本女性发明出来。

一位作者的回顾

有一天，当紫式部不再继续写作《源氏物语》时，她往外眺望一片湖泊，那里的水鸟日益增多。比起她已然熟悉的皇宫的光彩壮丽，她家中的房间要简朴得多。她回忆起过去她是如何关注花开、鸟鸣、天空随季节变化、月亮、霜冻和降雪。但是她早已今非昔比，只是无精打采地看着季节变换，痛苦地感受着自从丈夫死去之后她所承受的孤独。自那时起，很多事都改变了，她变成宫廷里的侍女，变成一位作家。在这新的生活进程中，她与一些曾和她经常交换诗歌的老朋友失去了联系。现在，她可以做些什么来赶走她的孤独和苦闷呢？

有时，当这种情绪突然袭来时，她会转向现在被忽略的藏书室，那里纸上爬满蠹虫，蠹虫侵占着一部古老的日本故事或她的一部中文书卷。她记得，她侍奉过的中宫陛下怎样叫她朗读中文诗歌，以及她如何后悔因为读诗而引发了关于她不寻常学识的流言。但是这一天，她拿起了自己的书——《源氏物语》。早些时候，她所属宗族的头领，也是日本最有权势的人，将她的誊清稿拿走，给了他的二女儿。但是，紫式部没有享受这份成功，而是担心《源氏物语》中的某些片段会损害她在宫廷的名声。也许，阅读自己如此鸿篇巨制的故事，能够驱散她的孤独。但实际上并没有效果。《源氏物语》已经无法给予紫式部曾经有过的乐趣，她因此陷入深深的失望。最后她意识到，曾经和她一起在宫廷里工作的人现在是她唯一的密友。于是，她拿起毛笔，写了一首诗给一位侍从同伴。朋友回信之后，紫式部欣赏着她的书法，开始感觉好了一些。

一千多年以后的我们，如何知道在那一天，这位神秘的作者想了些什么？紫式部已经让我们进入她笔下人物私密的思考和默想，她希望读者和听众能够注意到自己小说创作中的野心与沮丧。同时，她还做了另外一件相当现代的事——她将自己的思考和默想以日记的形式记录下来。

紫式部的日记是我们了解她的来源，从她所接受的秘密的中国文学教育到她在宫廷里的角色。日记虽然只有两年的时间跨度，但足以让我们快速了解她在宫廷的生活，是对她小说里呈现的虚构画面的补充。在日记中，她展现了对礼节、屏风、扇子、诗歌和印花布帘的眼光与鉴赏力。她描述了当流言蜚语来袭时，她如何隐藏自己的中国文学知识。和她的小说一样，她的日记也是写给一小群私密受众的。还有可能只是写给一位读者看的，她将日记题献给一位无名的年轻女性，可能就是紫式部自己的女儿。紫式部是在向她女儿传授小说里源氏曾经教给紫的东西吗？

紫式部不是唯一一位写日记的宫廷女子。引入假名系统之后，日记开始在宫廷女性中盛行，她们优雅、智慧地记录着风流韵事、交换的诗歌，以及许多其他日常事务。有时，这些日记会被看作类似小道传闻的东西，但在更有野心的实践者的尖锐笔下，它们成了一种艺术形式。紫式部同时代的竞争对手——机敏的清少纳言，以其诚实、放纵的日记《枕草子》而享有盛名。这位曾获得《源氏物语》作为礼物的年轻姑娘的日记，也成了平安时代晚期的经典。和紫式部一样，这些女子大部分是地方官员的女儿，因为足够接近宫廷社会而对其了解很深，但又不处于会妨碍她们成为作家的、有真正政治影响力的地位。* 这种新的文学形式与女性的联系非常明确，所以当一位男性作家发表他的日记——《土佐日记》时，他将其呈现为一位虚构的女性作家的作品。

作家写自己的忏悔日记，对今天的我们来说，再熟悉不过。我们生活在一个日记、回忆录和博客的时代。创意写作的第一条规则就是“写下你所知道的”。但是文学的历史证明，自传式写作曾经是多么不寻常。就像所有事物一样，它是需要被发明的。普遍的说法是，自传式写作是由圣奥古斯丁（Saint Augustine）发明的，他在古典时代晚期为了阐述他归信基督教的过程而写作。但是，自我书写是由具备相当文化修养的女性在平安时代的宫廷里独立付诸实践的。与世隔绝地置身于受限制的宫廷世界，必定有助于她们想出这个写作形式。由于被宫墙、卷帘、屏风和扇子隔离，这些女性便反顾自身，成为她们周围生活和她们自己的观察者。对紫式部来说，两种文学形式——小说和日记，都是出于同样的动机，它们让读者得以一窥真实或想象的人类内心生活。事实上，她给了我们另一本日记，它完全是诗意的，因而高度隐喻。这本日记由个人的诗歌构成，按时间顺序编排，给我们提供了间接线索以了解它难以捉摸的作者，那就好像是透过一扇屏风窥探一样。

---

* Morris, *World of the Shining Prince*, 79.

在她的散文日记的结尾，紫式部陷入忧郁的情绪。她不再创作《源氏物语》，也不再通过诗歌与密友通信。她现在只关心她的日记。这本日记不是写在特殊的纸上，甚至不是写在新的纸上。曾描绘过一个充满闪亮的纸扇、纸屏风、纸灯和纸诗，以及书法和染纸世界的紫式部，在老旧的、用过的纸上写着她的日记。在日记中，她写道：

> 近来，常将一些无须保存的文字毁掉或烧掉。为了偶人游戏，春天把旧字纸都用来做小屋了。此后再没有收到别人送来的信件。这一封信我特意没有选择新纸，看上去有些寒酸。不是我弄不到好纸，而是为了避免引人注目。阅读后请将这封信立即返还。信中也许有晦涩难懂之处，或有脱字、漏字之处，文字不通亦无妨，请不必拘泥。此信写到最后，才发现自己竟仍然很在意周围人的口舌，竟仍然不能够超脱自己。俗念如此深恶，到底该怎么办呢？*

虽然紫式部很沮丧，对《源氏物语》丧失了信念，但她仍然很在乎她的写作。在成为一个年长男人的妻子和一位女王的侍女之后，她选择为自己保留那个她凭借自己的努力获得的身份——作家。

---

* 藤原道纲母、紫式部等著，林岚、郑民钦译：《王朝女性日记》，石家庄：河北教育出版社 2002 版。——译者注

第六章

《一千零一夜》与山鲁佐德

我是你们的梦想和渴望的产物。要么接受我，把我当成你们自己的一部分，要么就让我走吧。

公元第一千年，巴格达

你第一次接触《一千零一夜》（*One Thousand and One Nights*）是什么时候？* 我不记得自己是什么时候了，但感觉自己好像一直都知道其中的一些故事。也许是大力水手遇上阿里巴巴？童话故事里的辛巴达航海家？或者有人说“芝麻开门”？《一千零一夜》无处不在。像（伊斯兰教神话里的）精灵一样，这个集子里的故事变换着形态，带着各种伪装，频繁地出现在书页、剧院、漫画书和动画片里。每当一种新的娱乐形式被发明，《一千零一夜》就现身了，又一次准备好面对新的观众，唤起惊奇和悬疑，欢乐与恐惧。

我意识到我一生都在不知不觉中接触着《一千零一夜》里的故事，于是我想要知道这些故事是从哪里来的。

最早的来源是公元 9 世纪的一张碎纸片。纸片的一面是一位律师为客户撰写的一份法律合约的草稿，而磨损严重的另一面则是《一千零一夜》的扉页。† 关于故事的来源，我们能从这一小片证据

---

* 我感谢我的朋友保罗·霍尔塔（Paulo Horta）对这一章的帮助。

† Nabia Abbott, “A Ninth-Century Fragment of the ‘Thousand Nights’: New Light on the Early History of the Arabian Nights,” *Journal of Near Eastern Studies,* volume 8, number 3 (July 1949): 129–64.

里挖掘出什么线索呢?

首先，这位律师似乎并不是很喜欢这个故事集，不然他不会把它当作草稿纸。也许，是因为这些故事充斥着炫技盗贼和激情之爱的放浪本色，而这些对他的法律头脑并没有吸引力。可是，这位律师最初为何会让故事集的一张碎片留在他的办公室呢？难道他曾经沉迷于罪恶的阅读，而现在试图通过循环利用这张纸片来销毁证据吗？不管律师与这些故事的关系如何，毋庸置疑的是，这些故事在9世纪就已经广受欢迎而被抄写、售卖和购买，并最终以极其粗心大意的方式被再利用。为了找到《一千零一夜》的源头，我必须回到更久远的过去。

这场探索将我带向一位巴格达的书商伊本·纳迪姆（Ibn Ishaq al-Nadim)。他生活的时代比那位律师晚了一百年，但幸运的是，作为阿拉伯文学目录的一部分，他研究过这部的故事集的历史。在进行这个庞大项目的过程中，纳迪姆也提出了一个相同的问题：这些故事从何而来？他推测，它们最初来自一个叫作《一千个故事》（*A Thousand Stories*）的波斯故事集——波斯语中被称为《赫扎尔—艾福萨那》(*Hazār Afsān*)。阿拉伯故事集很可能是从将《一千个故事》翻译成阿拉伯语版本的《一千夜》(*Alf Layla*）开始的。* 阿拉伯语版本的故事集面世后，它一定在翻译过程中获得了更多的故事，因为其中很多故事有着阿拉伯的主题和人物，最精彩的一些发生在伟大的伊斯兰哈里发哈伦·拉希德（Harun al-Rashid）统治时期的巴格达，这位哈里发在故事中常常为了解平民百姓而

---

* Robert Irwin, *The Arabian Nights: A Companion* (London: Palgrave Macmillan, 2004), 51.

微服私访。*

在《一千零一夜》的故事中，提及巴格达的文字中我最喜欢的，是《巴格达的脚夫与三个神秘女郎》(The Porter and the Three Ladies of Baghdad) 的开篇：

> 从前，有一位住在巴格达的脚夫，是个单身汉，并且可能一直都不会成亲。有一天，正当他无所事事地靠着箩筐站在街上时，一位高贵的姑娘忽然出现在他面前；她身着摩苏尔式锦缎斗篷，上面有金线刺绣的花边。她的鞋子上也有金饰，辫成长辫的头发轻盈飘荡。她撩起面纱，露出有着乌黑发亮的睫毛的双眼，眼神温柔，含情脉脉，美丽诱人。她上前与脚夫搭话，用最温和动人的语言说："带上你的箩筐随我来。"
>
> 脚夫惊讶得不敢相信自己的耳朵，但是他连忙提起箩筐，对自己说，"如此幸运的一天！安拉保佑！"然后快速地跟上姑娘，直到她停留在一所大宅门前。她轻轻地敲了门，然后一位年老的基督徒出现了，姑娘付给他金币，从老人那儿收到了她所要的酒，酒被滤得像橄榄油一样纯净。她将酒妥善地放进篮子里，说："拎着跟我走。"脚夫说："在安拉的庇护下，这

* Irwin, *Arabian Nights,* 120ff. I also consulted *The "Thousand and One Nights" in Arabic Literature and Society,* edited by Richard G. Hovannisian and Georges Sabagh, with an introduction by Fedwa Malti-Douglas (Cambridge, U.K.: Cambridge University Press, 1997); Eva Sallis, *Sheherazade Through the Looking Glass: The Metamorphosis of the "Thousand and One Nights"* (Richmond, Surrey: Curzon, 1999); Paul McMichael Nurse, *Eastern Dreams: How the "Arabian Nights" Came to the World* (Toronto: Viking, 2010); John Barth, *Chimera* (New York: Random House, 1972); and Marina Warner, *Stranger Magic: Charmed States and the Arabian Nights* (Cambridge, Mass.: Harvard University Press, 2013).

真是走大运的日子，是赐予了一切所求的吉日。”他再次提起箩筐，跟随姑娘，直到她在一间水果商店前停下，从水果商那里买了沙米的苹果、奥斯曼的柑橘、阿曼的桃子、生长在尼罗河地区的黄瓜、埃及的酸橙、苏丹的橙子和香橼，还有阿勒颇的茉莉花、充满香气的爱神木果、大马士革的睡莲、女贞花和洋甘菊花、血红的银莲花、紫罗兰、石榴花、野蔷薇和水仙花——所有东西都装进了脚夫的箩筐，姑娘说：“提着走。”

于是，脚夫提着箩筐，跟着姑娘到了一个肉铺，姑娘说：“给我切差不多10斤羊肉。”姑娘付了钱，肉贩子将羊肉用芭蕉叶包好，然后姑娘把羊肉放进了箩筐里，说：“脚夫，提起来吧。”脚夫听话地提起了箩筐，然后跟着姑娘走到了一间杂货铺，在那儿她买了干果、杏仁核、提哈迈的葡萄干、带壳的扁桃仁，以及所有的点心，然后对脚夫说：“提起这些跟我走吧。”于是他又提着箩筐跟随姑娘，来到甜品店，在那儿她买了一个陶瓷盘子，上面堆满了各种各样的糖果、顶部敞开的甜馅饼、带着麝香的油炸馅饼、“肥皂蛋糕”、柠檬面包、甜瓜果酱、“栽娜卜的梳子”、手指饼干、卡齐小食和形形色色的食品。姑娘将盘子放进脚夫的箩筐里。这时脚夫愉悦地说：“你应该早点告诉我，我就可以牵来一匹小马或骆驼来驮货物。”姑娘莞尔一笑，拍了拍他的颈背，说：“走吧，看在安拉的面子上不要多说话，你的酬劳不会少的。”*

* Richard F. Burton, *The Book of the Thousand Nights and a Night: A Plain and Literal Translation of the Arabian Nights Entertainments,* volume 1 (USA: Printed by the Burton Club for Private Subscribers Only, 1885–88), 82–84.

他们的购物之旅还没有结束。

这个故事颂赞了巴格达的集市，它坐落在一个贸易帝国的中心，从远至西藏、巴尔干半岛和埃及的地方引进货品。通过这位受宠若惊却很机敏的脚夫的双眼，我们看到了这些货品，而他的冒险才刚刚开始。《一千零一夜》里的故事很喜欢集市，因为这个故事集是在集市里流行开的。瞄准比宫廷文学更广的受众群，这个故事集诞生于集市，销售于集市，深受商人们的喜爱。

如果这个故事集是通过把那些美味食品运到巴格达集市的贸易网络从波斯来到阿拉伯的，那么下一个问题是：是谁将它收集并整理成集的？书商伊本·纳迪姆想出了一个令人惊讶的答案：亚历山大大帝。据纳迪姆说，亚历山大非常渴望在他的营地里，在他亲友的陪伴下，在夜晚听这些故事。*

但是稍等——亚历山大难道不是已经有足够的床头阅读物了吗？毕竟，他带着亚里士多德那本《伊利亚特》开始他横跨世界的征途，并且每晚都将其置于枕头之下。很明显，这位伟大的马其顿国王夜里睡不着的时候，并不是每次都觉得荷马史诗是最合适的读物。因此，亚历山大想要一些其他节目，比如山鲁佐德（Scheherazade）所讲的故事。亚历山大并不只是欣赏这些故事，他还将它们收集起来，抄写成文，并保存给后世。†可以肯定的是，这些故事并不能取代荷马史诗的中心位置，也许它们根本都没有进入亚历山大港的图书馆。但是，亚历山大仍然希望它们能流传下

---

* *The Fihrist of al-Nadim: A Tenth-Century Survey of Muslim Culture,* edited and translated by Bayard Dodge, volume 2 (New York: Columbia University Press, 1970), book 8, 714.

† Dodge, *Fihrist,* 714.

开罗的集市，出自《一千零一夜》的一个 19 世纪版本

去，并且采取了必要的措施。

将亚历山大看作《一千零一夜》的收藏者，这是一个疯狂的理论，但是纳迪姆的确发现了一些东西。* 毕竟，亚历山大自己的人

* 豪尔赫 · 路易斯 · 博尔赫斯（Jorge Luis Borges）在他的文章“The Thousand and One Nights”中，也提及亚历山大和《一千零一夜》之间的关联。Jorge Luis Borges, *Seven Nights,* translated by Eliot Weinberger (New York: New Directions, 1984), 43ff.

生如此精彩，足以让他进入这个故事集。*

在《一千零一夜》的第四百六十四夜，我们听到了亚历山大与一群一无所有的人相遇的故事（根据其他资料的记载，那群人与亚历山大遇到的那些充满智慧的印度哲学家很像）。亚历山大想见那群人的王，但是他拒绝现身。亚历山大像往常一样决断，找出了那个人并问了一些问题，最终得到了一句智慧的话："当你富裕时，人人皆是你的敌人；当你贫穷时，人人皆是你的朋友。"†

但是，出现在《一千零一夜》里，并不代表亚历山大收集和编撰了这个故事集。事实上，许多故事的出处要比这位马其顿国王古老得多。比如，有个故事说两名窃贼得手后都想杀掉对方。他们坐下来吃晚餐时，一个用剑杀死了另一个。杀人者很得意，但他吃完食物后呼吸困难，这才意识到他死去的同伴原来已经在食物里下了毒。这个故事来自《本生经》，它是由印度的僧人收集的、世界现存最早的故事集之一。‡[后来，约翰·休斯顿（John Huston）在他的电影《浴血金沙》（*The Treasure of the Sierra Madre*）里借用了这个故事。]还有一个关于一只会飞天的乌木马的故事，也是从印度来的，而其他故事则是从地中海地区或者波斯传过来的。§

当我细想这些源头时，我在想，纳迪姆想到亚历山大，是不是因为这位伟大的征服者拥有收集这些故事的最佳条件？他是文学

* Yuriko Yamanaka, "Alexander in the *Thousand and One Nights* and the Ghazali Connection," in *The Arabian Nights and Orientalism: Perspectives from East and West*, edited by Tetsuo Nishio and Yuriko Yamanaka (London: Tauris, 2006), 93–115.

† *The Book of the Thousand Nights*, Burton, volume 5: 252–54.

‡ Irwin, *Arabian Nights*, 63.

§ Irwin, *Arabian Nights*, 64.

坚定的推广者——就像他对荷马史诗的投入所展现的那样，不仅如此，他的帝国使从希腊到印度的一些区域可以互相接触，而这些地区与故事的收集关系极为密切。人们跨越亚历山大的整个帝国，借鉴和交换着故事，并将它们变成自己的。亚历山大也许并不是真正的收集者，但是他短命的帝国覆盖了亚欧大陆的许多地区，而正是这些地区支持着《一千零一夜》背后的故事网络。

因为仍然没有找到关于这些故事来源的答案，我再一次回到那份最早的证据，就是那份法律合约的背面。我仔细盯着它看时，注意力落在之前没有多想的一个人物上：山鲁佐德。这张碎纸片不只包含了故事集的扉页，还有它的开场，就是关于山鲁佐德、她的姐姐和国王的那个著名的框架故事。打开《一千零一夜》的钥匙并不是这个或那个故事的来源，而是将所有故事串联在一起的那个人——令人难忘的叙事者。带着新的关注点，我开始阅读这个框架故事。

山鲁佐德为什么知道这么多故事

这是个刺激而奇怪的故事，始于王国里最重要的大臣，即山鲁佐德的父亲。当女儿宣布要将自己献给国王成为他下一任妻子时，这位大臣无法相信自己的耳朵。山鲁佐德非常清楚，在发现妻子与一个黑人奴隶出轨之后，这位国王就发狂了。沉浸在伤痛和耻辱中，除了逃避和向自己的弟弟寻求陪伴与慰藉之外，国王不知道自己还能做些什么。而他弟弟很快也发现了自己妻子的不忠，和哥哥一样陷入伤痛与耻辱的弟弟选择将妻子和她的情人一同处死。国王与弟弟一起在乡间游荡，回来之后，他宣布要报复女人。他下令，每夜都要给他带来一位新娘。尽欢之后，这位新娘就会被杀死。山鲁佐德的父亲就是负责寻找女人并在事后杀掉她们的人。而现在，他的女儿自愿成为下一个牺牲者。

山鲁佐德的父亲用尽一切方法试图劝退自己的女儿，他恳求

19世纪，波斯艺术家阿里–汗（Ali-Khan）所作的石版画，描绘了《一千零一夜》的框架故事里所提及的不忠事件

她，威胁她，但是都不起作用。在绝望中，他向她讲述了许多关于顽固和愚蠢的故事，以此告诫女儿她即将面临的遭遇，但是山鲁佐德坚持自己的计划。最后，他说尽了所有故事，并不得不向他震惊的主人宣布，山鲁佐德将与国王共度那一夜。

山鲁佐德很固执，但是并不想自取灭亡。她有一个计谋，这个计谋需要一个助手，而她选择了自己的姐姐。姐姐将加入他们并厕身于国王的寝室，小心翼翼地等到欢爱结束，然后要求山鲁佐德讲一个故事。计划成功了，国王同意了姐姐的要求，于是山鲁佐德开始讲故事，关于伟大国王和聪明平民的故事，关于满嘴俏皮话的动物和吓人的魔鬼的故事，关于黑暗旅程和精彩探险的故事，关于魔法、道德和智慧的故事。每当黎明来临时，山鲁佐德都会给故事留个尾巴。这样，她就会被允许多活一天，好让国王能听到故事的结局。

国王听着故事，深深地入了迷。他想听到每个故事的结局和新故事的开场，从一个悬念到另一个悬念。越来越多的夜晚就这样过去了，故事伴随着欢爱，无休无止。只要山鲁佐德持续讲下一夜必须继续的故事，她就是安全的。从此，她的命运，以及王国里剩下的所有女人的命运，都取决于一个女人讲故事的能力。

但是，山鲁佐德是怎么想到这些故事的呢？当然，她无法即兴创造故事。但是她正在探入一个人类口口相传的故事的海洋，关于冒险、爱与犯罪的故事，童话故事，著名国王的故事，以及关于智慧和教导的故事，比如山鲁佐德的父亲试图用来改变自己女儿的心意但没有成功的那些。

讲故事，将事件按顺序排列，创作情节并到达结局——这种冲动如此根本，仿佛它是本能地根植于我们这一物种的。* 我们被驱使着去建立连接，从 A 到 B，再从 B 到 C。† 在这个过程中，我们发展了如何从一个点到下一个点的理念，而这推动着故事向前发展，无论答案是宇宙命运、机遇、社会力量，还是主人公的意愿。‡ 通常，故事中的人物怀有一个他们不能透露的秘密，但我们渴望窥探它，之后根据故事讲述的法则，他们的秘密会被迫公开，恰如其分地满足国王和我们的好奇心。无论是何种力量在推动着这些主要人物，我们眼看着他们在或敌对或友善的环境中前进，然后在我们意识到之前，讲故事的人已然创造出整个世界。

我们的故事世界通常遵循着不同的规则，有些很奇异，有些很冷静，有些被设置在遥远的过去或世界上很遥远的地方，另一些则是在很熟悉的或者离家很近的地方。这就是想象和语言让我们做到的事，创造出与我们眼前所见完全不同的场景，用词句来搭建世界。山鲁佐德非常擅长这项任务，她引领国王和她姐姐从一段故事情节到另一段故事情节，从一位主人公到另一位主人公，从一个世界到另一个世界。在这个讲故事的世界里，你在街上遇见的任何人都有一个通常充满惊奇和巧合的故事。一个乞丐可能曾生而为王，即便一个普通的脚夫也有值得讲述的事情：每个人都是一个故事。

在相当长的时间里，讲故事先于文学而存在，尔后又置身于它

---

* Jerome Bruner, *Making Stories: Law, Literature, Life* (Cambridge, Mass.: Harvard University Press, 2003), 3ff. 我还参考了 Steven Pinker, *The Language Instinct: How the Mind Creates Language* (New York: Harper, 1995), 6。

† 唐纳德·波金霍恩（Donald E. Polkinghorne）谈到人们一直在参与一个“实际上连续的独白”（virtually uninterrupted monologue），请查阅 *Narrative Knowing and the Human Sciences* (Albany: State University of New York Press, 1988), 160。

‡ Joseph Campbell, *The Hero with a Thousand Faces* (Princeton: Princeton University Press, 1949).

的框架之下。通常，故事是由专业说故事的人或者业余爱好者口头讲述的，只有在非常难得的场合，故事才能潜入专属的文学世界。但是最终，越来越多受欢迎的故事遇到愿意将它们保存下来并汇编成集的抄写员。因为没有经书那么有名望，也不像紫式部的《源氏物语》一样稀有，这些故事集被放在市场里出售。虽然它们有时被收藏在图书馆里，但主要的受众群还是商人们（他们了解《巴格达的脚夫与三个神秘女郎》所讲述的巴格达集市上的货物）。*

当我重读山鲁佐德和国王的框架故事时，我意识到那些看似是一名机智讲故事者的叙述，实际也是一名狂热读者的叙述。当山鲁佐德的父亲允许她自由使用他的图书室时，他已经在无意中为女儿的这项任务做好了准备。整个童年和青少年时期，山鲁佐德花了大量时间如饥似渴地阅读着父亲图书室里的一切，从文学到历史和哲学，连医学小册子都没有逃过她的眼睛。她以一名读者、学者和好读书的女杰而闻名，她最天然的家园是藏书室，而不是国王的床榻，直到她把国王的床榻变成讲故事的地方，才将两者合并为一处。

为了找到《一千零一夜》的来源，我必须找出是谁创造了山鲁佐德。答案隐藏在她的职责里，即她为这个故事集做了些什么。山鲁佐德不仅讲故事，她还挑选、编排，并且根据她自己的处境——面对一个发了疯的国王，改编了这些故事。在这里，她就像那些挑选、编排和改编他们从全世界听来的故事的抄写员，将它们写下

* Aboubakr Chraïbi, editor, *Arabic Manuscripts of the "Thousand and One Nights": Presentation and Critical Editions of Four Noteworthy Texts; Observations on Some Osmanli Translations* (Paris: espaces&signes, 2016). Chraïbi 将这种文学归为“中间文学”（middle literature）（63）。

来，并编进不同的故事集。我想象着山鲁佐德是这些抄写员的化身，他们用这种方式将自己写进了故事。山鲁佐德是唯一掌控这些故事的人，是抄写员们的女王。

给我们留下《一千零一夜》的抄写员们，通过创造出山鲁佐德并将其作为他们自身更吸引人的一个版本，他们意外发现了一个强有力的工具，我们今天称之为“框架故事叙述”（frame-tale narrative）。比如，在山鲁佐德的故事中，她不得不用讲述故事来拯救自己的生命。框架提供了戏剧性，也给每个故事增加了风险。它们通过增加故事争分夺秒的紧迫感来制造悬念。* 它们也给了故事一个新的使命。在无数个夜晚，山鲁佐德反复讲述着婚姻里男男女女相似的背叛和不忠，仿佛在告诉国王不忠是生活的一部分。另外一些故事则展现了忠贞的例子，仿佛在提醒国王忠贞是可能的。很多故事都是围绕着杰出的国王展开的，尤其是关于哈伦·拉希德的——他是巴格达著名的哈里发，这仿佛是在恳求国王重新成为一位好的统治者。†

最终，山鲁佐德成功了。她的故事让国王放弃了对女性残忍的仇恨，教会他如何再次成为好丈夫和好国王。这就是《一千零一夜》一些版本里令人无法忘怀的框架故事的美丽结局：国王被治愈了，他放弃了复仇，与搬来自己整个藏书室的山鲁佐德成婚。而她那位极富耐心地请求着一个又一个故事的姐姐，被嫁给了国王的弟弟。

---

* 关于框架作为讲故事的工具，请查阅 Mia Irene Gerhardt, *The Art of Story-Telling: A Literary Study of the "Thousand and One Nights"* (Leiden: E. J. Brill, 1963), 389ff。

† 关于哈伦作为主人公，请查阅 Gerhardt, *Art of Story-Telling*, 466。

如何设计故事框架

慢慢地，框架故事变成了过滤多余故事、吸收特定故事的磁铁。以山鲁佐德为主要讲述者的《一千零一夜》，吸收了那些讲述爱与王权的故事，以及那些或许可以改变一位国王的故事。不符合这项任务的故事可能就被忽略了。框架并不总是能掌控其中的所有故事，但久而久之，它们扮演着分类挑选机制的角色，塑造了整个故事集的模样和特性。

《一千零一夜》并不是唯一的，也不是最早的有着框架故事的故事集。一个著名的框架故事出自印度的《本生经》(《一千零一夜》从中借鉴了一些故事)，这本故事集由动物寓言组成，但是它的框架为故事添加了一个完全不同的反转：故事都是由佛陀讲述的。佛陀用它们来指导学生，传授教训，通过把自己变成故事中的一员来帮助他们记住教义的重点。比如说，在讲述了长着金色羽毛却被拔光了毛的鸭子的故事后，佛陀揭示，自己在前世的化身正是那只被贪婪地虐待过的宽宏大量的鸭子。将这些故事整理成集的抄写员们，用动物寓言来传播佛陀的语录。《本生经》是佛陀的书面记录之一（连同佛教经书一起），展示了一个特别的框架能在多大程度上给故事增添指向和意义，否则它就只是又一本动物故事集。

佛陀看起来与山鲁佐德相距甚远，但后者还真的在印度找到了一位“亲属”，在那里另一位抄写员创作了一本由鹦鹉讲述的故事集。[*]跟山鲁佐德一样，鹦鹉每晚都必须用高超的讲故事技能来使主人分心，虽然是为了不同的目的：他的女主人在丈夫不在时开始注意其他男人，而忠心的鹦鹉想要阻止她犯下通奸罪。[†]

最骇人的框架故事也来自印度。[‡]它的开场是一位国王被前来拜访的隐士引诱着进入一片令人害怕的墓地，去那里取一具悬挂在附近树上的尸体。当国王触碰到死尸时，它发出了悲惨的笑声，于是他意识到有一个吸血鬼寄居在这具尸体里。作为一位勇敢的国王，他从树上取下尸体，连同寄居在里面的吸血鬼，扛在肩上，然后离开。吸血鬼似乎挺高兴跟着一起走的，然后为了消磨时间，它讲了一个故事，并且问国王这个故事的寓意。当国王无法想出一个令人满意的答案时，吸血鬼就飞回树上，然后一切又重新开始。

这个有框架的故事集被收录在《故事海》（*Katha Sarit Sagara*）中，由 11 世纪的一位来自克什米尔的婆罗门抄写员苏摩提婆（Somadeva）收集。面对这么多的故事集，苏摩提婆做出了唯一合理的决断：他创造出了一个超级故事集（supercollection），涵盖了 18 卷各不相同又没有关联的故事集，其中许多有着自己的框架故事，他将它们全部集合在一个框架故事内。

故事的数量难以计数，就像溪流里的水滴汇集成现存所有故事

---

* 这个故事来自 *Suka Saptati*，这部文本从梵语被翻译成波斯语的 *Tutinama*。Irwin, *Arabian Nights*, 67ff. 这部文本后来又被翻译成土耳其语，并且在 1858 年成了以 *Papagaienbuch* 为标题的德语译本的基础，这是它的第一部西方语言的译本。*TutiNameh: Das Papagaienbuch, Eine Sammlung orientalischer Erzählungen, nach der türkischen Bearbeitung zum ersten Mal übersetzt von Georg Rosen* (Leipzig: Brockhaus, 1858).

† 这个故事框架来自印度，14 世纪经波斯被传播。请查阅：Gerhardt, *Art of Story-Telling*, 397。

‡ Richard F. Burton, *Vikram and the Vampire: Classic Hindu Tales of Adventure, Magic, and Romance* (Rochester, Vt.: Park Street Press, 1993).

的海洋。抄写员们创造框架来抓取这些故事，将它们从故事的海洋里捕上来，然后用不同的方式编排。抄写员们将故事保存下来，让它们通过各有目的的讲故事者之口叙述出来，或劝化听众，或娱乐他们，或转移他们的注意力，或教育他们，抑或只是纯粹地消磨时间。巧妙的框架，无论描述的是智慧的男人、勇敢的女人、富有远见的鹦鹉，还是傲慢的吸血鬼，尽可能多地集合各种故事，并赋予这些故事结构、目的、意义和共鸣。这个框架性的策略非常有影响力，后世的作者们也都自由地借用它，程度广泛到他们写出自己的故事集和故事框架。文学史上充满了这些新式的故事集，从乔叟（Chaucer）到薄伽丘（Boccaccio），自古典时代一路延续至今，使得带有框架的故事集成为世界文学的最佳体裁之一。

这些都很有趣，但我仍然没有获得关于《一千零一夜》源头的答案。在思考这个问题时，我做了一个梦。在梦中，我意外听到山鲁佐德说着下面的故事：

“在哈伦·拉希德统治时期，”山鲁佐德对国王说，“在巴格达城内住着一位抄写员，他负责抄写文件和合约。没有妻子，也没有孩子，他在书籍和账簿的陪伴下度日。有一天，他听到一阵敲门声。他没有料到会有客人来，但是敲门声听着很友善，于是他开了门。在摇曳的烛光里，他看见了一个奇怪的生物，身着异域的服装。起初，抄写员以为它可能是巴格达的哈里发，后者一向以微服私访出名。因为不确定，他询问了那个生物的名字，但是对方只是回应了一些词，听起来像“赫扎尔–艾福萨那”（“一千个故事”的波斯语）。意识到对方无家可归，抄写员让它进了屋。它表现得很令人愉悦，所以抄写员决定让它留下来。他教它阿拉伯语和习俗，并给了它一个正式的阿拉伯名字：阿尔夫·雷拉（Alf Layla）。好相处的阿尔夫很快成了商人们的宠儿，他们让它留在集市的摊位上，白天它常常在那里睡觉。太阳下山后，阿尔夫就活跃起来，给商人们和每一位想加入的镇上居民提供娱乐，直至他们忘记自己的恐惧和担忧。

阿尔夫的消息传到了一位善妒的精灵的耳中。精灵躲在集市偏僻角落里的一麻袋杏仁果后面，在因为一晚上的娱乐而疲惫不已的阿尔夫经过时，精灵突然走出来，并把自己变得像一座房子那么大。阿尔夫抬起头看着这庞然大物，说："我亲爱的精灵，你来了我很高兴。我一直都想见到你。只是把头抬得这么高仰望你，让我的脖子很不舒服。请你把自己变小些，让我们更容易地交谈，好吗？"没有人像这样跟精灵说过话，仿佛他们一直都是朋友一般。在惊讶中，精灵忘记了自己的恶意，于是它俩成了朋友。

到了分别的时候，精灵给了阿尔夫一个用最上等的纸张制成的飞行器。"这比飞毯更好，因为它很轻。但是要小心，别把它撕裂了。"精灵警告道。阿尔夫小心翼翼地走上纸飞毯，然后乘着它飞往任何想去的地方，远至开罗和大马士革，它在各处都深受欢迎。阿尔夫不受年龄的限制，就这样活了好几个世纪，直到它变得不满足，然后乘着纸飞毯跨越大海，飞往欧洲。起初，阿尔夫与一位充满激情的法国人交往，法国人教它法语。在英格兰，它与一位性倾向不确定的英国旅行家结伴。

尽管有这样一位很可疑的同伴，阿尔夫还是很快在欧洲各处获得了喜爱。

它越出名，就有越多的人不停地问：你是谁？你来自哪里？寻找阿尔夫的出身变成一件让人痴迷的事。学者远道而来探究它，常常用最不礼貌的方式抓住这个生物。一些人宣称它来自阿拉伯，还有一些人注意到它的波斯名字，另外一群人则怀疑它有印度血统。他们不适当的接近威胁到脆弱的纸飞毯，几乎要将它撕成碎片。被激怒的阿尔夫终于大喊道："够了！你们难道不明白我是个孤儿吗？那些去寻找我双亲的人只能找到他们自己而已。我是你们的梦想和渴望的产物。要么接受我，把我当成你们自己的一部分，要么就让我走吧。"然后，它修补好它的纸飞毯，飞走了。

醒来时，我明白这个梦是对我徒然追寻《一千零一夜》源头的一个警告。很明显，我一直在问一个错误的问题。再三回想这个梦时，我猜想山鲁佐德是在告诉我一些其他的事。我回到故事集最早的碎片，就是那张被律师用来打草稿的纸，然后意识到我忽略了最重要的线索，而它并不是山鲁佐德的框架故事。

事实上，最重要的线索是，律师的《一千零一夜》碎片是阿拉伯世界关于纸质书最早的证据。比起源头，我更应该探索的是它的技术——这里说的是纸——它使得这些故事仿佛被精灵的魔力驱动，从印度飞到波斯，从巴格达飞到开罗。

阿拉伯的纸之路

中国发明的造纸术在数百年间一直是个秘密，在那段时间里，它改变了社会，比如改变了佛经被大量复制的速度。纸非常顺滑，又容易吸收墨水，它让书写变得前所未有的精准，这带来了书法的繁盛。

因为跟中国文化有密切的联系（像《源氏物语》里展现的那样），韩国和日本急切地学习了造纸术。中国西边的邻国可以见到和购买这个奇迹般轻薄的书写材料，但是不知道怎么生产它。造纸者发誓要保守秘密。几百年来，造纸的秘密一直被保持在中华文化圈里。*

有一个关于这个秘密是如何被公开的故事，它可能不太可信，但是展现了造纸的知识是何等被重视，以及它是如何传到阿拉伯的。造纸知识的传播发生在不断扩张的中华文化圈与哈伦·拉希德的祖先迎面相撞时，那时，这些住在巴格达的祖先正尝试向东扩张。在公元 751 年 7 月的怛罗斯（Talas，在今天的哈萨克斯坦）战役中，这两股力量发生了碰撞。

怛罗斯这座城市很重要，因为它处在连接中国和波斯的丝绸之路上。† 在这场战役中，由于中国军队一方的变节，阿拉伯人大

* Tsien Tsuen-Hsuin, *Paper and Printing*.

† 这个故事本身极有可能是虚假的，但是它展现了撒马尔罕（Samarkand）和纸的战略重要性，同时也力图说明这项技术传播的滞后性。Bloom, *Paper Before Print*, 42ff. I also consulted Elizabeth ten Grotenhuis, "Stories of Silk and Paper," *World Literature Today*, volume 80, number 4 (July– August 2006): 10–12.

获全胜，上万中国士兵中有很多被杀死。有一些成了俘虏，其中包括专业的造纸者。阿拉伯人是否使用了武力来获得造纸的秘密，以及他们是怎么做到的，并没有记录在册。但是他们的确做到了，于是最强大的书写技术落入了日益强大的阿拉伯世界的掌控。（怛罗斯战役也削弱了佛教在这个地区的影响力，并最终导致千佛洞的关闭，在 19 世纪晚期，现存最早的印刷品在那里被发现。）

阿拉伯人改进了这项新获得的技术。中国的纸通常是由桑树的纤维制成的，桑树对中国文化很重要，因为它还可以养蚕。但阿拉伯世界的大部分地方都不适合种植桑树，于是他们不得不寻找替代物。阿拉伯人想出了一个完美的解决方案：破旧的布。通过敲打等物理处理，旧布里包含的纤维在被分解后可以用作造纸的材料。这个替代物对纸的历史至关重要，它使纸可以离开在东亚的先祖故土。从那时起，收集旧布的人将遍及知道造纸秘密的世界各处。

起初，造纸集中在撒马尔罕（如今的乌兹别克斯坦），但是很快地，它沿着丝绸之路通过波斯到达了阿拉伯的心脏地带和首都，即著名的哈里发哈伦·拉希德统治的巴格达。如此庞大的领土需要一个大型的官僚系统，与莎草纸和羊皮纸等其他昂贵的替代品相比，纸的优势很快凸显出来。听从他智慧的维齐尔（vizier，伊斯兰教国家高官）的建议，哈伦·拉希德将巴格达变成了阿拉伯世界的造纸中心，它以拥有自己的文具市场而自豪。*《一千零一夜》里的故事也是沿着同样的路线，从撒马尔罕去往波斯，然后抵达哈伦·拉希德的巴格达。

---

* Bloom, *Paper Before Print,* 48–51.

纸为文字和思想活动的爆发提供了动力，开启了阿拉伯文学的黄金时期。[*]哈伦·拉希德建立了阿拉伯世界的第一座公立图书馆，尔后，他的儿子把它变成了“智慧宫”（Houses of Wisdom）——学习、学术、科技和数学的中心（此即我们在西方使用阿拉伯数字而不是罗马数字的原因）。[†]智慧宫很快将阿拉伯世界推向了知识的前沿，而那时罗马的崩溃导致欧洲进入了一个衰弱期。由于巴格达在文字文化中的重要地位，大张上好的纸被称为“巴格达迪”（Baghdadi）。

最大的问题是，纸是否应该只用于神圣经书？像其他个人魅力非凡的老师一样，先知穆罕默德也没有写下任何文字。[‡]从公元610年开始，他通过神圣的启示获得了《古兰经》的信息，并被授命向他的追随者诵读。或者在穆罕默德在世时，或者在公元632年他去世之后，一些追随者开始写下他们所听到的（或者诵读给抄写员）。[§]起初，这些文字被写在棕榈枝、棕榈叶、纸莎草或者其他材料上。[¶]当一部更加完整的文本被创作出来时，这些片段被写在了羊皮纸上，装订成册，这是罗马帝国的基督徒们喜欢使用的形式。[**]

---

* Nicholas A. Basbanes, *On Paper: The Everything of Its Two-Thousand-Year History* (New York: Vintage, 2013), 48–49.

† Bloom, *Paper Before Print,* 117.

‡ 尽管常常有人认为穆罕默德不识字，但这一点并不能确定。Claude Gilliot, “Creation of a Fixed Text,” in *The Cambridge Companion to the Qur'an,* edited by Jane Dammen McAuliffe (Cambridge, U.K.: Cambridge University Press, 2009), 42.

§ Fred M. Donner, “The Historical Context,” in McAuliffe, *Cambridge Companion to the Qur'an,* 31ff. I also consulted Fernand Braudel, who compares Muhammad to Homer in *A History of Civilizations,* translated by Richard Mayne (London: Penguin, 1993), 48.

¶ Gilliot, “Creation of a Fixed Text,” 44.

** Fred Leemhuis, “From Palm Leaves to the Internet,” in McAuliffe, *Cambridge Companion to the Qur'an,* 146. I also consulted Bloom, *Paper Before Print,* 27.

这样，又一位没有写下一个字的老师成了一部新经书背后的人物，而就像其他经书一样，它启发了一直延续至今的文本原教旨主义的传统。

当纸到达阿拉伯世界时，习惯了羊皮纸的抄写员们很快意识到这种新材料的优势。一开始，鉴于羊皮纸更为重要的传统地位，他们继续用羊皮纸抄写《古兰经》。* 但最终，他们也开始用纸抄写《古兰经》，这是纸征服了阿拉伯世界的决定性标志。纸对书法艺术来说再完美不过了（这个特性在东亚被同样赏识），它催生了现如今与阿拉伯文化和《古兰经》生产密切相关的精细的书写风格。

由于纸的造价低，它降低了文学的产出成本，对诸如《一千零一夜》中的通俗故事而言也很完美，使它们能在自身的环境中比其他文学作品都更繁荣兴旺。这也是为什么最早的纸张碎片不是来自《古兰经》，而是来自这个通俗故事集。这个故事集收录了越来越多的故事，在纸的环境里盛极一时。或许，这也是这个故事集会将纸在阿拉伯世界里的最大推广者哈伦·拉希德，作为许多故事的主人公的原因。

在日本，纸最大的影响体现在《源氏物语》练达的创作者紫式部身上。而在阿拉伯世界，它开辟了一种早期的通俗小说。旨在教育王子们的印度故事集《五卷书》（*Panchatantra*）先被翻译成波斯语的《卡里来和笛木乃》（*Kalila and Dimna*），当纸流行起来时，又被翻译成阿拉伯语。文字书写技术的变化经常会有这样的双重效应。一方面，它使更古老的经典文本流行起来（虽然有时神圣

---

* Bloom, *Paper Before Print,* 68. I also consulted Oliver Leaman, "The Manuscript and the Qur'an," in *The Qur'an: An Encyclopedia,* edited by Oliver Leaman (London: Routledge, 2006), 385.

文本在采用新技术时会更迟疑，《古兰经》的例子就是如此）。这并不奇怪，因为经典文本通常处在书写文化的中心，因此也处于从新技术获益的最佳位置。另一方面，新技术往往会降低书写成本，因此进入文字世界的门槛也会降低。其结果一定是通俗文学变得繁荣起来。《一千零一夜》就受益于这个效应：它们长期处于抄写员们的关注范围之外，而如今这些故事宣称自己是一种全新的、引人入胜的文学形式。文学因为纸而变得前所未有的精简和轻盈，这使得《一千零一夜》能够轻松地传播于大马士革、开罗和伊斯坦布尔。

当穆斯林入侵者占据西班牙的大片土地时，阿拉伯帝国的扩张最终将纸和《一千零一夜》带到了欧洲。我们至今仍用“令”（ream）来计量纸张，这是西班牙语的一个舶来词，源自阿拉伯词语“*rizma*”。* 在那之后，纸慢慢地渗透进信奉基督教的欧洲，起初，它在那里遭遇了熟悉羊皮纸的抄写员们的抵制（就像它最初受到负责抄写《古兰经》的阿拉伯抄写员的抵制一样）。但是抵制并没有持续很久，最终信奉基督教的欧洲意识到了纸的优势。起初是长久以来有着大量阿拉伯人口的西西里岛，然后是意大利北部。阿尔卑斯山以北的最早的造纸设施之一在纽伦堡，建于1390年。令人惊讶的是，纸从撒马尔罕传到欧洲，用了超过600年的时间。《一千零一夜》紧随其后，它激发了薄伽丘和乔叟等欧洲作家的想象力，他们对故事集如此着迷，通过随意地抄袭，或者说改编他们所能发现的故事，他们创造出了自己的版本。

《一千零一夜》被翻译成法语时，引起了很大的轰动，它的译

---

* Bloom, *Paper Before Print*, 9.

者安托万·加朗（Antoine Galland）都顾不过来了。人们在街上围着他，问他讨要后面的故事。故事有着精彩的情节转折，虽然不是所有人都喜欢，但它的通俗性仍然使它非常流行。然后无法想象的事发生了：加朗用尽了故事。情急之下，1709 年，加朗想到了他的女英雄山鲁佐德，然后意识到他需要找到更多的故事。他找到了一名年轻的叙利亚男子来替代波斯女子，他就是颇有成就的故事讲述者汉纳·迪亚卜（Hanna Diyab）。迪亚卜通过别出心裁的方式将不同的故事融合到一起，创造出了更多的故事。一些最有名的故事，比如阿拉丁和阿里巴巴，就是这样被创作出来的，它们都不是出自阿拉伯或奥斯曼的原始版本。*

《一千零一夜》所有的早期版本，包括篇幅最长的叙利亚手稿，都是写在纸上的，但不是印刷的，全都是手抄的。回想起来，令人惊讶的是，阿拉伯世界狂热地接纳了纸，他们也许通过武力获得了造纸的秘密，但对于在中国与纸紧密联系的印刷术，他们却没有多少兴趣。一个原因是，阿拉伯文字是草书体的，因此更难用分离的印刷字体来书写字母。阿拉伯抄写员们还创造了一种有效的方法来减少抄写错误。一位读者将文本诵读给一组抄写员，然后这组抄写员再轮流诵读给彼此听，这也限制了副本的数量。通过手（和口）复制的《一千零一夜》很受欢迎，但仍然很珍稀。讲故事的人借阅文本，将故事熟记于心，然后像山鲁佐德一样将它们传下去。第一部阿拉伯语的《一千零一夜》的印刷本直到 19 世纪才出现，这反映了很多人对这部故事集的矛盾情结（《古兰经》的第一部印刷本

---

* Paulo Lemos Horta, *Marvellous Thieves: Secret Authors of the Arabian Nights* (Cambridge, Mass.: Harvard University Press, 2016).

于 1537 年制作于威尼斯）。*

这使阿拉伯世界成为一个重要的测试案例，它测试着，在没有印刷术的情况下，纸会带来怎样的变革性影响，其结果不仅是《古兰经》有书法装点的美丽版本，还有诸如山鲁佐德叙述的撩人故事这样的通俗文学。纸在这里展现了它的两面性，同时引导着以它的书法特性为基础的高雅文化和以它广泛的可及性为基础的通俗文化。正是由于这两个特征，纸，一个如同精灵般的技艺，助力《一千零一夜》环游了世界。

奥尔罕·帕慕克的伊斯坦布尔

如果寻找《一千零一夜》的单一来源既不可能，也没有意义，那么我想评估它对当代作家的影响力。我决定去伊斯坦布尔与近年获得诺贝尔奖的奥尔罕·帕慕克见面，他的小说包含了从这个著名的故事集而来的主题和人物。

在朋友们的慷慨帮助下，我在帕慕克的公寓见到了他。公寓所处的伊斯坦布尔塔克西姆区近来被改造修缮，因为拥有迷人时尚的咖啡馆、二手店铺、古玩交易所和古老的浴室而声名鹊起。公寓的门口有警卫站岗，使我想起近来帕慕克经历了一段艰难时光。尽管一开始，许多土耳其人为有一位土耳其作家闯入国际市场感到高兴，但他最近在一家外国报刊的采访中，谈及关于"一战"结

* Leemhuis, "From Palm Leaves to the Internet," 151.

束时上百万土耳其亚美尼亚人（Armenian）被杀害之事时，使用了“亚美尼亚种族灭绝”（Armenian genocide）一词，他就此成了争议的对象。[*]他即刻被土耳其政府控告为“侮辱土耳其”（defaming Turkishness），并收到了来自右翼暴徒的死亡威胁。他移居到纽约生活，一直到诉讼因为国际社会的压力而终止。回到伊斯坦布尔之后，他还是得小心翼翼的。被他称作办公室的公寓——尽管他在这里居住了16年之久——俯瞰着博斯普鲁斯海峡（Bosporus）和一个美丽的清真寺，后者因为帕慕克跟伊斯兰世界富有争议性的关系而具有讽刺意味。

帕慕克的作品常常详述奥斯曼帝国和它漫长的历史，因此我料想他也推崇《一千零一夜》。帕慕克用他的土耳其腔向我解释道，恰恰相反，在相当长的一段时间里，他一直在回避这些故事，因为它们对伊斯兰世界带有一种异域的、非典型的观察——与其说是真正的伊斯兰文学，不如说是加朗（Galland）自己的文学。我怀疑还有一个原因是这些故事太流行了，尽管帕慕克没有这样说。毕竟，帕慕克是在欧洲小说的传统里写作，尤其是俄语小说，正如后来他在哈佛一个系列讲座里解释的那样。[†]我可以明白其中的道理：巴格达的故事家们通常不会获得诺贝尔文学奖。

如此，奥尔罕·帕慕克还是无法完全回避这个故事集。当我指出故事集里的人物和主题常常出现在他的作品里时，他承认，不知

---

* Peer Teuwsen, “Der meistgehasste Türke,” *Tages-Anzeiger,* February 5, 2005, archived at web.archive.org/web/20090116123035/http://sc.tagesanzeiger.ch/dyn/news/kultur /560264.html, accessed August 10, 2016.

† Orhan Pamuk, *The Naïve and the Sentimental Novelist: The Charles Eliot Norton Lectures,* translated by Nazim Dikbas, (Cambridge, Mass.: Harvard University Press, 2010).

怎的，这些故事总能找到进入他的写作的方式。

鉴于《一千零一夜》从东方到达西方的惊人旅程，帕慕克的反应可以理解。这些故事既是欧洲的，也是印度和阿拉伯的，是东西方之间的一种奇特结合，确切地说，又不属于任何一方。是的，真正重要的不是故事的来源，而是那些收集了它们，将它们抄写下来，又传播和使用它们的人的独创性。那么，如果它们启发了一位 18 世纪的叙利亚故事家应市场的需求添加了更多的故事，会怎样呢？

受这场对话的鼓舞，我漫步在伊斯坦布尔的街道，朝着高档的尼桑塔斯（Nisantas）街区走去，帕慕克在那里的一座公寓楼里长大，公寓以拥有它的家庭命名：帕慕克公寓［在自传《伊斯坦布尔》（*Istanbul*）里，帕慕克描述了西化的家庭如何从传统的院子迁居到“现代的”公寓里］。我想要寻找的不是帕慕克的青春期，而是他的小说《黑书》（*The Black Book*）里特色鲜明的百货商店——阿拉丁。

作为一部谋杀悬疑小说，帕慕克的《黑书》围绕奇怪的失踪和在阿拉丁附近发生的两起谋杀案展开。我找到了这家商店，它看起来像个小卖部，从玩具到图书一应俱全，充满了各种你想要但不需要的东西。在我尝试了解这个奇怪的地方时，我意识到阿拉丁小店是一个绝妙的选择：实际上，《一千零一夜》也像是文学的玩具店，每一位读者和作者都可以在那里找到乐趣与启发。

我是跟帕慕克的一位助手佩林·基弗拉克（Pelin Kivrak）一起去的，还有《一千零一夜》的研究专家保罗·霍尔塔。我们在街区闲逛时，佩林一一指出在帕慕克小说里出现的不同场所。她一度将我们带到一座极为普通的房子，然后指出它就是《黑书》主人公的居所。佩林、保罗和我站在那里，伸长脖子，看着那座公寓。我不知道该想些什么。突然，一扇窗户打开了，接着有人从上面往下看着我们，疑惑地想弄明白这三个人为什么这么看着他的公寓并在那里指指点点的。这两个世界，常态的伊斯坦布尔和帕慕克笔下的伊斯坦布尔，开始重叠，甚至开始碰撞。

就在那一刻，我突然意识到旅行可以多么荒诞，这是一种想在真实世界里寻找小说痕迹的欲望。同时，这个场景也道出了文学的力量。帕慕克以某种方式将这座极其普通的公寓变成了特别的事物，在其中填充了将我们吸进它的轨道的虚构故事。也许在某一刻，住在这里的人会意识到，他们不再是伊斯坦布尔这个街区的普通居民，而是已经被奇迹般地带进一部小说——一个可以与《一千零一夜》相媲美的奇迹。

第七章 谷登堡、路德和新印刷共和国

在印刷的新世界里，纸比火更强大。

约 1440 年，美因茨

约翰内斯·基恩斯费尔施（Johannes Gensfleisch）正盼望着1439年的展览会。每隔七年，位于德法边境的亚琛（Aix-la-Chapelle或Aachen）的大教堂就会对朝圣者展出它珍贵的圣物。* 在指定的那一天，神职人员和市议员将从不同的侧面进入教堂，聚在存放着圣物的木箱前。一位银匠会拿起每个物件，阅读它们附带的标签，然后小心地将珍贵的物件放进木制的手提箱里。装满后，箱子会被非常正式地抬至圣坛。乐队走在最前面，接着是神职人员和市议员们，全部端着蜡烛。教堂的排钟会鸣起，然后是吹响小号，当圣物到达圣坛时，会鸣枪。

这些只是正式展览的前奏。钟声会在半小时内不间断地鸣响，然后突然归于平静。接着，每一件圣物都会被举起好让所有人看得见，然后被小心地放在黑绒布上，朝圣者带来的数百只被称为“亚

* *The Holy Relics of Aix-la-Chapelle with Copies of Them: To Which Is Added a Short Description of the Town, Its Curiosities and Its Environs* (Aix-la-Chapelle: Printer and Editor M. Urlichs Son, 19–?).

琛号”的号角发出震耳欲聋的声响，用以纪念这一时刻。* 圣母的黄白服装和救主的襁褓，都会以这种方式被展示。大教堂还拥有施洗约翰（Saint John the Baptist）被斩首后盖在他身体上的布衣，以及救主在他可怕的死亡时刻裹在腰部的布衣，他们以此为荣。除了这些重要的圣物，大教堂还拥有捆绑受难救主的部分绳索、用来蘸醋给十字架上的救主喝的小块海绵、那副十字架的碎片和使徒多马（Saint Thomas）的两颗牙齿。另外，大教堂还宣称拥有抹大拉的马利亚（Saint Mary Magdalene）的一块肩胛骨和一块腿骨。

聚集起来见证这些圣物的人群很庞大。几万甚至十几万名朝圣者来到这个中世纪的小镇，急切地想要看到这些圣物。大教堂不可能容纳所有朝圣者，所以看守会驻扎在建筑物的周围。那些被禁止进入教堂的人会占据周围所有开放的空间，然后为一睹这些神秘的物件而爬到附近的屋檐上。这些物件承诺会将朝圣者带至近东，带至耶路撒冷，以及 1400 年前发生在那里的宗教受难。其中最伟大的奇迹是，仅仅通过出现在圣物面前，朝圣者就被应允所有罪均得宽恕。所以，他们急切地想要靠近圣物就不足为奇了。

基恩斯费尔施想的并不是圣物或者希望他的罪被宽恕，而是在考虑一个技术问题：许多朝圣者因为离得实在太远而不能看见、感受和体验这些圣物。在亚琛，有一个方法可以解决这个问题。朝圣者们可以买一个小的装饰品，大约有十厘米高，展示的是用锡雕刻

---

* *Gutenberg: Aventur und Kunst: Vom Geheimunternehmen zur ersten Medienrevolution,* herausgegeben von der Stadt Mainz anlässlich des 600. Geburtstages von Johannes Gutenberg (Mainz: Hermann Schmidt, 2000), 97.

的圣像。[*] 当圣物被展览时，朝圣者们可以举起这些装饰品，捕捉从圣物发出的光线。一些装饰品上带着一个小镜子，以加强这个效果，这也是为什么它们被称为“朝圣者的镜子”（pilgrims’ mirrors）。镜子能够远距离运作，使得每一名朝圣者，无论离圣坛多远，都可以带一些圣物自身的光泽回家。[†]

对这些镜子的需求非常大，享有镜子制作垄断权的亚琛行会的工匠们都应付不过来了。因为展览会即将到来，市议会决定在展览会期间暂停工匠行会的垄断权。[‡] 所有人都将被允许制作和销售朝圣者的镜子。这就是基恩斯费尔施在想的事：他察觉到了一次商机。

基恩斯费尔施是在亚琛以南 270 多千米远的斯特拉斯堡（Strasbourg）琢磨这个机会的，他刚刚从家乡美因茨（Mainz）搬到那里。[§] 基恩斯费尔施来自美因茨的一个富商家庭，接受过良好的教育，精通拉丁语，这使他得以接触用拉丁语写的宗教和哲学文献。除了学术教育之外，他还学习过铸造金属这样的实践技能。但他不是金匠行会的成员，也不是此项贸易被认证过的行家。[¶] 他的家庭收入来自美因茨及周边的土地，以及美因河（Main River）沿岸的远距离贸易。这一阶层的成员的称呼通常是他们在镇上的主要居所的名字。对基恩斯费尔施而言，就是“谷登堡的庭院”（Hof

---

* *Gutenberg: Aventur und Kunst,* 126.

† *Gutenberg: Aventur und Kunst,* 309.

‡ Albert Kapr, *Johannes Gutenberg: Persönlichkeit und Leistung* (Munich: Beck, 1987), 80.

§ Kapr, *Johannes Gutenberg,* 35ff.

¶ *Gutenberg: Aventur und Kunst,* 119. I also consulted Michael Giesecke, *Der Buchdruck in der frühen Neuzeit: Eine historische Fallstudie über die Durchsetzung neuer Informations- und Kommunikationstechnologien* (Frankfurt am Main: Suhrkamp, 1991).

zum Gutenberg），这也是为什么他有时被叫作约翰内斯·谷登堡（Johannes Gutenberg）。[*]

谷登堡现在想将他在金属制作方面的技能应用于制造朝圣者的镜子。通过反复试错，辅之以铸造钱币的经验，他想出了一个更好的生产这些小饰物的方法，而普通的方法是使用沙子，既费力，又不精准。他发明了一种新的铸造工具，这样他可以生产出更多也更精准的镜子。[†]鉴于市场之大，这个技术优势可以转换成更可观的利润。

为了建起店铺，他需要人力和材料，也就意味着他需要资本。资本从哪里来呢？他在斯特拉斯堡时并非一帆风顺。首先，一位有社会地位的市民的女儿对他提出了毁约诉讼。[‡]谷登堡不想过多琢磨这件不幸的事和审判的细节，在审判中他咒骂了一位证人，当即被处以一笔罚金。[§]他甚至不是斯特拉斯堡的市民，所以以后得更加小心。他还有各种财务困扰。他的家族为他安排了一笔该由美因茨城支付的津贴，但深受财政问题困扰的美因茨停止支付津贴。谷登堡没有善罢甘休。当美因茨城的一位政府抄写员私自出现在斯特拉斯堡时，谷登堡用法律手段抓住了他。这个插曲展现了对发明来说至关重要的一个特质：面对对手要冷酷无情，甚至是不顾后果。

经过美因茨和斯特拉斯堡之间的大量协商，最终美因茨让步，同意支付津贴。但就算有了来自美因茨的钱款，谷登堡还是需要更

---

* Kapr, *Johannes Gutenberg*, 28.

† Kapr, *Johannes Gutenberg*, 80; *Gutenberg: Aventur und Kunst*, 126.

‡ Andreas Venzke, *Johannes Gutenberg* (Zürich: Benziger, 1993), 78.

§ Venzke, *Johannes Gutenberg*, 71.

多资金。他没有直接借钱，而是成立了一家公司，他带去了自己的发明，而公司的其他合伙人则带去了其他技术和资本。随着行会制造镜子垄断权的暂停，谷登堡和他的公司可以随心所欲地制作和销售镜子。但这项自由的另一面是，他们全得靠自己，无法享受行会通常能给其成员提供的保护。如果其他人风闻其事，没有什么能阻止别人直接抄袭他的新方法。唯一的解决方案就是绝对保密，谷登堡力图用详尽的合约来确保万无一失。*

后来，亚琛出人意料地将节庆推迟了一年，可能是因为欧洲这个地区再一次出现了瘟疫。谷登堡和他的合伙人必须再等一年才能实现他们所期盼的盈利。但是他们赌赢了。1440 年的展览会大受欢迎，以至于在为一睹圣物蜂拥而上的朝圣者的重压之下，大教堂的整个屋顶都坍塌了。†

谷登堡并没有冒险在他的镜子上倾其所有，他还有第二个更加隐秘的冒险。他的第二项事业是在亚琛的展览会被延期时开始的，需要他的合伙人第二次注资，作为回报，他承诺将展现一个更有前景的计划。从谷登堡创建合伙关系的方式来看，很明显他有一个大计划。这个计划跟将铸造朝圣者镜子的技术运用到制作书籍上有关。

无论是什么原因，在斯特拉斯堡做生意越来越难，于是谷登堡决定搬回自己的家乡。‡他在美因茨做的第一件事就是再次募集资金。最初他去找了亲戚，但是很明显他需要的钱远比亲戚们能提供的要多很多。他需要建立另一个合伙关系，远大于他之前在斯特拉

---

* Venzke, *Johannes Gutenberg*, 93.

† *The Holy Relics of Aix-la-Chapelle*, 6.

‡ Venzke, *Johannes Gutenberg*, 135.

斯堡建立的，他需要一位能够理解他的新计划，并且能投入大量资金的主要投资者。谷登堡找到了约翰·福斯特（Johann Fust），他是位愿意对需要一大笔资金的风险投资下注的融资人，一位富有的贵族。多亏了这些资金，谷登堡聚集了一小群来自不同行业和有不同才能的人，来组成一支劳动力队伍，其中包括一位训练有素的抄写员彼得·舍费尔（Peter Schöffer），还有各种金属工匠。在他们宣誓保密之后，谷登堡向他们展示了即将改变世界的发明。

发明是如何产生的

我们倾向于将发明想象成一位天才独自完成的改变世界的作品。但其实这是极少见的情况。为了更好地了解这项通常被归功于谷登堡的发明究竟是如何诞生的，我启程去了美因茨城。

今天的美因茨似乎又小又落后，与毗邻的法兰克福相比，更是相形见绌，但它曾经通过美因河与远程的贸易路线紧密连接。自豪的美因茨特地建了一座博物馆来纪念它的伟大成就。博物馆在镇中心，靠近大教堂。对于发生在这里的印刷技术的发明而言，大教堂和远程贸易都被证明是至关重要的。

谷登堡不是第一个想到将活动的字母排列起来以进行书页印刷的人。就像朝圣者的镜子一样，已经有人在他之前做过。谷登堡一直都知道如何将图像刻印到木块上，并用它们像印章一样来制作副本，这个相对简单的技巧通常被用于制作纸牌。只要不太关注质量，文字也可以这么生产。小册子就是这么制作的，但木块上的字母歪歪扭扭，印出来的文字，读者解读起来就要费点儿劲了。

雕版印刷技术通过丝绸之路从远东传播而来，丝绸之路将中原与蒙古人和回鹘人，而蒙古人和回鹘人又与遥远的君士坦丁堡维持着贸易关系，因此间接地与欧洲其他地区有了往来。* 在因远程贸易而闻名的美因茨，谷登堡也有机会听到这样的传言，即中国人现在印刷书本不再只是将文本一页页地刻印到木版上，而是制作了独立的活字，然后将它们聚集并排列成句子。这些活字有时用更坚硬、更精密的材料制作，包括陶瓷和金属合金。†

无论谷登堡听到了什么，他沿着相似的路径开始着手自己的计划。他的发明（如果还能称其为发明的话）至少是以一个传来的观念为基础的。用来纪念谷登堡作为活字印刷发明者的谷登堡博物馆，也因此调整了说法。它增加了一个向东亚印刷术致敬的附馆，承认发生在美因茨的是一次再发明，是对已经由其他地方开发的技术的采纳和改进。

但观念是一回事，将它们付诸实践则是另一回事。模仿东亚模式、在欧洲获得发展的印刷技术并没有普及开来。谷登堡是第一个发现大规模生产优势的人，也是第一个想出如何做到的人。如果书本能被大量印刷，就像他的朝圣者的镜子一样，那么重组优化印刷流程将带来巨大的优势。

为了大量印刷书本，这个过程的每一步都需要重新思考。第一步，也许也是最重要的一步，不是如何印刷，而是如何制作活

---

* Kapr, *Johannes Gutenberg,* 113.

† Kapr, *Johannes Gutenberg,* 107.

字。[*]为了达到最佳抄写员能有的质量，每个字母都要有清晰的边缘。木头太松软，太容易磨损，在上面刻字达不到这种精准程度。字母需要用足够坚硬的、能够反复使用的合金来雕刻，而且它们的大小和长短必须严格一致，这样才能排列组成整齐划一的字行。

不像中国印刷员需要处理数千个不同的字符，谷登堡只需要处理二十几个字母，这是一个极大的优势，可以将活字印刷变得更高效。当然，这只是理论。在研究了手抄本之后，谷登堡意识到，抄写员使用了大写字母、标点符号、缩写、连体字和部分重叠的字母组合。他将需要差不多三百种不同的字母和字符。[†]为了拼成一页简单的文字，需要把数千个这样的活字组合起来。一旦一页文字印刷出来，这些活字就可以拆解下来，但更有效的方法是，一些页面保持不动，这样错误就易于改正，然后修正好的书页可以再次印刷。这意味着需要有足够多的活字同时拼成多张书页，其数目可能会达到数万，甚至数十万。在这里，谷登堡大量生产朝圣者的镜子的经验变得至关重要，他发明了一种手工铸造的设备，使得一个人每天能铸造一千多个活字。[‡]大量生产活字使得大量生产书本变得可能。

版面排好以后，需要涂上墨水。寻常的墨水太稀了，需要通过反复试错调成所需的稠度。[§]变稠后的墨水更难吸收，所以需要提前小心地加湿版面。[¶]这些环环相扣的改进最后导向了谷登堡第

---

* Venzke, *Johannes Gutenberg,* 113.

† Stephan Füssel, *Johannes Gutenberg* (Reinbeck bei Hamburg: Rowohlt, 1999), 35.

‡ *Gutenberg: Aventur und Kunst,* 163.

§ Venzke, *Johannes Gutenberg,* 113.

¶ *Gutenberg: Aventur und Kunst,* 172ff.

二个伟大的贡献。由于欧洲的纸（就像阿拉伯人教的那样，是由破布制成的）和羊皮纸很厚，比在东亚使用的材料厚得多，因此只将纸放在活字上是不够的，还需要施加更多的压力。在这里，谷登堡使用了一种在美因茨周围供应充足的东西：酒榨机。金属活字拼成的版面被朝上放在酒榨机下面，纸或者羊皮纸被重重地压在活字上面。印刷机上有一个单独的木框，确保纸张在准确的位置，而且可以被翻到背面印刷（这是在东亚所没有的）。* 这一系列的改进一起促成了一个全新的前景——高质量书本的大批量生产。

基本的生产流程确立以后，接下来，首要的问题是谷登堡要印刷什么书。第一本印刷的书应该是需求高和篇幅相对小的。为了找到一本有前途的书，谷登堡考虑了自己的阅读习惯。和所有受过教育的欧洲人一样，谷登堡学习了拉丁语，这是受过良好教育的阶层的共同语言，新近出现的大学也是用拉丁语授课的，这更增加了对这种语言的需求。占据市场上百年的、最通行的拉丁语语法书，是以它的作者多纳图斯（Donatus）命名的，谷登堡很有可能也使用过这本书。†《多纳图斯拉丁语语法》非常受欢迎，因此出版商们不惜花大力气用木版逐页地刻制了文本，用来生产廉价的雕版印刷版本。‡ 如果那样做是值得的，那么谷登堡优越的生产流程很有可能大获成功。他生产的书篇幅很小，只有 28 页，每页有 26 行，使用的是更昂贵但也更耐用的羊皮纸，因为他知道每

---

* *Gutenberg: Aventur und Kunst,* 178.

† Füssel, *Johannes Gutenberg,* 20.

‡ Füssel, *Johannes Gutenberg,* 61.

关于早期印刷厂的木版画，来自 1520 年前后

本书要经受多少磨损。[*]结果相当成功：在接下来的数十年里，《多纳图斯拉丁语语法》一直是最经常被重印的书本之一，到 1500 年为止，已有了 260 个版本。[†]

1453 年，当谷登堡致力于印刷多纳图斯的拉丁语语法书时，

---

* Stephan Füssel, *Gutenberg und seine Wirkung* (Frankfurt am Main: Insel Verlag, 1999), 26.

† *Gutenberg: Aventur und Kunst,* 444.

一个震撼到令人难以接受的消息传到了美因茨：土耳其人占领了君士坦丁堡——基督教在东方的堡垒。对许多基督徒来说，这仿佛切断了一个至关重要的历史和信仰的源头。对从事远程贸易的美因茨商人而言，比如谷登堡的投资者福斯特，这还意味着从东方带来香料，以及纸和印刷等创意的贸易网络突然被切断了。随着君士坦丁堡的沦陷，哪里会是下一个成了唯一的问题。希腊？巴尔干半岛？塞浦路斯？

教会呼吁所有的基督徒国王和皇帝夺回君士坦丁堡，或至少阻止土耳其人的进攻。他们需要集结一支军队。士兵们获得承诺，作为保卫基督教世界的回报，他们一切的罪都将获得宽恕。这样一支军队的开支是巨大的，但教会很幸运地找到了一条有效的途径来募集款项。那些自己无法参加战斗的人可以用向教会捐款作为替代，这样他们的罪也能获得赦免。[*]每位捐款者都会收到一张羊皮纸，上面具体地列出捐款者的名字、日期和被赦免的罪行；那些足够富裕的人可以彻底地除去所有的罪。他们需要做的就是拿着这张羊皮纸去找告解神父，神父会为他们举行赦免仪式，之后他们就能以被宽恕的面目重新出现。[†]这就是赎罪券（indulgence）的诞生，任何有远见的人都能想到，教会显然很快就能售出大量赎罪券。

谷登堡很快就发现了这个新的商机。赎罪券总是使用相同的拉丁语模板。他可以设置一个单独的版面，留下名字、日期和赎罪的

---

* John Edwards, "'España es diferente'? Indulgences and the Spiritual Economy in Late Medieval Spain," in *Promissory Notes on the Treasury of Merits: Indulgences in Late Medieval Europe*, edited by R. N. Swanson (Leiden: E. J. Brill, 2006), 147–68, 147.

† Füssel, *Johannes Gutenberg*, 54.

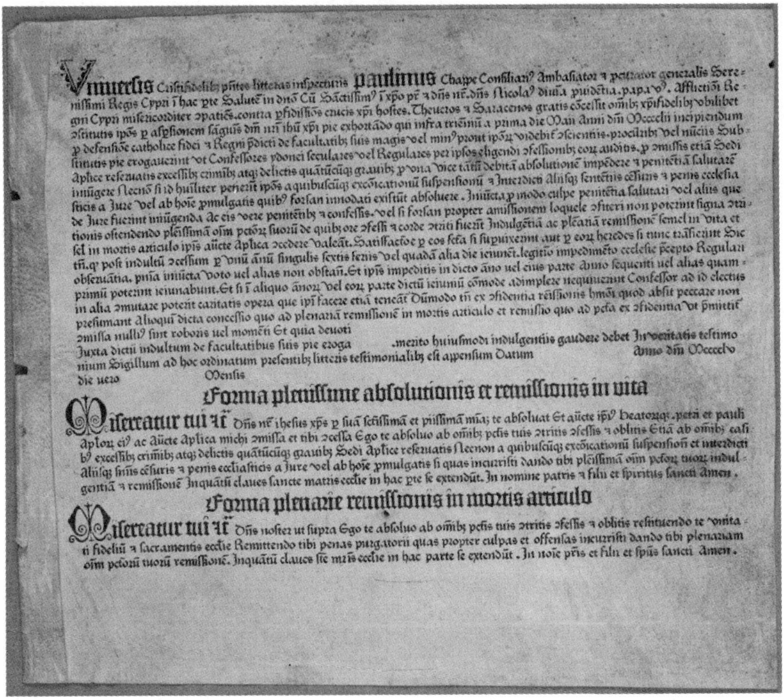
Forma plenissime absolutionis et remissionis in vita

Forma plenarie remissionis in mortis articulo

约翰内斯·谷登堡在 1454 年印刷的赎罪券，用来为与土耳其人的战争募捐

种类几处空白，以备手工填写。他对教会负责人进行游说并获得成功。他印刷的第一份赎罪券是以教皇尼古拉斯五世（Pope Nicholas V）的名义印制的，为的是保卫塞浦路斯。其他的接踵而至。谷登堡知道教会将需要成百上千的赎罪券，而只要教会需要，只要市场可以吸收，他就可以游刃有余地印刷出来。在东亚，印刷术和纸结合起来，生产出纸币。马可·波罗（Marco Polo）曾经对这一将

毫无价值的纸变成金子的替代品的近乎魔法的发明感到相当惊奇。* 欧洲还没有纸币，但是谷登堡批量印刷的赎罪券几乎一样神奇。

战争赎罪券不是君士坦丁堡的沦陷带来的唯一商机。为了出售赎罪券，教会需要煽动对土耳其人的憎恨，而谷登堡也很乐意将他的发明用在这个更远大的目标上。他印刷了一本反土耳其人的小册子，用一种特别的阴历形式写成，每个月都通过押韵的对偶句的形式，激励一位不同的统治者、帝王或者教皇自己投入战斗。† 事实上，谷登堡的大部分文本是为教会印刷的。作为大主教统治之下的美因茨城的一位贵族，谷登堡处在一个向教会提供他的作坊产品的完美位置。

机器之手写下的上帝的话语

在印刷拉丁语语法书、赎罪券和宣传册的同时，谷登堡也在开展另一个计划。在与合作者的合约里，他神秘地称之为“书本的事业”（the work of books）。通过这个计划，谷登堡希望将他的方法应用在有史以来最重要的书上，也就是市场占有率最高的一本书——《圣经》。不知不觉中，谷登堡重演了东亚建立的模式：在东亚，印刷术主要应用于诸如《金刚经》这样的宗教文本。再一次，一部经

* Guy Bechtel, *Gutenberg et l'invention de l'imprimerie: une enquête* (Paris: Fayard, 1992), 87. 马可·波罗没有说明他看到的纸币是不是印刷的，但肯定是盖有印章的。*The Travels of Marco Polo,* translated and with an introduction by Ronald Latham (London: Penguin, 1958), 147.

† Eckehard Simon, *The Türkenkalender (1454), Attributed to Gutenberg and the Strasbourg Lunation Tracts* (Cambridge, Mass.: Medieval Academy of America, 1988).

典的神圣文本成了新的书写技术的早期采用者。

对谷登堡来说，印刷《圣经》完全是另一个层次上的野心。在此之前，他只印刷过单页的赎罪券、反土耳其人宣传册等小册子和短小的拉丁语语法书。《新约》和《旧约》加在一起将有数千页。如果是用谷登堡目前使用的方法，印刷《圣经》需要几十年。他必须同时使用几台印刷机来扩大规模，这意味着需要铸造更多的活字，也意味着整个生产流程需要变得更高效。每一步都需要精确地校准，以便不浪费任何一点时间。谷登堡正逐渐将他的作坊转入早期的工业生产流程，是亨利·福特（Henry Ford）在20世纪早期的流水线生产系统的先驱。

普通的市民，即便是那些相当富裕的，都负担不起如此大篇幅且昂贵的书本，这本书的市场在教会和修道院。这意味着《圣经》需要被印刷成大型的对开本，"对开本"是一张大张的纸或羊皮纸被折叠一次形成两页，而不是被折叠两次形成四页（四开本），或者折叠三次形成八小页（八开本）。让一位修道士或牧师在灯光昏暗的教堂讲台上诵读，只有对开本的尺寸才足够大，而且如此大的一张纸可以挤入更多行列的字句。就算这样节省了空间，谷登堡还是需要印刷大约一千三百页。

挑战不仅仅在于规模。谷登堡要印的，是最受崇敬、最神圣的文本。他必须证明，他的机器印刷出来的《圣经》可以像最训练有素的抄写员手抄的那样整洁、精准和优美，这些抄写员往往是将其一生都奉献给这项使命的修道士。他的抄写员彼得·舍费尔制造出了更优美的活字模型。而且，为了使机器印制的《圣经》看起来像手抄本一样，谷登堡打算用两种颜色印刷（加上宝石红），就像许多书法家在抄写《圣经》时使用两种不同的颜色一样。

印刷过程比谷登堡预期的更为困难和艰苦。他的作坊设法将两列各四十行字压缩进一页，分两个步骤印刷，先印黑色，再印宝石红。这个过程相当耗时。谷登堡很快就放弃了双色印刷，作为替代，他将重点的字词留白，好让抄写员之后用宝石红墨水手写填补。同样，每一章开头华丽的大写字母和被称为“彩饰”的图画装饰，都可以手工添加。最要紧的是，印刷的《圣经》会有手抄本的视觉效果和感觉。出于同样的原因，谷登堡选择了羊皮纸，加工过的动物皮，加工流程是帕加马的图书馆员们完善的。

在美因茨的谷登堡博物馆，我得以仔细查看一本谷登堡印刷的《圣经》，那是件很华丽的物品。它们开本很大，选用独特的字母，有煞费苦心的装饰以及用宝石红强调的字句，看起来就像忠诚的修道士们费心制作的手抄本一样。

与谷登堡同时代的人则认为，它们与手抄本大不一样。因为有不同尺寸的字母和缩写，每一行两端都可以对齐，而这是任何一位书法家，哪怕是最一流的，都无法达到的完美效果。现在《圣经》的每一页都由两列规则的浓黑文字组成。谷登堡的《圣经》不仅仅是看起来像手抄的而已，它比手抄本好得多，达到了一种精准和对称的程度，而这是哪怕最尽责的修道士都不敢想象的。谷登堡最初是希望《圣经》印刷本能接近手抄本的外形，但最后结果超越了这个目标，他创造了一个评判书本的新标准。印刷不只是批量生产书本的方式，还彻底改变了书本应有的模样。一台机器战胜了人类的双手。

用机器成功印制《圣经》的现实带来了许多后果。其中一个涉及书写表面。羊皮纸虽然享有盛名，但很昂贵。制作一部《圣经》，需要远超过一百只小牛犊的皮。所幸纸已经进入欧洲北部，一位聪明的商人在纽伦堡建立了一座水力驱动的造纸厂，而且，多亏了阿拉伯人，造纸需要的只是一堆破布而已。当谷登堡意识到用机器印刷《圣经》的新的可能性时，他决定将印数增加到大约 180 本，大部分版本用纸来印刷。很明显，纸更适合书本的机械批量生产。

当谷登堡和他的合伙人致力于印制《圣经》时，有一个问题悬而未决：教会将如何评价这些印刷的《圣经》呢？谷登堡并没有向任何人征求许可。在主要由行会严格掌控的中世纪世界，谷登堡建立了一个秘密组织，然后自说自话地开始了商业活动。他的计划肯定会震动教会，对教会而言，手抄经文是由忠实的修道士来履行的神圣职责。廉价的赎罪券和小册子是一回事，但是“书中之书”（Book of Books）可以印刷在回收的碎布制成的纸上吗？这位企业主和投机分子是不是已然越界，用他的熔炉、墨水和酒榨机玷污了上帝的话语，用不需要动脑筋的机器替代了修道士抄写员？

谷登堡采取了预防措施。首先是翻译版本的选择。在他的《圣经》里，上帝毫无疑问是用拉丁语创世的。诚然，《旧约》是用希伯来语写的，而耶稣说的是亚兰语，但是基督教最初的语言是希腊语（由亚历山大带到近东），耶稣的语录首先是用希腊语被写下来的。但后来基督教在罗马帝国占据了主导位置，需要具有权威性的《旧约》和《新约》的拉丁语译本。这个任务是由多纳图斯的学生圣耶柔米（Saint Jerome）完成的。而正是圣耶柔米这本通常被称为“武加大译本”（Vulgate）的拉丁语《圣经》，成了欧洲基督教的《圣经》。最近，有一些学者对圣耶柔米的翻译质量提出质疑，不过当时谷登堡使用了这个版本。武加大译本是教会偏爱的、传统的、具有权威性的版本，谷登堡也不想冒险投资在一个未被证明的新译本上。

谷登堡还是担心教会会说些什么，但其实大可不必。谷登堡的机器印制的《圣经》被呈给教会时，教会非常赞赏；它甚至比最尽责的修道士所抄写的更美。而且尽管它们有机器创造的美感，但还是足够便宜，教区和修道院都买得起。谷登堡冒险将印刷从市场转移到布道坛的高风险一博获得了成功。

教会乐意接纳这项新技术的原因还有一个。谷登堡的方法有望减少抄写员带入这部神圣文本里的无数错误。尤其为这个问题焦心的教会代表是库萨的尼古拉（Nicholas of Cusa）。尼古拉今天被称为他所处时代里最重要的神学家之一，曾经在海德堡（Heidelberg）和帕多瓦（Padua）学习，之后回到德国的科隆大学（University of Cologne）从事教学。他是一位思维缜密的思想家，也是重要的神职人员，在君士坦丁堡沦陷前，他曾经远行到那里寻求与希腊正教（Greek Orthodox Church）和解。作为一名直接为教皇工作的外交人员，他也支持与伊斯兰教建立更好的关系，主张《古兰经》和基督教是相容的。

尼古拉关于希腊正教和伊斯兰教的思想很开明，但对于基督教应当如何践行，他还是很严格的。他游历甚广，见过不少经文和仪式方面的谬误。在一个又一个教堂里，上帝的话语是不同的，常常因为抄写员带入的错误而被荒谬地曲解，而新一代的抄写员又会复制这些错误，再添上新的，代代相传。* 鉴于这样的传播系

---

* Venzke, *Johannes Gutenberg*, 55.

统，圣耶柔米在 4 世纪写下的文本一千年后还能保留完整的句子，简直就是奇迹。弥撒书和日课经，即指导神父和修道士如何祈祷与主持弥撒的书，也同样充满错误，这意味着没有任何两间教会是用相同的方式、相同的话语来举行弥撒的。

面对这个错误的海洋，库萨的尼古拉希望能有崭新的、有权威性的、没有错误的弥撒书、日课经和《圣经》。但是在未来，这些新的文本如何才能在被抄写时避免错误呢？尼古拉意识到，答案是谷登堡的发明。诚然，印刷机也会出错，但是这些错误更容易被修改。每一页都可以被仔细地校对，并且如果有字模没对准或上下颠倒，可以很快修正过来，然后重新印刷。一旦正确的页面确定了，所有的副本都会是一样的。这并非完全万无一失，在英格兰，一位印刷工意外地漏掉了一个“不”（not），最后印制出一本鼓励它的读者们去犯通奸罪的《圣经》。* 但总的来说，不再会有抄写员人为引入的错误了。在帮助教会控制它的经文这一点上，印刷术很完美。教会和印刷是天然的绝配。

马丁·路德：一位《圣经》学者的愤怒

1517 年，威滕伯格

教会跟印刷之间的联盟并没有持续下去。不经意间，谷登堡和教会发动了一股力量，通过改变书写和阅读的角色，进而改变了教

* 谷登堡与库萨的尼古拉之间很可能曾有私人交情。Albert Kapr, “Gab es Beziehungen zwischen Johannes Gutenberg and Nikolaus von Kues?” in *Gutenberg-Jahrbuch* (1972): 32–40.

会。当时谷登堡和教会都不明白，建立在神圣经典基础上的机构和社会特别容易受到新的书写技术的冲击。他们也没有预料到，将要利用这个弱点的人会是一个对任何书写技术都不感兴趣的修道士，他很喜欢自己的印刷本《圣经》，但在其他场合还是使用羽毛笔和纸来表达自己。

在谷登堡《圣经》出现60多年后，这位修道士马丁·路德（Martin Luther）在撰写给美因茨的大主教的一封信时，使用了他惯常的书写方式。在发愿做修士前，路德学习的是哲学和法律，后来他有意脱离喧闹的大学生活，退至奥古斯丁修道院（Augustinian cloister）享受那里的安静。他希望将哲学和神学的抽象与虔诚的生活经验和上帝之爱结合起来。在被授予圣职之后，他受召去威滕伯格大学（University of Wittenberg）教授晦涩难懂的神学。

路德是在威滕伯格给大主教写的信。信是用拉丁语手写的，它提醒大主教关注一个在用最令人愤慨的方式售卖赎罪券的教会代理商。有意购买这些赎罪券的人被告知，哪怕是强奸了圣母马利亚，只要他们根据个人收入情况支付1—25个金币，也可以除去他们的罪。写信的人确信大主教并不了解这些恶行，并相信他会及时去制止他们。

写信的人还冒昧地在信中提出了关于赎罪券的一些论纲供大主教参阅。* 在这些论纲中，他质疑赎罪券的角色、它们的盈利销售，还提出了忏悔的地位、炼狱、教皇角色等问题。这并非什么不寻常

---

* Martin Brecht, *Martin Luther: Sein Weg zur Reformation, 1483–1521* (Stuttgart: Calwer Verlag, 1981), 177. I also consulted Heiko A. Oberman, *Luther: Mensch zwischen Gott und Teufel* (Berlin: Severin und Siedler, 1981).

之事，在威滕伯格和其他类似的教学机构里，神学辩论也是这样进行的。但是重点在于赎罪券。教会需要对它们采取一些措施了。

从君士坦丁堡的沦陷和谷登堡的首次印刷算起，赎罪券的生产和销售已经持续了很久。土耳其人的威胁并没有减弱，需要整个基督教世界投入更多资金来继续战斗。幸运的是，谷登堡的发明如同天赐一般及时地出现，并立即被教会采用，以帮助教会复制赎罪券。于是赎罪券被数以万计地印刷和售卖；有一次，一张赎罪券印了 19 万份。[*] 一些印刷商想出了一个绝妙的点子，将赎罪券放进书中，好像优惠券一样。[†] 一个完备的组织被建立起来用以分销赎罪券，还印刷了小册子推荐在每个地区售卖赎罪券的最佳方式。一本这样的小册子落入路德之手，更激起了他的义愤。[‡]

美因茨的大主教心中有其他的忧虑。他向一个新兴的银行家族富格尔家族（Fugger）借了一大笔钱，买下了美因茨大主教的职位。[§] 这笔借款是通过一个精明的计划获得的。他许诺监督教皇赎罪券的销售，一半收益给教皇，另一半则给富格尔家族以偿还他的借款。人人都能获益。大主教可以为自己在美因茨的职位筹到资金，富格尔家族有了借款的确切担保，而教皇不仅从大主教辖区收到钱款，他的赎罪券还会被热火朝天地销售。[¶] 路德现在威胁到的正是这个被仔细构建的计划，大主教自然会感到不痛快。大主教不准备讨论附在这封信后面的任何论纲，他肯定也不会停止销售赎罪券。

---

* Füssel, *Johannes Gutenberg*, 54.

† Swanson, *Promissory Notes*, 225.

‡ Brecht, *Martin Luther*, 121.

§ Brecht, *Martin Luther*, 176.

¶ Brecht, *Martin Luther*, 177ff.

路德丝毫不知道自己无意中卷入了什么，那是一桩本应完美的交易。他只是在等一个答复。但是大主教并没有回信。过了一阵子，可能是路德自己决定了公布反对销售赎罪券等事的《九十五条论纲》。在威滕伯格大学里，公布意味着将它们贴在教堂的门上，这也是宣布辩论的方式。但显然因为人们缺乏兴趣，并没有人来讨论他的论纲。甚至寥寥几个跟路德志同道合的朋友，在路德给他们发去论纲之后，也没有给出任何回应。他的信和论纲看上去没有激起一丝水花。

但是这份安静具有欺骗性，事情在幕后推进。大主教将论纲发给了他在罗马的生意伙伴，尝试找到安抚这位麻烦制造者的方法。路德的朋友们也没有闲着。他们没有回应路德的辩论邀请，但选择了另一种发布形式——一种路德自己从未想到的形式。他们将论纲带到了印刷厂。路德用拉丁语细心手写下来的论纲并不打算供公众消费，但是他的朋友们认为论纲应该出版。在纽伦堡，一位议员将它们翻译成德语，然后在数周内，几个城镇里就都可以读到这份论纲了。*

这是个惊人的发展。在活字印刷出现的最初60年里，被印刷的文本大部分是从已经广为人知的作品里选取的，比如谷登堡的拉丁语语法书或者《圣经》。在意大利，对希腊和罗马的古典文学着迷的所谓“人文主义者”，印刷了古代文本（印刷术及时传播到了意大利，用于保存君士坦丁堡沦陷后被带到意大利的希腊书卷）。但是，谁会想要阅读一位年轻的无名修道士写下的难懂文字呢？出

---

* Brecht, *Martin Luther,* 199ff.

乎所有人意料的是，这些文字还是有了一个规模适度的市场。

路德自己对这种崭新的出版形式并不太感兴趣，或者说还没开始感兴趣。他仍然希望通过官方渠道，也就是通过将手写的信件寄给那些当权者，来改革教会。他想自己的论纲可以面对面地被辩论，只要大主教允许。但是大主教对于辩论并没有兴趣，他想让路德放弃主张，好继续售卖印刷的赎罪券，以此来偿还富格尔家族的贷款，并且为教皇和他新的圣彼得大教堂（St. Peter's Basilica）筹款。

面对阻力，路德又一次拿起了笔。这一次他没有用难懂的拉丁神学语言写作，而是用受欢迎的形式：布道文。他反对赎罪券的布道文更直观、更直接地表达了他的想法；他写作是为了劝说读者，激发他们对普遍恶行的愤怒。因为记得自己的论纲之前所遭受的待遇，所以，这一次路德不仅进行了布道，还把它印刷出来——可能还是事后才想起的。布道文当然是用德语写的，所以不需要翻译。事实证明，路德这位对新奇的印刷世界并不关心、不谙世故的修道士，其实很擅长使用语言。

反对赎罪券的布道仅仅是个开始。路德慢慢地意识到，印刷对他这样没有机构权力但得民心的作者来说，是怎样一种武器。他发现了自己表达愤怒的天赋。有时，他提出一些仿佛很天真的问题，而另一些时候，他则猛烈地抨击教皇；而且他总是用平民百姓的语言，写下简洁又直接的字句。

对印刷来说，这是完美的风格。首版很快售罄，需要一次次加印，结果在不同城市印出了超过 20 个版次。* 印刷曾经推动赎罪

---

* Brecht, *Martin Luther*, 213.

券的广泛传播，而如今它又帮助批判抨击赎罪券。路德文本的印数超越了所有曾被印刷的文本，达到几十万册。* 路德在不经意间开启了大众论战的时代。在这个时代里，每位作者都可以用自己的名字出版，成功是可以用印数和再版次数来衡量的，在传统机构之外，作者和读者前所未有地高效联系着。印刷业正在创造一个全新的阅读社会，以及一种全新的、强大的文学形式：由印刷推动的论战写作（polemical writing）。当然，论战本身并不新鲜，一些伟大的老师对此都很擅长。我们不禁会想，如果过去耶稣的追随者可以用印刷的形式来表达批判，会发生什么呢？

路德也许很固执——正是这一点使得他在大主教不理会他的抱怨时选择深究下去——但他并非没有学习新鲜事物的能力。他正在做这件事：通过完善印刷论战的技艺，学习应对印刷的新世界。教会也许很固执、很传统，但也开始意识到印刷带来了一些新事物——印刷不仅是复制赎罪券和《圣经》的工具。教皇对路德的谴责，也就是教皇诏书（papal bulls），不再按惯例被贴在教堂的大门上，而是被送到了印刷厂。印刷机没有偏袒任何一方，并且很乐意为一场论战火上浇油，而这场论战正在逐渐被它们的印刷品定义。路德被公然抨击为异教徒，而他回击称教皇是敌基督者。很难说哪一种辱骂杀伤力更大，但很明确的是，教会不占上风。在印刷术打造的新世界里，你是不是世上最强大组织的领袖，你是否可以声称自己是上帝的代言人，这些都不重要。重要的是你写得好不好，只有写得好才有权威。路德只是一位指出恶行，并且学着如何对平民

---

* Rudolf Hirsch, *Printing, Selling and Reading, 1450–1550* (Wiesbaden: Harrassowitz, 1974), 67–78.

百姓发声和为平民百姓发声的贫穷修道士，却获得了比教皇更多的权威。因为他是一名写作者，而教皇只是教皇。在路德的有生之年，德国出版的作品中整整三分之一都是由马丁·路德所写的。他是新的印刷社会的第一个超级明星，是印刷论战这个新体裁的大师。

当教会发现无法在路德擅长的游戏里击败他时，他们回到老路。路德的论纲被印刷几年后，教会筹划了对路德作品的第一次公开焚烧。被自己的成功壮了胆的路德做了同样的事。在威滕伯格，在学生们的帮助下，他举着自己正在燃烧的书，将教会法投入火焰中，而教会正是基于教会法而威胁对路德处以绝罚的。然后，他走近火堆，充满仪式感地将教皇要求他公开放弃主张的诏书扔进火里。旁观者无意中听到，他说教皇的宝座也应该被焚烧。

焚书是很好的表演，但是并没有什么效果。焚书与印刷的洪流不可同日而语，而路德已经能很熟练地运用这个工具来反对教会。印刷厂能用比教会焚书更快的速度印刷路德的布道文，焚书只会带来新的版本和加印。在印刷的新世界里，纸比火更强大。仿佛为了证明这一点，路德立即写了一篇关于焚书的报告，发给了印刷厂。就像路德说的那样，印刷术是上帝最伟大的恩赐——而路德认为自己是印刷术最忠诚的代表。*

即使美因茨的大主教对印刷业失去了信心，他还是可以享受谷登堡在这个城市所完成的最辉煌的创造——拉丁语《圣经》。正

* Elizabeth L. Eisenstein, *The Printing Press as an Agent of Change: Communications and Cultural Transformations in Early Modern Europe*, volumes 1 and 2 (Cambridge, U.K.: Cambridge University Press, 1979), 304.

是因为谷登堡，更多的《圣经》副本被印刷出来，而且价格不断降低，尺寸也一直在缩小，直到每个神父和修道士都可以拥有自己的一本，通常是更小的八开本或十二开本的口袋书。* 与此同时，库萨的尼古拉梦想着武加大译本更规范、更标准化和集中控制，并清除错误和曲解，这个梦想也成真了。毫无疑问，《圣经》扩大了它的所及之处和影响力，随之扩张的还有教会的势力。

下了订单之后，路德也收到了供他个人学习个使用的拉丁语《圣经》，即武加大译本，而在路德手中，这个译本开始发挥它的作用。路德写给大主教的信件，以及他反对赎罪券和教皇权力的观点，都是基于他对这本《圣经》的细致研读。当他坚定地宣称经书比教皇更重要，教会这个机构和赎罪券甚至没有在《圣经》里被提及时，路德想的正是这个译本。触手可及的《圣经》印刷本一直是路德最重要的灵感来源，并且正在成为他的战斗口号。“唯独圣经”（*Sola scriptura*），他用拉丁语冷静地呼喊道。经文是他顺服的唯一权威。指给我看文本里的段落，我就烧毁我的布道文和论纲。起初由文士以斯拉建立的“神经经典”这个概念，在印刷的新世界里强有力地彰显着它自己。

鉴于路德对经文的坚持和在印刷上的成功，他将这两者结合起来只是时间问题。在他公开拒绝放弃自己的主张，然后被一位拥护者出于保护目的收留之后，这个机会出现了。在瓦尔特堡（Wartburg Castle）躲避教皇的党羽时，路德有充分的时间投入一个极其重要的计划：一部一般人可以阅读的《圣经》。他并不是第一

* Eisenstein, *Printing Press as an Agent*, 46.

个尝试这样做的人。在过去的几十年间，出现过十几种《圣经》的德语版本——其中许多是不完整的，它们寻找读者和市场，但是没有一个获得成功。路德必须做得更好，要将《圣经》从原文翻译成平民的语言。如果他可以把《圣经》翻译成有说服力、容易理解的德语，并且通过印刷来复制，让他的追随者们可以读到，路德就可以攻击教会的权力中心。

处于自我软禁中的路德没有别的事可做，他只花了11周就翻译完了《新约》。稍后他又翻译了《旧约》。译作被印刷出来后，销量远远超过了之前被印刷过的任何文本，达到了50万本。如果谷登堡还活着，他一定会感到很震惊。谷登堡的拉丁语《圣经》是通过印刷做书的第一个成就，但它还没有接近印刷真正的力量之源：大众读者。谷登堡只是力图用更低的成本满足现存的、有限的需求，换言之，就是为教会和修道院制作大开本《圣经》，他并不知道自己的发明会彻底地扩大并改变需求。在发明诞生的60年后，印刷业重塑着书本被阅读的方式，以及书本被谁阅读。

路德的《圣经》成了其他译本的样板。许多译本面临教会的审查，并最终导致了臭名昭著的禁书索引（index of forbidden works），教会正是通过这个工具设法控制印刷的。当然，这个索引也被印刷出来，并且几乎在同一时间，梵蒂冈的第一个印刷厂被建立起来。

但是与印刷对立的审查只能做到这么多。最好的证明是英格兰——唯一一个已经有法律针对未被授权的《圣经》译本，并在印刷出现之前就开始封堵的国家。然而，就算是这样的法律也没能阻止一本以路德的译本为模型的英语《圣经》被印刷出来。抓住这个机会的人是威廉·丁道尔（William Tyndale），他想将《圣经》翻译成英语，想为英语做一些事情，就像路德为德语所做的那样。

伦敦只有 7 家印刷厂，大部分都被王权严密地控制着，于是丁道尔离开伦敦前往德国，在路德的威滕伯格待了一段时间。* 在沃尔姆斯（Worms），丁道尔找到了一位愿意印刷他的英语《圣经》的印刷工，并将译本偷偷运回伦敦。

这位印刷工是彼得·舍费尔，是帮助谷登堡在美因茨印出第一本拉丁语《圣经》的学徒的儿子，他与其父亲同名。老舍费尔为谷登堡的拉丁语《圣经》铸造了美丽的活字，他的儿子则为英语《圣经》排出了版面，而这也成为弗兰克·博尔曼和阿波罗 8 号的机组成员在 1968 年阅读的《圣经》的基础。两位舍费尔在有生之年印制出来的书本数量，超过了他们之前人类历史上所有抄写员所生产的数量。

印刷上的争执变成了许多事情上的争执，最终导致了基督教世界的分裂。路德这位被授予了圣职的神父和修道士娶了一位修女，他创立了一种不同类型的弥撒，他给普通的罪人圣餐杯，他抵制教皇的权威。整个基督教组织都在改变。

研究快结束时，我又来到美因茨，凝视着大教堂、美因河和谷登堡博物馆，思考着它们之间的联系。河流使得从事远程贸易的商人出现，而这些商人为谷登堡从事的那项昂贵的事业筹集了资金；贸易让美因茨与遥远的地方以及印刷这样的创意建立起联系；大教堂代表着印刷最初的受益者，但很快他们也成了最初的受害者。

它们给我们上了关于发明的重要一课：发明通常是那些独立的

---

* Brian Moynahan, *God's Bestseller: William Tyndale, Thomas More, and the Writing of the English Bible—A Story of Martyrdom and Betrayal* (New York: St. Martin's Press, 2002), 55.

创新突然汇集到一起的结果，而那些我们称之为发明家的人就是最早看见这些汇集的人。谷登堡和路德的故事还展现了文本生产和传播方式的变化，以及阅读者和阅读目的的变化，而这些变化对建立在神圣经典基础上的社会有着极大的影响。这对生活在 21 世纪的我们是一堂很重要的课，因为我们正在经历另一场书写技术革命，它比印刷革命更根本。我们应该记得，当印刷使《圣经》变得普及，并将它从教会的控制中抢夺过来时，它同时也赋予基督教一种文本原教旨主义的特色，要求它的读者按照遥远过去的一部文本定下的规则生活。

我们自己的书写革命会进一步推动对神圣文本的原教旨主义式阅读吗？它会进一步削弱掌控这些文本的机构吗？

2016 年 10 月 31 日，为纪念路德的《九十五条论纲》诞生 499 周年，教皇方济各（Pope Francis）造访瑞典隆德（Lund），以此表示整个基督教世界的大和解。* 也许，这标志着由谷登堡和路德带来的分裂在网络时代正在逐渐弥合。

---

* Christina Anderson, "Pope Francis, in Sweden, Urges Catholic-Lutheran Reconciliation," *New York Times*, October 31, 2016, nytimes.com/2016/11/01/world/europe/pope-francis-in-sweden-urges-catholic-lutheran-reconciliation.html, accessed November 13, 2016.

第八章

《波波尔·乌》和玛雅文明

第二个独立的文学传统

这是第一个故事，第一次谈话。人类还不存在，
也不存在动物、鸟、鱼、蟹、树、石头、山洞、峡谷、
草地或森林。有的只是天国。

一个陷阱和一本书

1532 年，秘鲁

西班牙士兵们躺着等了一整天。* 在自巴拿马沿海岸而下的漫长航海和永无休止的登山之旅之后，恐惧又疲惫的他们没有供给，也没有希望。在旅途中，很多人已经放弃在这片陌生的土地上寻找立足之

* 下文的记叙基于多个资料来源，其中只有一个是由印加人蒂图·库西·尤潘基（Titu Cusi Yupanqui）口述给一位混血抄写员的。Titu Cusi Yupanqui, *History of How the Spaniards Arrived in Peru,* translated and with an introduction by Catherine Julien (Indianapolis: Hackett, 2006). 我还参考了 Edmundo Guillén et al., *Versión Inca de la Conquista* (Lima: Carlos Milla Batres, 1974)。其他论述包括：Francisco de Xeres, *Narrative of the Conquest of Peru,* translated and edited, with notes and an introduction, by Clements R. Markham (New York: Burt Franklin, 1872); Pedro Pizarro, *Relation of the Discovery and Conquest of the Kingdoms of Peru,* volume 1, translated into English and annotated by Philip Ainsworth Means (New York: Cortés Society, 1921); and Augustín de Zárate, *Histoire de la Découverte et de la Conquête du Pérou,* translated from the Spanish by S. de Broë(Paris: Compagnie des Libraires, 1714)。其他资源有：*Die Eroberung von Peru: Pizarro und andere Conquistadoren, 1526–1712,* edited by Robert and Evamaria Grün (Tübingen: Horst Erdmann Verlag, 1973); Felipe Guaman Poma de Ayala, *The First New Chronicle and Good Government: On the History of the World and the Incas up to 1615,* translated and edited by Roland Hamilton (Austin: University of Texas Press, 2009); and Pedro de Cieza de León, *The Discovery and Conquest of Peru: Chronicles of the New World Encounter,* edited and translated by Alexandra Parma Cook and Noble David Cook (Durham, N.C.: Duke University Press, 1998)。我还参考了 Francisco Cervantes de Salazar, *Crónica de la Nueva España,* Biblioteca de Autores Españoles (Madrid: Atlas, 1971)。

地，哪怕它有着维护良好的道路、惊人的建筑物，以及最重要的东西：金子。不过，正当他们的行动似乎毫无指望时，传来了一个消息：印加帝国的皇帝阿塔瓦尔帕（Atahualpa）就在附近。建立起联系之后，这些西班牙人被邀请在这个镇上过夜，第二天觐见皇帝陛下。

第二天早晨，他们的指挥官弗朗西斯科·皮萨罗（Francisco Pizarro）决定为这次机会赌上一切。他将106名步兵和62名骑兵分成三组，让他们隐藏在广场四周的建筑物里。印第安人害怕马，于是皮萨罗在马身上挂了铃铛来加强效果。他们的两尊大炮也各就其位。皮萨罗身边只有20名士兵跟随。一发出信号，所有士兵就会冲向阿塔瓦尔帕并擒获他。

在他们躺卧着等待时，一位信使来通知他们阿塔瓦尔帕今天根本就不会来。皮萨罗知道，疲惫不堪的士兵们再也无法承受更多压力。机不可失，时不再来。绝望中，他派了一名随从去国王那里，用最礼貌的方式邀请他今天来访。但什么都没发生。

突然，他们看到营地上有动静。开始是几个人，然后是几百个，最后是皇帝的几千名侍从蜂拥而来。他们看到了远处的一抬轿子，然后是一个长长的队伍，那阵势合乎一个大国统治者的华丽姿态，他们向西班牙士兵这边移动。没过多久，扈从们进入广场，阿塔瓦尔帕的轿夫们放下轿子。皮萨罗欣喜万分。他们将使用上乘的武器，用最好的托莱多（Toledo）钢铁制成的刀剑和射击精准有力的十字弓。他们的毛瑟枪和大炮虽然装卸困难，使用起来很笨重，但由于新奇而有震慑性。在南美，最有用的家畜是美洲驼，它和个头大的绵羊差不多大，但与载着西班牙骑兵的披着盔甲的战马相比，它们在战争中显得毫无用处。更为重要的武器是皮萨罗和他的士兵们无意中带来的——天花，印第安人对此毫无免疫力。在皮萨罗到来之前，这里发生过一场大规模的传染病，而传染病引发的一场血腥内战进一步削弱了这个帝国。皮萨罗他们的战斗对手是一个已经遭受重创的文明。

西班牙人还有另一件武器，也许因为它很小，还没有张开的双手大，所以没有引起很多人的注意。不过，还是有一些目击者注意到，它被放置在皮萨罗为阿塔瓦尔帕设下的陷阱的中心。皮萨罗没有亲自操作，而是派了一名专家，一位名叫瓦尔韦德（Valverde）的多明我会修士（Dominican friar），将它放在皇帝的正前方。

阿塔瓦尔帕看到修士在接近，他通过翻译了解到，这个卡斯提尔人（Castilian）是在请求他接受西班牙国王和基督教上帝的权威。卡斯提尔人说完之后，举起了一个正方形的物品——实际上是一本书——他声称这里面有他的神的声音。

一些旁观者后来回忆道，阿塔瓦尔帕接过书，但不知道该对它做些什么。当修士过来帮忙时，皇帝粗鲁地推开了他的手臂。在一阵笨拙的摸索之后，阿塔瓦尔帕总算打开了那本书，但他被它如此之多的页数惹怒，于是将书扔了出去。其他目击者记得，阿塔瓦尔帕曾将书靠近他的耳边，尝试去听西班牙的神的声音，但没有听到任何声响，于是将这奇怪的物件扔到地上。有一件事很清楚：阿塔瓦尔帕不知道书是什么。他从来没有见过纸，也不能理解一部神圣的文本。印加人虽然有惊人的道路和建筑，但对文字一无所知。

书本一落地，修士就向皮萨罗发出信号，表示可以开始进攻了。一些印加人将武器藏在衣服下面，但面对挂着铃铛的马匹、猛烈的炮火、杀向困在小广场的自己的锐利刀剑，在一片混乱中，印加人并没有进行太多抵抗。他们遭到了屠杀，而皇帝则被擒获。

瓦尔韦德在与阿塔瓦尔帕的相遇中取得了胜利。他带来的书就是《圣经》，或者更像是一本日课经——便于旅行时携带的单卷汇编本，由《诗篇》和《圣经》其他部分的节选组成，用来帮助神职人员按照基督教的日历布道。* 这本书，这个阿塔瓦尔帕无法理解的物件，是上千年来创新的累积，汇集了美索不达米亚的文字发明、希腊的字母发明、来自中国的纸和来自罗马的书本形式。在那之前不久，约翰内斯·谷登堡用活字重新发明了类似于中国技术的印刷术。印刷厂在欧洲各处涌现，印刷着《圣经》和日课经，小型的八开本越来越多，这正好赶上了对新大陆的征服。

关于这次值得纪念的相遇，留下了许多记录，因为几个参与其中的人后来记述了此事，其中包括皮萨罗的弟弟和堂弟，还有阿塔瓦尔帕的侄子——他将自己的记忆口述给一位混血的抄写员。值得注意的是，没有来自弗朗西斯科·皮萨罗的记录。他本人并没有留下关于这一天的任何记录。事实上，我们没有他写下的任何一段文字，甚至在他为装备船只而与投资者草拟的合约上也没有他的签名。皮萨罗不知道怎么写自己的名字。就像他的印加对手一样，他也不识字。†

---

* Xeres, *Narrative of the Conquest of Peru,* 称此书为“圣经”(95) 和“神圣的经书”。Pedro de Cieza de León, *Discovery and Conquest of Peru,* 称之为“日课经”。Zárate, *Histoire de la Découverte,* 提及一本“日课经”(volume 2, 173)，但是还有一本包含了“上帝话语”的“书”(177). Titu Cusi Yupanqui, *History of How the Spaniards,* 提及一本“书”。Pizarro, *Relation of the Discovery,* 提及一本“日课经”(182)。Guaman Poma de Ayala, *First New Chronicle,* 提及一本“日课经”(387)。

† 皮萨罗的同伴中，只有 51 位可以阅读和写字。Rafael Varón Gabai, *Francisco Pizarro and His Brothers: The Illusion of Power in Sixteenth-Century Peru,* translated by Javier Flores Espinoza (Norman: University of Oklahoma Press, 1997), 4. 我还参考了 Michael Wood, *Conquistadors* (Berkeley: University of California Press, 2000), and Stuart Stirling, *Pizarro: Conqueror of the Inca* (Phoenix Mill, Gloucestershire, U.K.: Sutton, 2005)。

书本之战

1519 年，尤卡坦半岛

对新大陆的征服由许多类似的场景构成：一小群武装到牙齿的欧洲人，在他们无意中散播的天花的助力之下，聪明地利用了当地人的内战和分裂，战胜了势不可当的当地人。如果你探究得足够仔细，就会发现这样的过程通常都与一本书有关。

上一段故事发生前 14 年，也就是 1519 年，皮萨罗的远房亲戚埃尔南·科尔特斯（Hernán Cortés）从古巴航行至一片大陆，他们当时自负地称其为尤卡坦半岛（Yucatán），他们认为那是它的当地名字。但不久之后，人们明白过来那个词其实是个误会，它的玛雅语含义是“他说话的方式很滑稽”，这是玛雅人在遇见西班牙人时对他们反复说的话。*

当地人还不停地说着听起来像是“卡斯提拉诺”（Castilano）的词。在几个来回后，科尔特斯明白了，这里有一个西班牙人，或许是船只失事的幸存者，在科尔特斯到来之前已被困在这里长达九年。他派了一名信使去找这个卡斯提尔人，但在还没听到回音时，就已经准备带船只驶离。在最后一刻，一艘当地人的木船来了，在众人的惊讶中，其中一个人用完美的卡斯提尔口音自称是赫罗尼莫·德·阿吉拉尔（Jerónimo de Aguilar）。更让人惊讶的是阿吉拉

* Dennis Tedlock, *2000 Years of Mayan Literature*, with new translations and interpretations by the author (Berkeley: University of California Press, 2010), 239.

尔接下来说的话："今天是星期三，对吗？" *

原来，阿吉拉尔是一位方济会（Franciscan）修士，并且在被玛雅人拘禁和奴役的九年间，设法保存了他的日课经——它和瓦尔韦德的那本差不多，他正是用这种方式来计算日子的。

阿吉拉尔并不是失事船只的唯一幸存者，还有一位名叫冈萨洛·格雷罗（Gonzalo Guerrero），他没有随木船前来欢迎新来的西班牙人。科尔特斯听说，格雷罗娶了一名当地的妻子，接受了当地的习俗，包括长发、文身和鼻子打洞。他不想加入西班牙人，余生都在组织对抗西班牙人对这片土地愈演愈烈的侵略性殖民。† 显然，格雷罗并没有留着一本日课经来计算日子。从这个故事可以得出一个宝贵教训，关于文字在人身处异域文化时的重要性：日课经阻止了阿吉拉尔被当地文化同化。遇到阿吉拉尔之后，科尔特斯立即请他做自己的翻译，在后来对墨西哥的征服中，阿拉吉尔也一直与他并肩作战。

科尔特斯在他初次踏上尤卡坦半岛时还获得了其他东西——两本玛雅语的书。他将这两本书放进送给西班牙国王的第一批货物中，这批货物是笔非常重要的贿赂，可以帮他应对自己在家乡的对手和上司，因为他忽略了上司们的命令，鲁莽冲向新大陆。但这两

---

* Friar Diego de Landa, *Yucatan Before and After the Conquest,* translated with notes by William Gates (New York: Dover Publications, 1978), 7. 我还参考了 Bernal Díaz del Castillo, *Historia verdadera de la conquista de la Nueva España,* with introduction and notes by Joaquín Ramírez Cabañas, 2 volumes (Mexico: Editorial Porrúa, 1966), 26, 29, and Francisco Cervantes de Salazar, *Crónica de la Nueva España II* (Madrid: Atlas Ediciones, 1971), 186。另请参阅：Inga Clendinnen, *Ambivalent Conquests: Maya and Spaniard in Yucatan, 1517–1570,* second edition (Cambridge, U.K.: Cambridge University Press, 2003), 17。

† Bernal Díaz del Castillo, *The History of the Conquest of New Spain,* edited and with an introduction by Davíd Carrasco (Albuquerque: University of New Mexico Press, 2008), 31, 36.

本书还不是最重要的物件，真正重要的是金子，是在熔化后可以用来充实国库的金子，以及可以被骄傲展示的稀奇的金制手工艺品。* 但书本是一个证据，证明西班牙人遇到的玛雅人是一个会书写的民族。

与皮萨罗不同，科尔特斯会写字，而且写得相当好。在写给西班牙宫廷的为自己的远征辩护的信中，他用雄辩的语言成功地说服国王支持自己。尽管如此，玛雅文字并没有给科尔特斯留下很深的印象，也许是因为他会将看到的一切跟欧洲和亚洲进行比较。在欧亚大陆，从中国到近东的所有早期文明之间偶尔会有联系。从东到西，那片大陆基本处于同一条气候带，这使得精心栽培的农作物和驯养的家畜，可以通过一个横跨大陆的交易网络，从一种文化传播到另一种文化。† 这种交流也包括文字。有可能，甚至很有可能，文字或文字的概念只在美索不达米亚被发明过一次，然后就被传播到埃及，甚至可能远至中国等其他早期的文字文化。文字和随之而来的文学，有可能是一次好运的产物。

但不同于科尔特斯，我们知道，在文字发明之前，美洲与欧亚大陆一直没有联系。在所有关于文学故事的模式中，我发现这一点是最迷人的：文字——可能是所有发明中最基础的——被人类发明了两次。

到目前为止，我一直在追踪美索不达米亚的一次文字发明所带

* Hernán Cortés, *Letters from Mexico,* translated, edited, and with a new introduction by Anthony R. Pagden (New Haven: Yale University Press, 2001), 45.

† J. R. McNeill and William H. McNeill, *The Human Web: A Bird's-Eye View of World History* (New York: Norton, 2003), 41ff.

来的结果：它导致了抄写员阶层的出现，他们中的一员决定用文字写下故事，然后在纸、书本和印刷等日益改进的技术的帮助下，形成将故事编集成更大文本的习惯，其中一些获得了神圣文本的地位。因为玛雅人（以及在美洲大陆发明了更鲜为人知的文字系统的其他人），我们可以将前面所讲述的文学故事，跟第二种完全独立的传统做比较。*

人们对于玛雅人两千年的文学和文字文明的关注少得惊人，也许是因为玛雅文字只是在最近半个世纪，才通过苏联 / 俄罗斯和美国语言学家的共同努力被解读出来。† 他们一步步发现，这个错综复杂的系统包含着将近六百个字符，其中一些表达概念，另一些则是语音的组合。尽管并不是每个字符都解读出来了，但我们现在已经有办法探寻美洲文学史的发展路径与欧洲和亚洲的路径是否相似。‡

玛雅文字研究的先驱是迭戈·德·兰达（Diego de Landa）。1524 年，兰达出生于西班牙中部的西富恩特斯（Cifuentes），一个还保留着改宗穆斯林社群的城镇（在穆斯林在西班牙的统治失败之后）。§16 岁时，兰达加入了方济会兄弟会，24 岁时，他突然决定投入未知的冒险事业，并加入了探索美洲大陆的团队，追随他的方

---

* 可能存在过多达 15 种不同的文字系统。Martha J. Macri, "Maya and Other Mesoamerican Scripts," in Daniels and Bright, *World's Writing Systems*, 172.

† 当然，伟大的例外是 Dennis Tedlock 和他的佳作 *2000 Years of Mayan Literature*。

‡ Macri, "Maya and Other Mesoamerican Scripts," 175.

§ Clendinnen, *Ambivalent Conquests*, 66ff. 迭戈·德·兰达最早的传记作者是 Diego López de Cogolludo，他是在一个世纪后写作的。Diego López de Cogolludo, *Los tres siglos de la dominación española en Yucatán, o sea Historia de esta provincia, desde la Conquista hasta la Independencia* (1654), 2 volumes (Mérida: Manuel Aldana Rivas, 1867–68).

济会兄弟阿吉拉尔的脚步。他的目标是拯救玛雅人的灵魂，而他的主要工具是一本（印制的）日课经。

到达尤卡坦半岛时，兰达很快意识到他遇见的是一个复杂的文明。深深着迷的兰达开始记笔记，并且最终完成了关于这个地区在西班牙征服前后状况的记录，而他的记录至今仍是关于玛雅文化的主要信息来源。作为自豪的新主人，他怀着极大的兴趣描绘了玛雅的文化成就，包括他们惊人的金字塔和城市，其中有许多由于未知的环境或文化力量，在西班牙人到达时就已经废弃。对我而言，兰达是一名重要的向导，就像莱亚德和其他遥远文明的发掘者与发现者一样。跟所有踏入新大陆的人一样，他作为占领者的一员来到这里，因此也是一名破坏者。他对于玛雅人的观察是我们信息的主要来源，但这些信息代价高昂。

为了了解这个文化和它神秘的历史，兰达需要与玛雅人交朋友。他很幸运，认识了纳池·可可姆（Nachi Cocom），后者来自一个古老的家族，是尤坦卡半岛中部一个重要的玛雅酋邦索图塔（Sotuta）的首领。可可姆接触过文化和社会的方方面面，包括文字，并向兰达提供了丰富的信息。兰达发现，玛雅人不仅发明了一个文字系统，还有许多其他书写技术，那些当皮萨罗将它们呈现在印加皇帝面前，让后者感到困惑的技术。最重要的是，可可姆向他展示了玛雅的书本，兰达仔细研究了它们。* 它们与罗马人的发明类似，只有一处不同：页面两边都被连接起来，像手风琴一样折叠起来，而不是一边绑定，另一边可以翻开。玛雅书本是受尊敬的物

* De Landa, *Yucatan Before and After the Conquest,* 12ff.

品，只能被可可姆这样最强大的家族持有。*

为了制作书本，玛雅人发明了一种适合书写的平面。在欧亚大陆，中国的纸花了一千年才到达近东，然后又花了几百年才到达西班牙，正好赶上西班牙人将纸质书带到新大陆。玛雅人制作书写平面的材料是浸泡在石灰溶液里的树皮，他们将树皮敲打成薄片，再将几片这样的薄片粘在一起。白色的光泽是通过给薄片涂上碳酸钙，然后用鹅卵石将它们磨得平滑而制成的。文字是用不同颜色写下的，颜料被保存在海螺壳里，而书本的外部有时会用有饰品装饰的木头或豹皮来加固。†玛雅的文字、纸和书本没有传播到南美或北美，是因为南北向移动需要跨越几个不同的气候带和艰难的地势，比在欧亚大陆上东西向移动要艰难得多。

因为玛雅文字系统难于掌握，一群抄写员身兼神职，努力保护着他们的技术，他们作为一个新的阶层出现了，不过一些女人和外来者也知道怎么书写。‡一个文字系统创造出了一个有权势的书吏阶层，他们的活动依赖于纸和折叠型手抄本。到此为止，历史自身似乎在重演。但是，这些书本用来做什么呢？某些抄写员是否记录下故事，并将它们编撰成更大型的、与西班牙人正带往新大陆的那些类似的经典文本呢？

兰达意识到，玛雅书本与“计算年月日”的玛雅科学息息相关，而这也是现在每个人都能联想到的与玛雅人有关的一件事：

* De Landa, *Yucatan Before and After the Conquest*, 12, 19.

† Tedlock, *2000 Years of Mayan Literature*, 146ff.

‡ Tedlock, *2000 Years of Mayan Literature*, 154.

玛雅历。[*]这是一个复杂详尽的系统，或者说是几个连锁系统，从公元前3114年8月11日开始，到2012年12月21日为止。之后，我们就开始生活在玛雅历的第二个5126年的周期。[†]（2012年，一些人相信周期的结束意味着世界末日的来临，但那被证实是对玛雅历的误读。）

玛雅历是一个独特的文化成就，与宗教密不可分，兰达发现，他们"用其规定节庆、商业计算与契约，就像我们做的一样"。[‡]他说"就像我们做的一样"——这些历法有其奇特之处，但兰达还是能明白它们的用法。当兰达亲眼看到最高祭司是如何"打开一本书，然后……向他们布道"时，他对于这些历法宗教意义的观察得到了确认。[§]以斯拉的发明——将经书作为圣物高举，似乎也在这里发生了。到此为止，玛雅的文学史经历了相似的发展阶段，其中有一个把持着神圣书本的小型书吏阶层。

1562年的大型宗教审判

还有一个问题，也是最重要的问题：这些基于神圣故事的玛雅历是经典文本吗？在这里我不能再继续依赖兰达的观察，因为他的研究被一场导致他成为破坏者的危机打断了。1562年的春天，一

* De Landa, *Yucatan Before and After the Conquest*, 13.
† Tedlock, *2000 Years of Mayan Literature*, 130–36.
‡ De Landa, *Yucatan Before and After the Conquest*, 68.
§ De Landa, *Yucatan Before and After the Conquest*, 71.

个年轻的玛雅男孩在马尼（Mani）村庄附近发现了一个山洞，里面有许多神像和人类头骨，这是献人祭的证据。兰达感到极度震惊。他心中的伟大文明，终究还是野蛮的。

他愤怒地起来镇压这些秘密行动，发起了一次长达三个月的大规模逮捕和拷问行动。他最喜欢的方式是将人双手绑住吊起来，通过拷打来让他们招供，然后根据供词施以严厉的惩罚。一个反复出现的问题是，在拷问之后，他们通常都已经体无完肤。受兰达折磨的 4 500 名受害者中，158 名死亡，其中至少 13 名死于自杀。* 对杀死敌人并不手软的玛雅人被震惊了。他们挖心杀人要快得多，因此也没这么残忍。

兰达也很震惊，震惊于他从受害者们被折磨的喊叫中听到的东西——他们对古老的神的秘密崇拜。甚至他的老朋友和消息提供者纳池 · 可可姆，在受洗并接受了唐璜 · 可可姆（Don Juan Cocom）这个名字之后，也支持这些习俗。† 在浅层的基督信仰的掩盖下，对古老的神的崇拜秘密地进行着。兰达试图改变他们信仰的所有努力都是徒劳的。

兰达只能得出唯一的结论：玛雅文明必须连根拔起。基于叛徒可可姆告诉他的一切，兰达意识到，玛雅习俗的根基是他们的神圣文本。这就是为什么兰达这个比所有西班牙人都更用心地学习了玛雅书本的人，决定烧毁他所能找到的每一本玛雅书。他到处搜寻它们——在他曾经的朋友可可姆等望族中传承的书本，被奉为神圣经

---

* Clendinnen, *Ambivalent Conquests*, 76.

† Inga Clendinnen, "Reading the Inquisitorial Record in Yucatán: Fact or Fantasy?" *The Americas*, volume 38, number 3 (January 1982): 327–45.

典的书本，记录着星象和日历的书本。兰达将这些他曾经无比欣赏的手工制作的珍贵物件聚集成堆，连这些文本规定崇拜的所有神像放在一起。然后，在焚烧玛雅书本的火焰照亮下，他举行了 1562 年的宗教审判（auto-da-fé，“act of faith”），公开宣告罪行并执行审判。这是兰达在故土西班牙曾经目睹的手段，在那里，教会正在与路德进行一场将会失败的战斗（兰达如果知道中国的焚书坑儒，或许也会从中获得灵感）。文学的历史是焚书的历史——这是文字的力量的遗响。

这个火的节日是如此暴力，以至于兰达被召回西班牙接受调查。连西班牙王室也觉得他的行为太过分了。王室支持酷刑，但建立了一个有着大量规则与程序且被严格控制的体系——宗教法庭（Inquisition），而兰达和他疯狂的部下们违反了它的规则。针对他的法律程序持续了几年，而兰达多少能全身而退，主要是因为他的外交手段。最终，他设法以尤坦卡岛主教的身份回到了新大陆。

正是在回到西班牙的那艰难的几年，面对不确定的未来，兰达将他学习到的一切记录下来，创作出了关于玛雅文化的伟大作品。当他描写那些美丽的书本和历法成就时，他在想些什么呢？他透过记忆看到这一切都随火焰毁于一旦了吗？他的记录没有流露任何情感：“我们找到了大量的书……由于它们包含的只是迷信和魔鬼的谎言，我们将其全部焚烧，而这使得他们极其悲伤，让他们极度痛苦。”* 兰达听起来并不后悔——毕竟，他在努力向宫廷为自己的行动辩护——他甚至假装惊讶，玛雅人竟然不希望他们的书本被烧毁。但他一定隐

---

* De Landa, *Yucatan Before and After the Conquest*, 82.

玛雅象形文字，在中美洲发明的几种文字系统之一，是欧亚大陆之外唯一被确认的文字发明

约知道自己立场的奇怪之处。是他通过文字保存下了我们所知道的关于玛雅文化的大部分信息。多亏他，语言学家才能在几百年后解读玛雅文字。与此同时，他也是做了最多毁灭这个文明之事的人。

1562 年的大火并不是这场书本之战的结束。更多的书被带到尤卡坦半岛，西班牙人也不再只依赖进口。早在 1539 年，印刷机这个最新的技术就被带到了新大陆。起初，生产是缓慢的，在接下来几十年里，只印刷了 35 本书。* 但是从长远来看，这项新技术将是不可战胜的。

《波波尔·乌》：议会之书

玛雅抄写员需要从西班牙人的袭击中拯救他们自己的文化，但是要怎么做呢？幸运的是，一些文本早在兰达开始行动之前就被完好地转入地下了。但仅仅转入地下是不够的。他们知道，他们无法一直抵挡这场文学的洪水。一旦秘密传播的线路中断，关于玛雅文字的知识就将不复存在，而被提炼并保存在仅存的极少数书本中的文化也会消失。

* 第一位印刷商是胡安·巴勃罗斯（Juan Pablos），部分得以幸存的第一本书是 1540 年由巴勃罗斯印刷的。Agustín Millares Carlo and Julián Calvo, *Juan Pablos: Primer impresor que a esta tierra vino* (Mexico: Librería de M. Porrúa, 1953); Antonio Rodríguez-Buckingham, "Monastic Libraries and Early Printing in Sixteenth-Century Spanish America," in *Libraries and Culture*, volume 24, number 1, Libraries at Times of Cultural Change (Winter 1998): 33–56, 34; and José Ignacio Conde and Díaz Rubín, *Artes de México*, number 131, Libros Mexicanos (1970): 7–18, 7. 另请参阅：*Colonial Printing in Mexico: Catalog of an Exhibition Held at the Library of Congress in 1939 Commemorating the Four Hundredth Anniversary of Printing in the New World* (Washington, D.C.: U.S. Government Printing Office, 1993), 3ff。

在这个危急时刻，玛雅抄写员们意识到一个痛苦的事实：未来将由胜利者所使用的方式主导。为了保存自己的文学，他们必须放弃自己珍贵的文字系统，使用敌人的武器：西班牙的纸、书和拉丁字母。* 他们以《波波尔·乌》为一部伟大的作品命名，意思是“议会之书”（Council Book）。他们用拉丁字母书写，但写下的是他们的母语。这本书保存了他们文化中最珍贵的部分。它还回答了最后一个问题——那些记录了他们对星象详尽观察的历法，是否像其他的经典文本一样在讲述故事？事实证明正是如此，它们讲述的是以玛雅的天空为背景的故事。

关于《波波尔·乌》，我最喜欢的是它的创世神话，被称为宇宙的天地是从未成形的物质中被创造出来的。主要的造物主是有羽毛的灵蛇，他是“造物主”“创造者”，但他并不孤单。† 紧接着，我们认识了一群有神性的生物，他们很快着手创造人类这项艰巨的任务。他们几次尝试用泥土和雕刻的木头来创造人，但都失败了。被造物要么破碎，要么无法说话，变成了动物。在这里，创造被描述成一个困难的、可能会出错的实验，为这个令人敬畏的事件带来了幽默的基调。

通常，创世神话吸引我的是它们展示了文学的创世能力。这些神话一般会赞美某位力量强大的创造神，但在对创世过程的想象

---

* Tedlock, *2000 Years of Mayan Literature,* 299.

† 我参考了 *Popol Vuh: The Definitive Edition of the Mayan Book of the Dawn of Life and the Glories of Gods and Kings,* revised and expanded editing, translated by Dennis Tedlock (New York: Simon and Schuster, 1969), 63 (translation is slightly modified by me)。我也参考了 *Popol Vuh: The Sacred Book of the Ancient Quiché Maya,* translated into English by Delia Goetz and Sylvanus Griswold Morley, from the translation by Adrián Recinos (Los Angeles: Plantin Press, 1954)。

上，神话本身也会与神灵们竞争。阿波罗 8 号上的宇航员可能也感受到了这一点。可以确定的是，他们在太空浩瀚的虚无里感到自己的渺小，但也满怀对科技的自信，并在那一刻诵读了一篇创世神话。

在《波波尔・乌》中，创世之后，神灵们开始了他们各自的探险，其中最重要的是玛雅的球类比赛。对我而言，玛雅的球类运动是《波波尔・乌》中让我感受最复杂的故事情节，因为我父母曾经禁止我加入足球俱乐部，他们的理由是，用脚踢球来自玛雅人用他们敌人的头颅玩耍的习俗。这在我听来一直是个疯狂的故事，但人在小时候总会听到很多疯狂的故事，所以多听一个也并不稀奇。不管怎样，当我终于读到《波波尔・乌》时，我尤其关注里面的球类比赛。

实际上，这个比赛首先是在两个半神英雄胡恩（Hun）和维科布・乌纳普（Vucub Hunahpu）兄弟之间进行的。他们玩得很起劲，惊动了地府的众神。恼火的众神召集两兄弟，激他们再比一场。两兄弟应召而来，但在比赛之前，他们被暗算并杀害，其中，胡恩被斩首，他的头颅被放在了一棵树上。割下的头颅被展示之处有一个不吉利的名字：球赛祭祀所（Place of Ball Game Sacrifice）。我必须承认这听起来不太好。或许，我父母是有点道理的。

树上的头颅还扮演着一个角色：对地府一位年轻女神的膝部吐口水，使她受孕。女神的父亲很不高兴，于是她不得不逃离，搬去与她的公婆，即胡恩的父母一起生活，在那里她生下了另一对英雄兄弟，即乌纳普（Hunahpu）和斯巴兰克（Xbalanque）。这两兄弟是整部作品中最具娱乐性的角色，总是吵吵闹闹，恶作剧，找乐子。一切都很顺利，直到他们无意中发现他们父亲遗弃的比赛器具。没有什么能阻止他们尝试进行这个比赛，然后历史马上重演：地府的众神又一次被打扰，然后召唤他们下去进行比赛。

善于使诈的双胞胎兄弟有备而来，设法逃脱了众神为他们设下的所有陷阱。尽管如此，在比赛开始前，他们中的一人还是被斩首了，他的头被一只杀人蝙蝠突然咬断。他的头颅会像父亲的那样被展示在球赛祭祀所吗？并没有，头颅滚到了球场。这启发地府的众神用头颅进行比赛。那颗头颅镇定自若地鼓励参赛者继续玩耍："把头颅当球一样踢吧。"* 双胞胎中的另一个立刻踢中头颅，并将它踢到了球场外面，在那里有一只支持两兄弟的兔子，它拾起头颅就跑，而地府的众神则紧追其后。双胞胎兄弟中毫发无伤的那位趁机使诈。他抓住一个做得像头颅一样的南瓜，用它继续比赛，众神被欺骗了。

在尝试理解这个复杂的故事时，我一直好奇这部文本有没有倡导用头颅玩耍。的确，两次有人因为比赛的缘故被斩首，并且在某个时间点，比赛实际是用头颅进行的。同时，一旦头颅被南瓜替代，地府也就被战胜了。《波波尔·乌》似乎在说，我们不要再用头颅比赛了，我们用南瓜替代吧。我感觉自己是无辜的：我本应该被允许踢足球。（后来，我读到足球源于英国人踢着丹麦人的头骨玩耍——另一个未经确认的故事。†）战胜地府之后，双胞胎兄弟最终还是被杀害了，但并非一起消失，而是升至天空，作为星座一直存在着，直到今天。

---

* Tedlock, *Popol Vuh,* 128.

† Frank G. Menke, *The Encyclopedia of Sports* (New York: A. S. Barnes, 1939), 147.

两代球赛的故事解释了那些运行轨迹被玛雅历法精确记录的星星，最初是如何成为星星的。[*]我有时会想，如果第一批登上月球的是玛雅人，他们会做些什么。他们也许会回看地球，然后像那几个基督徒宇航员一样，想象它被创造的瞬间。但我更倾向于他们会看着星星，从中读出他们的经典文本所讲述的天空的故事。

《波波尔·乌》写道，最终，在失败了三次之后，神灵们尝试最后一次造人。这一次他们用了玉米，而这个实验成功了。从这里开始，《波波尔·乌》讲述的是人类世界的故事。有一些情节听起来不可思议地熟悉，包括大洪水的故事。大洪水在西班牙人到达前就已经成为玛雅文明的一部分了吗？它是对最近一次冰期结束时世界性的海平面上升的残留记忆吗？又或者，它是这些无名的抄写员们从《圣经》中抄来的，正如《圣经》的抄写员们从《吉尔伽美什史诗》或者另一部更古老的文本中抄了这段一样？

在抄写员们写下《波波尔·乌》讲述的玛雅领土命运的结尾时，西班牙人的袭击肯定萦绕在他们心上。在书写时，这片领土已经被外来者蹂躏，这本书以一种惆怅的口吻结束："考虑到再也没有地方可以看见它，关于基切（Quiché）存在的记录已足够多。君主们曾拥有一本起源之书和古老的文字，如今消失了，但就算如此，所有关于基切的事在此都已被书写完成，而基切现在的名字是圣克鲁兹（Santa Cruz）。"[†]

失落感无处不在。那部三位抄写员用拉丁字母记录并保存的起源之书，连同可能是他们最高文明成就的玛雅文字一起消失了。然

---

* Tedlock, *Popol Vuh,* 142.

† Tedlock, *Popol Vuh,* 198.

而，最重要的丧失还是那一片土地。玛雅人的土地被重新命名为圣克鲁兹："再也没有地方可以看见它。"

当《波波尔・乌》被写就时，它保存了一个已经消失的玛雅文明。1701 年，一位多明我会修士发现了这部手稿，把它抄写下来，并加了西班牙语翻译。150多年后，一位法国牧师将其出版，使《波波尔・乌》得以进入谷登堡的世界。*

副司令马科斯

2004 年，恰帕斯

第一次阅读《波波尔・乌》后，这部文本的地域意识让我深深着迷，所以我决定去墨西哥东南部的山脉旅行。我的旅行从拉坎敦（Lacando）丛林开始。公共汽车把我带到玛雅地区的边境，然后一辆破旧的卡车在路边接上了我。由许多小屋组成的村庄位于丛林中的一片空地上。除了我之外，所有人都穿着像是长长的白色睡袍的服装。男人和女人都是黑头发，长发及肩（我想到了那个船只失事的海员，他后来变得像当地人一样），大部分人光着脚走路，有时会穿橡胶靴子。在空旷的夜空中，展现出一片惊人的天空，《波波尔・乌》里所讲述的故事就书写在头顶的天空中。

第二天，我参加了丛林一日游，据说那里有美洲豹，《波波尔・乌》中的先祖就是以这种动物的名字命名的。我们很快发现

---

* Tedlock, *2000 Years of Mayan Literature*, 300.

了第一个石头堆，那是玛雅遗迹的废墟。丛林里到处都是这样的石堆，许多还未被探索。我参观过像帕伦克（Palenque）和亚席兰（Yaxchilan）这样壮观的遗址，因为看到它们保存完好的球场而感到兴奋，但在拉坎敦丛林的许多未知和无名的废墟中，我感受最深的是《波波尔·乌》中无处不在的失落感。

离开低洼的丛林后，我驱车进入山区。不久后，我路过一个手写的标语，告知我正在进入“萨帕塔自治区”（autonomous Zapatista zone）。一些人带着老旧的步枪在标语旁边闲逛，但其他一切看起来都很和平。21 世纪初，这些自治区还是可以被容忍的，虽然墨西哥军队一直在它们的边界严密巡查。

军事集结和自治区是一场持续十年的叛乱的附带结果。1994 年 1 月 1 日，自称萨帕塔民族解放军（Zapatista Army of National Liberation，简称 EZLN）的士兵们占领了圣克里斯托瓦尔－德拉斯卡萨斯（San Cristóbal de las Casas）和恰帕斯州的其他几个城镇。EZLN 的战士们很快退回他们的村庄，但是墨西哥军队是无情的。他们在当地建立了新的军营，搭建了路障，并最终派遣超过七万士兵的武装准军事部队平定了那个地区。1997 年 12 月 22 日，被视为效忠 EZLN 的 45 个人，包括 21 个女人和 15 个小孩，在一个祷告会上被当地警察和政府所支持的一个右翼准军事部队屠杀。*

尽管火力是压倒性的，政府还是被来自拉坎敦丛林的一位匿

---

* Nick Henck, *Subcommander Marcos: The Man and the Mask* (Durham, N.C.: Duke University Press, 2007), 319. 我也参考了 Marc Lacey, “10 Years Later, Chiapas Massacre Still Haunts Mexico,” *New York Times,* December 23, 2007, nytimes .com/2007/12/23/world/americas/23acteal.html, accessed November 12, 2016。另请参阅：*Subcomandante Marcos: Ein Maskierter Mythos,* edited by Anne Huffschmid (Berlin: Elefanten Press, 1995)。

墨西哥南部的萨帕塔起义后被创作出的一幅壁画，倡导对穷人进行识字教育

名作家逼到了谈判桌上。[*] 当大部分玛雅人早就被逼到西班牙语文明的边缘，生活方式在各处都受到威胁时，这个丛林里有一小群玛雅人保持着前人生活习俗的痕迹。将自己的脸藏在滑雪面罩后面的作家，后来以“副司令马科斯”（Subcomandante Marcos）而为人所知。墨西哥军队四处搜捕，但从来没有抓住过他。他速度太快，行动太灵活，并且可以依赖玛雅村民们的支援。通过巧妙地使用媒体和新兴的网络，副司令将这场暴动和墨西哥军队的严厉回应变成了国际事件。[†]

当驱车在山里行驶并思考着难以捉摸的马科斯时，我意识到他从文学中获得了不可思议的力量。20 世纪 80 年代初他第一次进

* Nicholas P. Higgins, *Understanding the Chiapas Rebellion: Modernist Visions and the Invisible Indian* (Austin: University of Texas Press, 2004), 84ff.

† 萨帕塔起义是 20 世纪 90 年代造成巨大国际冲击的事件。它含有左翼民族主义运动的色彩，但同时代表原住民反对资本主义工业化主导的全球化。有人称萨帕塔起义为“人类历史上第一场后现代起义”。——译者注

入丛林时，拥有的主要武器是满满一背包书。[*] 十年后，当暴乱开始时，他很好地利用了这些书，他发表了公报和开战宣言，以及谴责从中央政府到导致咖啡价格下跌的北美自由贸易协定（North American Free Trade Agreement，简称 NAFTA）等的公开信。他可以支配的书写技术是一台陈旧的好利获得（Olivetti）便携打字机。[†] 地下通讯员将打好的文本送到在群山之间的圣克里斯托瓦尔，在那里，它们首先被透露给一家当地的报纸，继而传递给国际媒体。[‡] 寄件人地址是不变的“来自墨西哥东南的山区”。

全世界对于这些信函的回应超出所有人的预期，副司令领会到这一点并进一步增加了文字输出。在呼吁革命的宣言之外，他在回应墨西哥政府的声明时展现了怪异的一面，他从民间故事里借用的寓言让政治观察家们感到惊讶。他还创造了一个人物角色唐杜里托（Don Durito）——被称为“拉坎敦丛林的堂吉诃德”。[§] 全世界被这个无礼却动人的声音迷住了。

认识到文学成了他最重要的工具，马科斯决定使他的武器现代化，他获得了一台二手笔记本电脑和一台点阵打印机。[¶] 事实证明，它们是支撑反叛的决定性工具。1999 年 8 月 13 日，马科斯在他的笔记本电脑上写下了下面的文字，并将它们发给了全世界：

---

* Henck, *Subcommander Marcos*, 71.

† *Shadows of Tender Fury: The Letters and Communiqués of Subcomandante Marcos and the Zapatista Army of National Liberation*, translated by Frank Bardacke, Leslie López, and the Watsonville, California, Human Rights Committee (New York: Monthly Review, 1995), 13.

‡ *Shadows of Tender Fury*, 13.

§ Subcomandante Marcos, *Zapatista Stories* (London: Katabasis, 2001), 23.

¶ Deborah Esch, “Of Typewriters and Masking Tape: A Media History of the Zapatistas,” *Al Jazeera* (April 19, 2013), aljazeera.com/indepth/opinion/2013/04 /201341511215299153O.html, accessed June 16, 2015.

这是一个关于一切是如何悬而未决、镇静和沉默的，一切是如何静止和一动不动的，以及广阔的天国是如何空空荡荡的故事。

这是第一个故事，第一次谈话。人类还不存在，也不存在动物、鸟、鱼、蟹、树、石头、山洞、峡谷、草地或森林。有的只是天国。大地的表面还没有出现，有的只是平静的大海和广阔的天空。没有东西集合在一起，也没有东西可以移动，或加速，或在天空发出声响。

不存在站立着的东西，只有平静的水和平静的大海，孤独，宁静。什么都不存在。

黑暗的夜里只有寂静和沉默。只有造物主、创造者——特佩乌（Tepeu）和古库玛兹（Gucumatz），这两位祖先在水里被光环绕着。他们躲在绿色和蓝色的羽毛下面，所以被称作“古库玛兹”。他们天生是伟大的圣人和思想家。天空和天空之神就是这样的。他们就是这样说的。

然后，话语出现了。特佩乌和古库玛兹在黑夜聚集，一起谈话。他们谈话和思考。他们约定，将他们的语言和思想结合在一起。

然后如他们所想，逐渐变得清晰的是，黎明时人类必要出现。接着，他们计划了树林和丛林的创造与生长，还有生命的诞生和人类的创造。世界就是这样由被称为“胡拉坎”（Hurakán）的天空之神在夜晚的黑暗之中安排的。*

* Subcomandante Insurgente Marcos, *Our Word Is Our Weapon: Selected Writings,* edited by Juana Ponce de León, foreword by José Saramago (New York: Seven Stories, 2002), 407.

在墨西哥东南部的山区里写作的副司令，发出的是《波波尔·乌》的开篇文字。

再一次，一个被书写下来的故事被证明是一种可以被隐藏几个世纪、只在遥远未来重现的武器。当他试图宣称对玛雅人土地的所有权时，马科斯是否将这部古老的文本视作他的盟友？藏在滑雪面罩后的他，是否感受到了与力图保护濒临灭绝的文化的不知名玛雅抄写员们的亲密关系？副司令选择的那部分《波波尔·乌》展示了一种特别的吸引力：用文字创造世界。这是文学的终极力量，这种力量也将阿波罗 8 号的宇航员吸引到《创世记》的开篇。

想着《波波尔·乌》这最近的一次被使用，我驱车进入圣克里斯托瓦尔，这个群山间高高耸立的美丽的巴洛克城市，也是萨帕塔起义的中心。马科斯还藏匿着，但是他的照片随处可见。手工制造的马科斯小雕像在市场上售卖，还有印着他宣言中的口号的衬衫。第二天是复活节，一群人聚集在象征着墨西哥总统比森特·福克斯（Vincente Fox）和 NAFTA 的大型纸质人偶周围。突然，人偶同时爆炸了。我躲闪了一下，但接着意识到它们只是装了会四散炸裂的爆竹——并不完全安全，但不需要太担心。

说来遗憾，我永远不可能找到马科斯，他不在丛林里，不在圣克里斯托瓦尔，也不在山区的村庄里。村庄里的教会和融合的宗教仪式也许会激怒兰达，他的使新大陆基督教化的计划在 400 年后还是没有完成。1994 年的萨帕塔起义并没有让玛雅从墨西哥独立出来，但它提醒世界，玛雅人还存在，他们仍然拒绝别人强加的规则，而

《波波尔·乌》在捍卫他们土地的战斗中还可以作为武器使用。*

1995 年，墨西哥政府宣布他们证实了副司令这个藏在面罩背后的人的身份。他根本不是玛雅人，他是拉法埃尔·塞巴斯蒂安·纪廉·文森特（Rafael Sebastián Guillén Vicente），出生于恰帕斯州以北几百千米处的坦皮科（Tampico）。文森特接受的是耶稣会（Jesuits）教育，而耶稣会是接替方济会使新大陆基督教化的主导力量。在 20 世纪 80 年代初去往恰帕斯之前，文森特曾经是墨西哥城的一名哲学讲师。

一个墨西哥人如何为玛雅人发声？答案是——通过文学。文森特花了十年的时间在拉坎敦丛林里组织起义。他的工作包括向村民教授拉丁字母，而村民们教他必要的生存技巧。†他还费心学习了玛雅语和方言。‡最重要的是，他研读了《波波尔·乌》，以便为未来保存这部史诗。最后，他戴上滑雪面罩，成为玛雅抄写员传统中的一名匿名作家。他的口号是“我们的词语就是我们的武器”——这是自文字世界诞生以来的战斗口号。

---

* Jeff Conant, *A Poetics of Resistance: The Revolutionary Public Relations of the Zapatista Insurgency* (Oakland, Calif.: AK Press, 2010).

† Henck, *Subcommander Marcos*, 77ff; Higgins, *Understanding the Chiapas Rebellion*, 158.

‡ Henck, *Subcommander Marcos*, 94.

第九章
堂吉诃德与『海盗们』

堂吉诃德说："我听说过这本书。我摸着良心老实说，这样荒谬的书，我以为早已烧成灰了。"

作家并不是一份多么可怕的工作。* 你做一些研究，构想出人物，设计一个能展开中心主题和思想的情节。你完成这些之后，去找出版商，他再去找印刷商；书本排好版，再加上一个好看的封面，最终的产品到达当地书店。这一切似乎都很自然，但其实是最近才出现的流程，经过了 500 年才逐渐形成（而如今又在发生改变）。这个流程需要拥有机器的人和贩卖故事的人，反过来就意味着必须要有拥有原创故事的人，而且这些故事可以被剽窃、抄袭和盗版。

当我写下这本你正在阅读的书时，这些问题一直在我心头萦绕。在找到出版商兰登书屋（Random House）时，我感到非常满意。在写作的过程中，我尝试想象我的编辑凯特·梅迪纳（Kate Medina）会说些什么，而在她阅读完初稿并提出了相当有用的建议后，我努力对此回应（举个例子，凯特觉得我需要更经常地出现在本书中）。为了出版这本书，兰登书屋还得与我的经纪人吉尔·倪琳（Jill Kneerim）多次协商，然后起草一份相当长的、我自始至终都没读完的合约；我只是在每一页上签下了姓名的首字母，并最后签字确认整份合约。

---

* 我感谢芭芭拉·福克斯（Barbara Fuchs）对这个章节的帮助。

在整个写作过程中，我小心翼翼地向其他人的作品致敬，因为我的书仰仗着无数学者，在脚注中我写明了引文的出处；有一群尤其慷慨的专家甚至答应帮助审核单独的章节，为此我在脚注中也向他们表示感谢。然而，在表达这一切的同时，我仍然宣称这个我在讲述的文学故事是属于我自己的，对我表述它的特殊方式要求应有的版权。如果有人复制这特殊的表述并将它放到提供盗版材料的网站上，比如海盗湾（Pirate Bay）或类似的一些网站，我将非常不开心（或者，如果这本书的销量非常糟糕，我会庆幸至少有人费心去盗版它）。

我一直以来都对堂吉诃德这现代英雄中最倒霉的一位有种特殊的喜爱，但是我花了好长时间才意识到，我在现代著述业中的经历，恰恰有助于我研究这本小说和它的作者米格尔·德·塞万提斯·萨维德拉（Miguel de Cervantes Saavedra）。在塞万提斯的身上，现代著述业的各种特征，从印刷业和文学市场到剽窃与文学盗版，史无前例地集合起来。他是第一位现代作家。

1575 年，地中海

很长时间里，米格尔·德·塞万提斯对他将成为作家的未来一无所知，他只对作为一名士兵获得荣誉感兴趣。[*]1571 年，在希腊的西海岸，24 岁的塞万提斯在勒班陀海战（Battle of Lepanto）里实

* William Byron, *Cervantes: A Biography* (New York: Doubleday, 1978), 115.

现了这个目标。自从奥斯曼土耳其人在一个世纪前占领了君士坦丁堡，基督教会一直在试图阻止他们向西前进。为此，沿海的天主教国家组成了神圣联盟（Holy League），派遣了一支由几百艘帆船组成的大型舰队，以及 40 000 名水手和 28 000 人的部队，包括敬畏神的西班牙步兵。和他的士兵同僚一起，塞万提斯被承诺将从教皇那里获得全权的赎罪券——免去一切罪行——作为他服役的报答。神圣联盟面对的是一支较小的奥斯曼帆船舰队，划桨的很多是被俘虏的基督徒奴隶。为了保持奴隶们的积极性，奥斯曼人向他们承诺，一旦获得胜利，他们就可以获得自由。

战争来临前几天，米格尔·德·塞万提斯因为发高烧而一直留在甲板底下，但他拒绝在同僚们对抗敌人时缺席。* 两支舰队交战了，总共投入了上百只帆船和 60 000 人，以及在危险的海面上互相发射的上百只大炮。船只互相撞击，着火烧毁，然后沉没。被困在水、钢铁和火之间，士兵们为了船只的每一寸而战，船只因为突然的转向和炮火的影响而猛烈晃动。土耳其人的战斗呐喊是出了名的骇人，但随着越来越多的士兵死于火焰和刀剑，或是从船上被甩入海浪中死去，呐喊声被炮火的声响和绝望的哭喊声淹没了。

神圣联盟取得了勒班陀海战的胜利，土耳其人被打败了，但是这场战争给塞万提斯的左臂留下了伤残。作为对抗奥斯曼帝国长达几个世纪的战争的转折点，勒班陀海战阻止了土耳其人的前进，领导神圣联盟的奥地利的唐胡安（Don John of Austria）因此得以凯旋。

战争结束四年后，塞万提斯和他的弟兄们回到了家乡，他们有

---

* 记叙基于 Byron, *Cervantes: A Biography*, 124ff。

充分的理由期待热烈的欢迎。塞万提斯带着一封唐胡安称赞他在勒班陀海战中英勇表现的信件。尽管他受了伤，但是一旦他们的船只到达西班牙，塞万提斯就可以用这封信找到工作的机会。

载着塞万提斯一行人的帆船沿着海岸向巴塞罗那航行时，一艘大船出现在海平面上。开始很难看清大船，但是它径直向着塞万提斯他们驶来，而他们终于意识到，自己正在被北非的海盗们追赶。他们的帆船试图逃跑，但海盗们的船只更快，而且有更多划桨的奴隶，他们很快就被海盗追上了。一些基督徒当场被杀，而其他人则被捆绑着带往北非海岸的阿尔及尔（Algiers），在那里，海盗们可以无法无天地活动——奥斯曼土耳其人能容忍他们，只要他们帮助扰乱基督徒的贸易。塞万提斯和他的弟兄们已经距离家园如此之近，却成了被带往阿尔及尔的俘虏。

米格尔·德·塞万提斯是幸运的。随身携带的勒班陀海战胜利者唐胡安写的信被发现了，他因此被认定为有价值的俘虏。他不会被杀害，也不会被强迫去划桨。海盗们试图靠他榨取一笔大额赎金，这是阿尔及尔人的主要业务。但这封信也不吉利，因为它使塞万提斯显得比实际重要得多，也富裕得多。

作为一名在阿尔及尔有赎金价值的俘虏，米格尔获得了比其他人更好的待遇。当然，他需要遵守宵禁，并且跟许多其他奴隶一样，必须争抢食物。* 他和同伴们三次尝试逃跑，但由于收买的帮手的背叛和不走运，每一次都被抓住。在最精心的一次安排中，他已经被赎出的哥哥派了一只船来救他，但结果还是被发现和赶走

* Melveena McKendrick, *Cervantes* (Boston: Little, Brown, 1980), 63ff.

了。每一次失败的尝试都意味着更加严厉的惩罚，但是被赎的希望让米格尔活了下来。最终，在几年以后，在米格尔即将被卖到君士坦丁堡时，一位三一会修士（Trinitarian order）的一笔借款帮助他筹到了足够的赎金，使他重获自由。* 在经历了五年的士兵生活和五年的奴隶生活后，塞万提斯终于可以回家了。†

米格尔的麻烦还没有结束。现在他必须偿还他的家人通过借款和恳求筹到的赎金。有一个可能的筹款渠道：将被俘的经历写成故事。他在勒班陀的英勇，他从阿尔及尔大胆的逃跑——这些难道不都是文学的伟大题材吗？这个故事关于一名受伤被俘但英勇抗争，终于重获自由的基督徒士兵，会将它的读者带到对抗奥斯曼帝国的战争最前线。作为作者英雄事迹的背景，可以详细描述阿尔及尔，还有它的船员和奴隶，穆斯林和基督徒，这一切聚集在一个海港小镇，这个小镇已然成为地中海地区的灾祸之源。

这是印刷的重要影响之一：故事的市场。当然，塞万提斯不会是唯一一个写逃亡故事的人。因为盗版行为的增加，已经产生了大量类似的故事。然而，这些故事的市场很奇特。奴隶故事常常是由作者自己出版的，印数很少，但这不重要，因为这些故事的作者们并不打算成为职业作家。他们的终极目标是讨好君主。‡

但是塞万提斯有一个更大的野心：成为职业作家，在这个新的市场上获得成功。有一种类型的通俗写作有望同时提供快速成

* Byron, *Cervantes: A Biography,* 246; McKendrick, *Cervantes,* 85.

† María Antonia Garcés, *Cervantes in Algiers: A Captive's Tale* (Nashville: Vanderbilt University Press, 2002).

‡ Nabil Matar, "English Accounts of Captivity in North Africa and the Middle East: 1577–1625," *Renaissance Quarterly,* volume 54, number 2 (Summer 2001): 553–72, 556.

名和谋生的机会。塞万提斯生活在西班牙戏剧的黄金时期，这个时期堪与莎士比亚时代的英格兰相媲美。* 戏剧是一门能同时娱乐王公贵族和目不识丁的群众的艺术。戏剧行业急需新的剧本，特别是关于西班牙历史和民间故事的，于是作家们都急切地创作剧本。他们如果找到了对的基调，就可以赚很多钱，如果能多次做到这一点，就可以赚到一大笔钱。最成功的作家可以借着戏剧的成功，把剧本印出来赚钱，并吸引大众读者。这项技艺的大师是洛佩·德·维加（Lope de Vega），他引领了一种现代、多变的风格，成了全国名人——他最狂热的粉丝甚至将他的画像放在家中。作为回报，他向他们交出了一千五百多部戏剧，成为历史上最多产的剧作家。

在洛佩·德·维加取得惊人的成功之前，塞万提斯就已经开始创作戏剧，不过，戏剧作为一种流行艺术的兴起带给塞万提斯一些不一样的想法。他决定将自己最好的题材，即他被俘虏的故事，变成戏剧。戏剧是一个需要立刻成功的文学种类，如果一部戏剧不能成功吸引剧场经理的兴趣，或者观众不喜欢它，它就会死亡，几乎没有重新上演的机会。在这个高风险的环境里，塞万提斯被其他作家比了下去。他大部分的戏剧未达预期，归于失败。他俘虏题材的剧本也是如此，也许是因为这样的故事太多了。结果，尽管塞万提斯的剧本详细记录了他在阿尔及尔的经历，但从未获得成功。（他最早的描述阿尔及尔的戏剧，很可能在他还是俘

---

* Melveena McKendrick, *Theatre in Spain 1490–1700* (Cambridge, U.K.: Cambridge University Press, 1989), 196ff.

虏时就已经开始创作。*）

作为一个通过各种方法勉强生存的失败戏剧家，塞万提斯又一次陷入囚禁，这次是在他家乡的地盘上，在那里，他被指控在担任西班牙无敌舰队（Spanish Armada）税务员期间犯有欺诈国家的罪行。在监狱里，塞万提斯有充足的时间思索他的人生与历史的紧密联系，从勒班陀湾到酝酿中的与英格兰的冲突。他也利用这段时间反省自己的职业生涯和越来越少的选择。他应该做些什么呢？

中世纪的传奇故事怎么了

除了戏剧，另一种类型的故事也受到广泛欢迎：漫游在中世纪基督教世界的骑士的故事，他们杀戮怪兽，爱慕年轻女子，遵守严格的荣誉准则。这些故事迎合了大众渴望一个更简单的世界的需求：在这个世界里，善恶分明，英勇的举动会获得回报，没有与西方新大陆的纠缠不清，也没有东方君士坦丁堡的痛苦失败，或者北边来自英国舰队的突然威胁。

这些传奇故事虽然以一个理想化的过去为背景，却得益于新的印刷技术。制作图书的成本已经大幅降低，而且图书开始前所未有地广泛流通，而不是像谷登堡的时代那样只在富裕的神职人员和上

* Jean Canavaggio, “A propos de deux « comedias » de Cervantès: Quelques remarques sur un manuscrit récemment retrouvé,” *Bulletin Hispanique*, volume 68, number 1 (1966): 5–29. I also consulted Barbara Fuchs’s excellent *Passing for Spain: Cervantes and the Fictions of Identity* (Urbana-Champaign: University of Illinois Press, 2002), 10–11.

层贵族中流通，它在商人阶层中流通，甚至旅馆老板都可能拥有几本书。图书的普及推进了识字，而识字扩大了对图书的需求，形成了一个速度逐渐加快的循环。这个循环也拓展了流通的文学类型，从自传和传记，到语法书、年鉴，还有法律、医学和地理书籍。对印刷品日益增长的需求也带来了经济上的变化，包括向作者支付现金和书稿预付款这些至今还在支配书籍出版业的重要特征。在这个环境里，骑士传奇非常成功，它们被输出到国外，特别是通过活跃的国际图书贸易被输出到法国。对传奇故事的需求异常强烈，巴黎的书商们甚至等不到整本作品被翻译出来，就将它们一部分一部分地售出了。*

塞万提斯也许尝试过创作骑士传奇，甚至也许为此改编过自己被俘虏的故事。但现在他转而反对它们。这不可能是由于它们的流行性，因为他自己也通过剧作追求过流行。这些传奇故事中有某种东西使他厌烦，也许是它们背景中理想化的过去，或者是它们老一套的道德观，或者他只是单纯地觉得这些故事与他所生活的世界毫无关联。不管是什么，塞万提斯下决心不再继续写传奇故事。

塞万提斯在这场对抗传奇故事的斗争中发明的工具，是一位叫作堂吉诃德的穷困贵族，他贪婪地阅读传奇故事，整个藏书馆的书几乎都是关于这类故事的。堂吉诃德阅读的以中世纪世界为背景的故事越多，就越被它们吸引，他日思夜想，开始用这些故事的视角看待一切。最终，他自己进入这些故事，开始演绎它们。他找到一

---

* Roger Chartier, *The Author's Hand and the Printer's Mind: Transformations of the Written Word in Early Modern Europe* (Malden, Mass.: Polity Press, 2013), 101.

套被遗弃在他破宅子角落里的老旧盔甲，用纸板修好了一顶头盔；一匹瘦马从此成为他最高贵的坐骑，而他自己则作为一名游侠骑士开始闯荡世界。风车变成了需要秉持骑士荣誉准则去迎战的巨人，不识字的乡下姑娘变成了需要用高雅的宫廷之爱去爱慕的优雅少女。所有不符合他想象的一切，他或者忽略，或者按照他从书中看到的去解读。

堂吉诃德一心一意的探索使他看起来很荒谬，甚至很危险，特别是他习惯了将毫无戒备的对手当作敌对骑士去迎击。通常，这些人开始都很惊讶，不知道自己遭遇了什么，但很快就会明白这个怪人在做些什么。虽然没人见过现实中的游侠骑士，但人们都明白堂吉诃德在做什么，甚至会配合他。这是塞万提斯策略中的巧妙之处：因为骑士传奇广受欢迎，所以每个人都知道剧情。在小说中，不仅是像堂吉诃德这样的穷困贵族，就连小旅馆主人和普通游客也拥有书本，并知道这些故事，而那些没有读过的人也听说过这些传奇故事和其中的英雄。堂吉诃德的侍从桑丘·潘沙（Sancho Panza）尽管不识字，也并不是完全不受它们的影响。塞万提斯已经意识到，故事通过印刷的扩散意味着有越来越多的人通过文学看世界。在某种程度上，每个人都是堂吉诃德，尽管他们没有直接表演出来，但脑子里都有鲜活的剧情和人物。世界充满了文学，而在这样的世界里，你在读什么和怎么读变得很重要。

堂吉诃德的朋友发现他因为读了错误的文学而走火入魔，决定从根源上制止他的疯狂行径。他们进入堂吉诃德的藏书室，搜查每一层书架，将书一本本地拿出来，然后将他们找到的大部分书扔进火里（同时高度赞许亚历山大版的《伊利亚特》这样有价值的书）。[*]焚书无疑是天主教教会在对抗马丁·路德和玛雅书籍时使用过的一种伎俩。塞万提斯这么写，似乎出于同样的考虑，至少，他似乎不认为文学流通总是件好事。错误的宗教文本或流行的传奇故事可以造成极大的危害。

与堂吉诃德的朋友和教会不同的是，塞万提斯知道在印刷的世界里焚书是没有用的。与讲故事对抗的力量，只会让它更加盛行。他必须将堂吉诃德的故事塑造得比那些过时的情节更可信、更真实、更巧妙。对堂吉诃德这个角色而言，生活的世界，显然是读者们所处的日常世界，那里被物理法则和现代社会准则所管束，人们需要为自己的晚餐买单，否则就要换顿痛打。只有堂吉诃德，心里装满了传奇故事，生活在骑士和少女的中世纪世界里。没有什么能比堂吉诃德与风车的著名战斗更好地捕捉到了传奇与现实之间的斗争。他发现了它们，并将其当作需要迎战的巨人，准备好长矛，然后开始进攻。堂吉诃德很清楚，他是不可能胜利的。但是出于对骑士职责的信仰，他一秒钟都没有犹豫。注定要失败的堂吉诃德被巨大的扇叶打落马下。塞万提斯在提醒你，读了太多错误的文学是会受伤的。

通过用现实生活以对抗传奇故事，塞万提斯进入了一个全新的领域。他正在书写的不仅是一种别样的传奇故事，而且这种故事需要一个新的名称。既然将塞万提斯的故事与之前的文学形式区分开来的是新奇（newness），最方便的名称就是新奇本身：小说（*novela*，在西班牙语中意思是“新”）。因为是新的，小说想怎么

---

* Miguel de Cervantes, *Don Quixote*, translated by P. A. Motteux, with an introduction by A. J. Close, Everyman's Library (New York: Knopf, 1991), part I, 48ff.

写都可以，只要不与传奇故事等已有的文学形式相同。

通过这些大胆的活动，塞万提斯为近代欧洲发明了小说，而当时的欧洲正在被诸如风车这样的新奇机械改变着。巨大的风车从远处就能看见，发出的声响大于人类之前发明的所有东西。这些“巨人”的力量能推动石磨和其他沉重的机械，属于机械文明的先兆，是像堂吉诃德这样坚持活在过去的人的完美对手。

面对机器，堂吉诃德不知所措，既困惑又恼怒，他不仅是读错了书的可悲人物，还变成了某种现代英雄。在我比较脆弱的一些时刻，比如当我的电脑突然无缘无故地卡住时，当身边完全无力掌控的机器出现故障，或威胁到我，或只是让我觉得很无助时，我也想抓起长矛冲向它。这就是堂吉诃德这个对世界疯狂发怒的无助傻瓜的天才之处，他捕捉到了我们在现代机械文明中共有的感受。

机械文明自身也在推动塞万提斯的小说。阿拉伯人将造纸技术引入西班牙，这为西班牙文学的黄金时代奠定了基础。造纸需要碎布和清水，也需要能量，因为要分离出纤维，需要先将碎布或木块分解。* 为此，西班牙和其他欧洲造纸商想出了一个有创意性的主意，即使用风车磨坊产生动力，于是他们和铁匠及女帽制造商一起成为这种机械的早期使用者。† 第一版《堂吉诃德》印刷使用的纸来自帕拉尔（El Paular）的一座造纸厂，它是一座修道院的一部分，位于供应干净淡水的瓜达拉马山脉（Guadarrama Mountains）山

* Oriol Valls i Subirà, *The History of Paper in Spain: XVII–XIX Centuries,* translated by Sarah Nicholson (Madrid: Empresa Nacional de Celulosas, 1982), 14–15.

† Robert I. Burns, “Paper Comes to the West, 800–1400” in *Europäische Technik im Mittelalter, 800 bis 1400: Tradition und Innovation,* fourth edition, edited by Uta Lindgren (Berlin: Gebr. Mann Verlag, 1996), 413–22, 417.

脚下。[*] 尽管有这些优势，帕拉尔的纸并不是特别优质，不够平整，有许多瑕疵和皱褶，并且很容易碎。但是，由于对纸的大量需求，帕拉尔可以大批量地将纸出售给一个饥渴的市场。[†]

对《堂吉诃德》的需求很快超过了预期，因此充足的纸张供应对这部小说至关重要。自从天主教教会意识到印刷的力量后，每出一本书都需要得到许可。幸运的是，《堂吉诃德》在 1605 年的秋天就获得批准，因此出版商弗朗西斯科·德·罗夫莱斯（Francisco de Robles）和印刷商胡安·德·奎斯塔（Juan de la Cuesta）能够出版第一版，并且以可喜的速度销售一空。几个月之后就在卡斯提尔和阿拉贡（Aragon）出版了新的版本，在头 10 年，估计总共发行了 13 500 本。[‡]《堂吉诃德》很快也在海外流行起来，远至布鲁塞尔、米兰和汉堡。[§] 几乎是与此同时，英译本也出版了，同样获得了很好的效果，启发了莎士比亚将其中一个章节当作一部戏剧（如今已经遗失）的基础。[¶] 这部小说如此受欢迎，以至于人们开始像堂吉诃德和他狡猾的侍从桑丘·潘沙那样着装，这也许是人们对这对搭档坚持让虚构世界渗透进现实世界的尊重。

在美洲，《堂吉诃德》也成为人们的最爱。第一版出版后不久，184 本被带离西班牙，其中 100 本运往在哥伦比亚沿海的卡塔赫纳（Cartagena），84 本运往厄瓜多尔的基多（Quito）和秘鲁的利马

---

* Chartier, *Author's Hand,* 131.

† Subirà, *History of Paper in Spain,* 15, 82.

‡ Chartier, *Author's Hand,* 99.

§ Chartier, *Author's Hand,* 99; Subirà, *History of Paper in Spain,* 82.

¶ 关于西班牙文学对英格兰文学影响的精彩讨论，请查阅 Barbara Fuchs, *The Poetics of Piracy: Emulating Spain in English Literature* (Philadelphia: University of Pennsylvania Press, 2013)。

（Lima），这距离皮萨罗将他的《圣经》印刷本带到世界的这个部分还不到一百年。* 这些书本花了将近一年才到达那里，开始是用大船，然后是用驴，最后是通过小船运输。在新大陆，富有的殖民者是最初的购买者，但是不久之后其他人也开始购买。在 19 世纪，海盗们显然也读过这本书，他们甚至将新奥尔良（New Orleans）南边支流的一个藏身处命名为巴拉塔里亚（Barataria）——模仿桑丘·潘沙在小说中短暂统治过的岛屿的名称——这是向被海盗囚禁过的作者的意想不到的致敬。†

如何对付文学“海盗”

在《堂吉诃德》取得成功时，塞万提斯已经不需要再担心海盗，他这时要担心的倒是文学的盗版者。尽管国王的出版许可给作者或印刷商一段固定时间的所有权，但规则很模糊且常常被忽略。仅仅几个月后，里斯本（Lisbon）和巴伦西亚（Valencia）就出现了小说的盗版，并且后面还有更多。纸和印刷术让一名负伤的士兵、失败的戏剧作家和被指控的税务员能够出版一个新故事，如今也让其他人复制这个故事变得更容易。

就这样，创作文学作品的人和控制机械传播作品的人之间持续

* Irving A. Leonard, "Don Quixote and the Book Trade in Lima, 1606," *Hispanic Review*, volume 8, number 4 (October 1940): 285–304.

† Ronald Hilton, "Four Centuries of Cervantes: The Historical Anatomy of a Best-Selling Masterpiece," *Hispania*, volume 30, number 3 (1947): 310–20, 312.

不断的斗争开始了。这场斗争是技术进步不可避免的后果：用于生产文学的机器越昂贵，作家们拥有和操控它们就越困难。诚然，更早期的抄写员们不得不跟莎草纸和纸的制造者谈判，但新兴的产业规模化的造纸和印刷则将贸易工具完全从作家们手中拿走，交给了企业家和工业家。* 结果是，作家们或者依赖印刷商和出版商，或者开始充满不确定性的个人出版（self-publishing）事业。（在印刷术出现之前，所有作家在某种意义上也是个人出版，尽管他们会聘用抄写员来抄写作品。）在一篇序言里，塞万提斯写下了关于现代著述业的宣言，他以典型的作者姿态呈现自己，支起手肘面对桌上的一张白纸坐着，一手托腮，一手拿笔，准备创作一个新的故事——完全不考虑那些他无法掌控的机器。

文学盗版者、印刷商和出版商并不是塞万提斯全部的麻烦。1614 年，一名没人认识的作者厚颜无耻地发表了一部《堂吉诃德》的续集。尽管藏在托德西利亚斯的阿隆索·费尔南德斯·德·阿韦利亚内达（Alonso Fernández de Avellaneda of Tordesillas）这一笔名背后，他还是获得了王室的许可，找到了一名印刷商，将其作品作为故事的第二部分出版。他宣称，堂吉诃德的人物和故事不是只属于塞万提斯的财产。公众强烈要求出一部续集，他们应该得到它，无论是谁写的。塞万提斯一下子卷入了一场现代著作权斗争，它事关作者是否可以拥有他们自己创作的故事。

塞万提斯的难题突显出之前的作家身份的历史状况。在经典文本、神圣经典、有着非凡个人魅力的老师和故事集的时代，著作权

---

* Chartier, *Author's Hand*, 17.

和原创性并不重要。作者们是逐渐构造新的故事来挑战或取代那些既有的文本的，就像维吉尔（Virgil）写下荷马史诗的古罗马版本《埃涅阿斯纪》（*Aeneid*）那样。塞万提斯则让堂吉诃德吹嘘，如果活在古代，他会拯救特洛伊和迦太基免于毁灭，这同时挑战了荷马和维吉尔。*

想出一个新故事来挑战旧的并不容易，因为这些新的作者需要建立起自己的权威。塞万提斯假装他只是找到了《堂吉诃德》的手稿，并声称它的原作者是一名阿拉伯人——他终生都在与之对抗的一种文化的代表。他是不是在被俘期间迷上了在阿尔及尔讲故事的阿拉伯人？†我们不得而知。我们知道的是，塞万提斯将他在阿尔及尔被囚的经历作为众多插入故事中的一个放进了《堂吉诃德》（也许这是他的小说深受海盗们欢迎的另一个原因）。这个故事有不同寻常的结构，泄露了塞万提斯对那个地区的丰富了解，包括一名奴隶如何能逃离阿尔及尔的细节，以及对住在镇上说着几种混杂的语言的土耳其人、基督徒和北非人的详细描述。显然，在阿尔及尔的经历对塞万提斯来说很重要，并且他觉得这也是他在西班牙生活的一个重要组成部分，因此需要在他的小说中占有一席之地。‡（这些插入的故事也使《堂吉诃德》与《一千零一夜》这样的故事集呼应了起来。）

---

* Frederick A. de Armas, "Cervantes and the Italian Renaissance," in *The Cambridge Companion to Cervantes*, edited by Anthony J. Cascardi (Cambridge, U.K.: Cambridge University Press, 2002), 32–57, 44.

† Robert S. Stone, "Moorish Quixote: Reframing the Novel," in *Cervantes: Bulletin of the Cervantes Society of America*, volume 33, number 1 (2013): 81–110.

‡ 塞万提斯关于西班牙和阿拉伯世界之间关系的精彩讨论，请查阅 Fuchs, *Poetics of Piracy*。

随着印刷业的爆发式发展，对新故事的原创性和所有权的追求变得重要起来，并且进入了法律轨道。不幸的是，对塞万提斯来说，那些保护现代作者的大多数法规来得太晚了，他没有法律手段来对抗匿名的抄袭者。[*]的确，文学盗版这个概念在那时也只是刚刚出现而已。

为了保护自己，塞万提斯用上了自己手里仅有的一件武器，也就是他之前用来对付骑士传奇的武器：他作为故事讲述者的力量。他疯狂地工作，不到一年就写完了续集。塞万提斯的续集比他对手的平淡作品要好得多，因此很快就取代了赝品。塞万提斯故意让堂吉诃德避开了假冒续集赋予他的所有特质，从而证明了未经授权的版本错误百出。[†]塞万提斯甚至让堂吉诃德打败了那个冒牌堂吉诃德的一个熟人，以此告诉他的对手谁才是续集的真正作者。

塞万提斯知道问题的根源不是抄袭者，而是印刷的新世界，正是印刷使得他的故事和对故事的模仿变得唾手可得。他得出了唯一符合逻辑的结论，即要派他的骑士去直面这个印刷文化。在续集中，堂吉诃德得知有一部关于他的小说，于是决定去看看巴塞罗那的一家印刷厂。这个经历让堂吉诃德和他的读者们都大开眼界：

> 只见一处正在印，一处正在校样，这里在排版，那里在校对；反正都是大印刷厂里工作的常套。堂吉诃德走到一个活

---

* Adrian Johns, *Piracy: The Intellectual Property Wars from Gutenberg to Gates* (Chicago: University of Chicago Press, 2009), 23.

† Tom Lathrop, "The Significance of Don Quijote's Discovery of a New Edition of Avellaneda," in *Cervantes: Bulletin of the Cervantes Society of America*, volume 29, number 2 (Fall 2009): 131–37.

字盘旁边，问他们干什么呢。那些工人向他解释了一番。他很惊奇，又往前走。在另一处他凑到一个工人面前，问他在干什么。那工人说："先生，"他指指旁边一个相貌端正、神情庄重的人说，"这位先生把一本意大利文的书翻译成咱们西班牙语，我正在排版，准备拿去印。"

……

"可是请问，您出版这本书是自负盈亏，还是把版权卖给书店了？"

译者说："我自负盈亏。这第一版印两千本，每本定价六瑞尔，转眼可以销完；我想至少能赚一千杜加。"

堂吉诃德答道："真是如意算盘！看来您还不知道书店的交易和他们同行之间的关系呢……"

……

他又往前走，看见那里在校对另一本书。他问起书名，说是叫《奇情异想的绅士堂吉诃德·台·拉·曼却》第二部，作者是托德西利亚斯人。

堂吉诃德说："我听说过这本书。我摸着良心老实说，这样荒谬的书，我以为早已烧成灰了。不过'每头猪都有它的圣马丁日'，它也逃不了……"

……

他面带怒色，走出了印刷厂。*

---

* 杨绛，《杨绛文集第六卷：〈堂吉诃德〉（下）》，北京：人民文学出版社 1978 版，第六十二章。——译者注

说到印刷，堂吉诃德并不是傻瓜。虽然欣赏印刷厂复杂的机器，但他马上意识到，如今作者和翻译家都要依赖这些了不起的机器的主人，而如果盗版书可以牟利，这些人会很快活地去印刷。在这个机器的新世界，作者是处于劣势的。

从那以后，作者们一直在为堂吉诃德喝彩（我第一次读到这段时，就是这么做的）。创作故事的人（作者）、拥有印书机器的人（印刷商和出版商）和出售这些书的人（经销商和书商）之间的分工，无疑给作者们带来了好处，让他们能够影响比以前更多的读者。但这也限制了他们对自己作品的掌控。通过他的人物堂吉诃德，塞万提斯审视了现代著述业的荣耀与困境。

堂吉诃德与让他成功也让他成为一名无助旁观者的机器的相遇，标志着他英雄事迹的结束。但是，小说的时代才刚刚开启。不久后，与堂吉诃德参观过的那家类似的印刷厂释放出了世界上前所未有的小说洪流。在与其他作家和文学盗版者的斗争中，塞万提斯创造了一种新型文学形式，它轻松打败了流行的传奇故事。独立、自信、坚决的作者们开始吸收已经被写出来的所有故事，然后加入自己令人惊奇的创新。一位旅行者描述自己与巨人、侏儒和有理性的马的相遇。一个无聊的法国家庭主妇沉迷于婚外情，然后自杀了。一位疯狂的捕鲸者追捕一头疯狂的白鲸。以前，故事集搜寻众多的故事，并将其带给读者们，但现在，全新的故事情节使早前的故事集黯然失色。尽管独立作者这个概念首先出现在古典世界，但它在与印刷和文学的批量生产相遇时才有了突破性的进展。*

---

* Armas, “Cervantes and the Italian Renaissance,” 58.

扬·范德·斯特拉特（Jan Vander Straet）的这幅版画描绘了 16 世纪中期的一家印刷厂，类似于堂吉诃德参观的那家

塞万提斯其实是意外发现了一种取胜的方式。新小说以作者为基础，建立在原创的基础上，并倾向于压制其他写作形式。压制部分表现为对散文而不是诗歌的坚持，以及对更古老的语言的质疑——几乎没有人用已消亡的或过时的语言创作小说。小说还特别容易让读者进入他人的内心世界，尤其是当小说发展出对细微心理过程的兴趣，以及捕捉日常的情感和思想活动的技巧时。小说不像史诗那样依赖传统，它可以更快地适应改变中的环境，比如报刊上发表的连载小说，在一个被称为“文学的机械时代”的时代里成了被选中的体裁。在这个时代，文学的生产变成复杂的机器问题。小说本身诞生在这些机器出现之前，但一旦与机器

产生交集，并能愈发有效地使用这些机器，小说就成了现代最主要的文学形式。

作者们像他们写的故事那样多样化。因为小说更少受传统的牵绊，所以进入的门槛更低，尤其是对女性而言。尽管一些女性小说家，比如乔治·艾略特（George Eliot），采用了男性笔名，但更常见的是她们用自己的名字写作，记录从巴黎的宫廷生活到英国女家庭教师的困境等种种事情。在一个女性几乎没有职业选择的时代，女作家成了她们的一个选项。对于曾在美国和其他地方当过奴隶的人来说，成为作家更困难，因为他们以前完全被排除在读写文化之外。然而，许多获得自由或者逃脱的奴隶，其中最有名的是弗雷德里克·道格拉斯（Frederick Douglas），创作了关于他们重获自由的故事，并且通常将他们偷偷学习阅读与写作的那一刻描述为自由的开端。这些叙述中有一部分是自传式的，其他则是用塞万提斯欣赏的那种虚构形式，将自己逃脱奴役的经历变成故事。

随着小说的成功，历史开始重演。就像塞万提斯曾经为流行的传奇故事烦恼那样，如今人们开始为小说烦恼（就像在日本曾经发生的那样，佛教徒和儒学家攻击紫式部夫人的小说）。教育家和神职人员开始提醒人们提防小说，而医生则将读者当瘾君子一样对待，他们希望阻止人们阅读小说，尤其是女人。但试图控制人们对文学的接触变得愈发困难。女人和曾经的奴隶，以及每一个群体和阶层，都在急切地步入文学的世界，并且没有什么能阻止他们。

对于小说的质疑直到最近才消失。我们担心孩子们读书太少，担心文学输给电子游戏，以至于我们认为大多数小说比屏幕更好。

但并非所有阅读都是好的，这种观念仍然存在。这个观念现已转移到互联网，这是一个难以控制的全新空间，有着最多样化的可疑的阅读和写作。会不会有那么一天，我们会带着怀旧之情回顾互联网，就像我们现在常常热切地回望小说时代一样？

第十章

本杰明·富兰克林

文字共和国的传媒实业家

我们认为这些真理是不言而喻的：

人人生而平等。

1776年，北美殖民地

1776年8月2日，第二次大陆会议（Second Continental Congress）的成员聚集在一起准备签署《独立宣言》。才华横溢的托马斯·杰斐逊（Thomas Jefferson）在一张定制的折叠写字桌上起草了宣言文稿，将其提交到会议上，在那里它被放置在桌子上，意味着每一位成员都能审阅和提出修改意见。在会议同意并投票通过修改好的文件之后，7月8日，约翰·尼克松（John Nixon）上校隆重地高声诵读了宣言。* 几周后，会议聘请了曾是啤酒酿造商的蒂莫西·梅拉克（Timothy Matlack），他擅长用优雅的英文圆体书写，字迹开阔流畅。† 梅拉克用一支羽毛笔，在单独一张羊皮纸上抄写下整篇宣言，并在底部空出页面的五分之一以备签名之需。

会议成员一个接一个地上前签字。本杰明·富兰克林（Benjamin Franklin）在那里等候，然后在一半人签完名字之后，他上前用端庄秀丽的字体签下"本·富兰克林"（Benj. Franklin）。大部分的签

---

* Chris Coelho, *Timothy Matlack: Scribe of the Declaration of Independence* (Jefferson, N.C.: McFarland, 2013), 55.

† Coelho, *Timothy Matlack*, 60.

署人都只写下了姓名，但是富兰克林自作主张在他的签名下面加了精细的装饰，他先画了一个长长的数字“8”，然后在上面画了一个小小的圆圈，最后再画上一个“8”。也许，他觉得自己只写了名字的首字母，纸上还有空间做这种华丽的装饰。

本杰明·富兰克林在美国建国中扮演的角色太有名了，人们往往忘记他对文学史的贡献。为了更好地了解他的贡献，我又一次开始旅行。富兰克林是唯一一个我写到的美国本土人物，我需要做的只是从剑桥搭乘地铁进入波士顿。我的目的地是自由之路（Freedom Trail），一条蜿蜒穿过波士顿市中心的人行道，上面用红色标出路线，经过与美国独立战争相关的主要地点。自由之路还是遗漏了很多，但是我并没有因此烦恼，因为我并不是要循着它去了解美利坚共和国。我来到这里，是为了寻找关于富兰克林为“文学共和国”（Republic of Letters）服务的线索。

我转过街角，就见到了富兰克林的雕像。雕像位于波士顿市中心一条窄街后的院子里，它亲切地低头看着我，虽然立在户外，但还是礼貌地将帽子夹在臂膀间。雕像底部是刻画着他人生场景的浮雕，包括那个最著名的、富兰克林签署《独立宣言》的场景。

琢磨着富兰克林雕塑底部的这个场景，我转过街角去往富兰克林出生地的旧址——牛奶街 1 号。马路对面，是自由之路主要景点之一——老南会议厅（Old South Meeting House），一栋保存完好的 17 世纪的红砖房。相比之下，富兰克林出生的简陋木屋早已被烧毁。现在代替它的是一栋六层楼的房子，有着 19 世纪风格的灰泥门面。二楼展示着富兰克林的半身雕像，以及表明这位伟大的政治家的确出生在这里的铭文。

这栋房子过去的状况比现在要好。它的一些窗户被木板封了起来，很难判断是否有人居住。入口通道有股尿骚味。一张宣传单上称一个叫作国际学院的机构已经搬到另一个地点。另一张宣传单来自波士顿市政，承诺很快会改进污水系统。有人往门里塞了一张出售复古海报的名片。在焕然一新的波士顿市中心，牛奶街 1 号看起来像是我记忆中几十年前老旧、肮脏的波士顿的一部分。

底层已经废弃不用。一个看起来像是来自 20 世纪 80 年代的标牌上写着“速印得”（Sir Speedy）——一家提供“平面设计、彩色复印、数码服务和彩色打印”的店。起初，我为这个巧合感到兴奋：富兰克林估计会喜欢这个主意，即在他的出生地建一家印刷店。但是，这家被废弃的印刷店的褪色标牌看起来土气不堪而且过时，而富兰克林并不是个喜欢怀旧的人。他可能会喜欢这家印刷店，但估计他更愿意看到一种类型的印刷店歇业，被另一种新型的代替。虽然富兰克林戴着假发，穿着长袜，但他其实是现代信息技术伟大的先驱者之一。

越思考富兰克林与技术的关系，我越确信，当他的羽毛笔在写着《独立宣言》的羊皮纸上发出沙沙声响时，他一定意识到了，即便是在 1776 年，在羊皮纸上签署这样一份由抄写员抄下的文件是多么老派，那抄写员仿佛来自文字起源时代，而那羊皮纸就像是两千年前在帕加马发明的。毫无疑问，在印刷时代，手写和羊皮纸已经变得很特别，只用于重要的文件（《美国宪法》由一位抄写员以类似的形式抄写在四张羊皮纸上）。但富兰克林知道，《独立宣言》依靠的是与革命目标更为一致的更新的技术。

《独立宣言》在 7 月 4 日被投票通过，很快，这份被正式批准的文本被发给印刷商约翰·邓拉普（John Dunlap），他连夜印制了大约两百份单面印刷的大报。差不多一个月后，根据该印刷版誊录的有着漂亮笔迹的羊皮纸版本被制作和签署。这些大报立即通过邮路被快马送到其他 12 个殖民地。7 月 6 日，《宾夕法尼亚晚邮报》（*The Pennsylvania Evening Post*）将《独立宣言》放在头版。7 月 10 日，玛丽·凯瑟琳·戈达德（Mary Katherine Goddard）在《马里兰日报》（*The Maryland Journal*）上做了同样的事，而其他许多报纸也紧随其后。正是通过印刷的新闻报纸和大报的形式，美利坚合众国最早宣告了它从英格兰独立出来。

在《独立宣言》的签署人中，富兰克林是最明白印刷在当时的重要作用的。在法国宫廷，玛丽·安托瓦内特（Marie Antoinette）会因为他曾是印刷工头而贬低他没有上流社会的精致。* 虽然不友好，但是玛丽·安托瓦内特没说错。富兰克林曾经作为准契约学徒向他的哥哥学习手艺，哥哥向他传授印刷业的每一道工序，包括墨水的制作，以及不同种类的纸、字体和排版。自谷登堡以来，这个过程并没有改变多少。改变的只是印刷的应用：廉价的新版式，尤其是新闻报纸和大报，改变了思想传播的方式。尽管富兰克林并没有为印刷的技术流程做出什么贡献，但他知道可以利用印刷来做些什么，并且在其职业生涯中一直致力于扩张和完善印刷的基础设施建设，从确保纸张供应和维护横跨 13 个殖民地的印刷品分销邮路，到新闻报纸和大报的发行网络。作为传媒实业家，为了创造让《独

---

* Walter Isaacson, *Benjamin Franklin: An American Life* (New York: Simon and Schuster, 2004), 348.

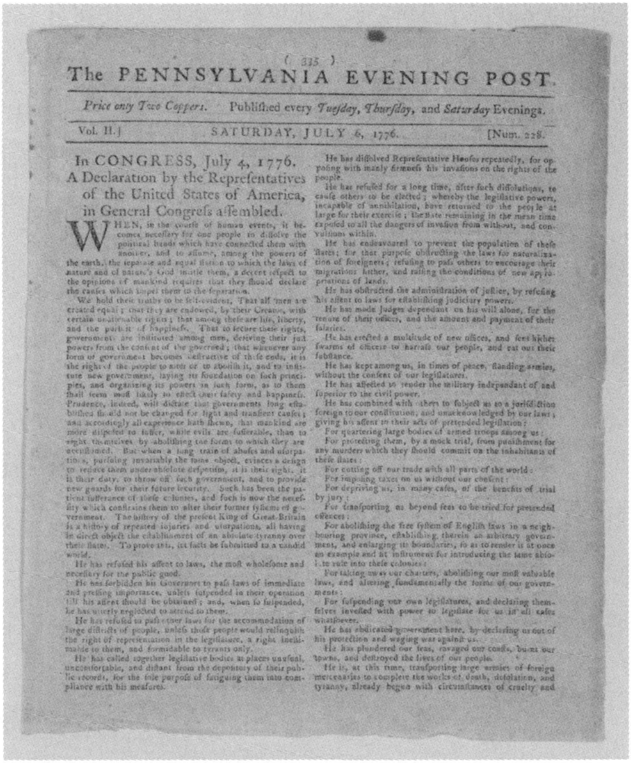

(335)

The PENNSYLVANIA EVENING POST.

Price only Two Coppers. Publifhed every *Tuefday, Thurfday,* and *Saturday* Evenings.

Vol. II.] SATURDAY, JULY 6, 1776. [Num. 228.

In CONGRESS, July 4, 1776.

A Declaration by the Reprefentatives of the United States of America, in General Congrefs affembled.

1776 年 7 月 6 日星期六印刷在《宾夕法尼亚晚邮报》上的《独立宣言》

立宣言》诞生的世界，富兰克林做的比任何人都更多。

富兰克林出生的新英格兰以识字率为荣，但这种识字只以《圣经》为中心。清教徒将日内瓦《圣经》(Geneva Bible)——一部在瑞士日内瓦秘密翻译的英文版《圣经》——带上“五月花号”(Mayflower)，来到新大陆。(日内瓦《圣经》也是威廉·莎士比亚使用的《圣经》版本。）十几年后，也就是 1636 年，他们建了一所大学来确保神职人员有更高程度的读写能力，这就是后来的哈佛大学。但是，不是只有牧师注重读写能力。建立学校是为了确保孩子们可以学习阅读《圣经》，包括男孩和女孩。[*] 为了满足对书本和其他印刷品的需求，1638 年，清教徒在英国殖民地建立了第一家印刷厂（一百年前，西班牙人在墨西哥建立了第一家印刷厂），创造出了当时世界上识字率最高的社会群体，有 45% 白人女性和 70% 白人男性识字。[†] 到 1790 年，白人男性的识字率甚至达到了惊人的 90%。[‡]

富兰克林非常爱书。他后来成立了由志趣相同的爱书者组成的共读社（Junto），以及会员制的公共图书馆。在富兰克林变得富有后，他建立了一个私人图书馆，藏书量达到 4 276 册，配备了从地板高至天花板的定制书架和一套精细的库存系统。[§] 他甚至发明了一个机械手臂，用以拿取人手够不着的书本。

但是，富兰克林一生印刷的书并不多。他曾在没有许可证的情况下印刷过《新约》，但这并没有带来多少利润。[¶] 虽然小说在塞万提斯之后流行起来，富兰克林也只印刷过一本小说，即塞缪尔·理查森（Samuel Richardson）的《帕梅拉》（*Pamela*）。（在殖民地，小说加

---

* David D. Hall, "Readers and Writers in Early New England," in *A History of the Book in America*, volume 1, *The Colonial Book in the Atlantic World*, edited by Hugh Amory and David D. Hall (Cambridge, U.K.: Cambridge University Press, 2000), 117–51, 120.

† Carol Sue Humphrey, *The American Revolution and the Press: The Promise of Independence*, foreword by David A. Copeland (Evanston, Ill.: Northwestern University Press, 2013), 23.

‡ Amory and Hall, *History of the Book in America*, 380.

§ Isaacson, *Benjamin Franklin*, 440.

¶ James N. Green and Peter Stallybrass, *Benjamin Franklin: Writer and Printer* (Philadelphia: Library Company of Philadelphia, 2006), 70.

起来只占印刷总输出的4%。[*]）富兰克林本身很喜欢约翰·班扬（John Bunyan）的《天路历程》（*Pilgrim's Progress*）。这本书讲的是一位基督徒抵御诱惑、战胜怀疑的寓言故事，是除《圣经》之外最被广泛拥有的一本书。（比起官方的钦定版《圣经》，班扬也更偏爱清教徒的日内瓦《圣经》。）[†]但富兰克林既没有印刷《天路历程》，也没有印刷《堂吉诃德》，尽管在他自己的图书馆里有后者的副本。[‡]图书的问题在于，印刷的成本过高，需要在纸、排版和装订上投入相当多的资本，更不必说劳动力了。富兰克林很乐意销售图书，但是从英格兰进口的成本通常会更低。

报纸的新市场

除了爱书，富兰克林还认识到，高识字率和印刷技术的结合为新型印刷出版物——尤其是报纸——创造了条件。殖民地的第一份报纸在1690年出版于波士顿，主要表达的是统治阶级的观点。[§]但富兰克林的哥哥通过创办自己的报纸对现状发起了挑战，而这份报纸的成功让他不可避免地与权力阶层发生了冲突。入狱之后，他继续用本杰明·富兰克林的名字发行这份报纸，这让他弟弟看到了一

* *The Press and the American Revolution,* edited by Bernard Bailyn and John B. Hench (Worcester, Mass: American Antiquarian Society, 1980), 328.

† Isaacson, *Benjamin Franklin,* 25; Isabel Hofmeyr, *The Portable Bunyan: A Transnational History of "The Pilgrim's Progress"* (Princeton: Princeton University Press, 2004).

‡ George Simpson Eddy, "Dr. Benjamin Franklin's Library," *American Antiquarian Society* (October 1924): 206–26, 224.

§ Humphrey, *American Revolution and the Press,* 23.

份报纸可以有多么巨大的能量。这个尝试也证明，有一个尚未开拓的报纸市场。城镇并不像之前认为的那样只需要一份报纸，而是有足够的空间允许多份报纸同时存在。不同报纸之间的竞争还会带来争论，这是对思想的检验，而且最优秀的思想会在辩论性的交流中胜出。

不久，富兰克林与哥哥毁约，逃到宾夕法尼亚，在那里他开始创办自己的报纸。他有了一家自己的印刷厂，买下了《宾夕法尼亚公报》(*Pennsylvania Gazette*)。自那以后，报纸成了他发展中的商业帝国的中心。每天的报纸通常很短，只有四个版面，最后一面刊登的是广告。人们在家庭、社团、酒馆、咖啡馆以及其他社交场合读报，在这些地方，新观念得到辩论并茁壮生长。* 哲学家格奥尔格·威廉·弗里德里希·黑格尔（G. W. F. Hegel）把读晨报的习惯比作晨间祷告，富兰克林应该会喜欢这个比喻。富兰克林抛弃了父辈的清教徒信仰，选择了对报纸的共和主义信仰。†

越来越难以被控制的报纸，牵涉到日益壮大的受过教育的人群，他们在交流思想的过程中，营造了一个可以诞生独立性的氛围。富兰克林出生时，殖民地只有一种报纸，等到《独立宣言》被印刷出来时，已经有了三十七种，其中一部分要归功于富兰克林的努力。‡ 并不是所有殖民地都出现了报纸激增的情况，南方的报纸

---

* Jürgen Habermas, *Strukturwandel der Öffentlichkeit* (Frankfurt am Main: Suhrkamp, 1962).

† *Miscellaneous Writings of G.W.F. Hegel,* translated by Jon Bartley Stewart (Evanston, Ill.: Northwestern University Press, 2002), 247.

‡ Robert G. Parkinson, "Print, the Press, and the American Revolution," in *American History: Oxford Research Encyclopedias,* online publication date August 2015, 5, doi: 10.1093/ acrefore/9780199329175.013.9, page 2, accessed November 2, 2015.

就少得多，也意味着那里有独立思想的殖民者比母国少。*（与英格兰的比较同样很有启发性。殖民地拥有的报纸更少，但拥有印刷厂的城镇比母国更多。†在母国，印刷集中在伦敦，更容易被控制。）

报纸是印刷世界最重要的新玩意，大报也很重要。单页大报比普通报纸更短小、更廉价，也更容易分发，大报的页面是一大张对开纸，可以贴在墙壁和门上。有时候，一张大纸双面印刷，然后折叠一次或三次，形成四个或十六个版面。将三张这样三次折叠的页面组合在一起，可以变成一本大小可观的四十八页的小册子，用针和线缝起来。只要堆叠的页面不需要费力装订，只要针能穿过页面并且用线将它们缝起来——一百页上下的书都可以这么装订——制作成本就会相当低廉。

在1776年以前印刷的400种小册子中，最著名的是托马斯·潘恩（Thomas Paine）的《常识》（*Common Sense*）。这本书写于《独立宣言》诞生的半年前，强烈地表达了独立的理由和依据。‡富兰克林帮助潘恩出版了这个小册子，并在第一次印刷时买下了100本。结果，潘恩在第一年就卖出了153 000册（他机智地同时放弃了所有版税和版权，所以任何印刷商都有权出版这本小册子）。§作为宣传新观念最经济的工具，大报和小册子对殖民地民主气氛的

* Bailyn and Hench, *Press and the American Revolution*, 334.

† Parkinson, "Print, the Press, and the American Revolution," 2, accessed November 2, 2015; Richard Buel, Jr., "Freedom of the Press in Revolutionary America: The Evolution of Libertarianism, 1760–1820," in Bailyn and Hench, *Press and the American Revolution*, 59–97, 69.

‡ Parkinson, "Print, the Press, and the American Revolution," 2.

§ Robert A. Ferguson, "The Commonalities of *Common Sense*," *William and Mary Quarterly*, volume 57, number 3 (July 2000): 465-504, 466; Craig Nelson, "Thomas Paine and the Making of *Common Sense*," *New England Review*, volume 27, number 3 (2006): 228–50, 243.

形成做出了贡献。《独立宣言》的大报印数是数十年来大报发行的巅峰。*

因为感觉到报纸和大报是未来的方向，富兰克林专注于这两种版式的印刷品，确保他能控制生产的方方面面。拥有一家印刷厂是不够的，他还需要掌控必要的原材料，尤其是纸。由于未能从他在宾夕法尼亚的竞争对手那里全面买下供纸商的产权，他转而帮助造纸商建立他们自己的生意，并与其共享收益。纸还是由碎布制成的，富兰克林亲自收集碎布，送往在他势力范围内的造纸厂，然后再买回制成的纸。最终，他的供货网络一直扩张到了南部，包括在弗吉尼亚州威廉斯堡（Williamsburg）的一家造纸厂，和许多向殖民地输出纸的荷兰造纸厂一样，这家工厂也是由风车驱动的。† 实质上，富兰克林正在创建垂直整合的产业，控制从造纸的碎布，到报纸和大报的印刷与分发的整个过程。

殖民地的印刷大多是本地化的，部分是因为运输上的困难，但富兰克林认识到拥有一个印刷商网络会是一个极大的优势。除了垂直整合之外，他还需要水平整合。就像他自己曾经是哥哥的学徒一样，富兰克林如今将自己的孩子和侄子们送到其他印刷厂做学徒，或者通过婚姻与其他印刷商联结在一起。富兰克林借给他们钱和活字并且帮助联络，作为回报，他要求三分之一的利润。他把侄子培养成罗得岛的一名印刷商，还将一名曾经的合作伙伴远派到安提瓜

---

* Bernard Bailyn, *The Ideological Origins of the American Revolution*, enlarged edition (Cambridge, Mass.: Harvard University Press, 1992).

† Rutherfoord Goodwin, "The Williamsburg Paper Mill of William Parks the Printer," in *The Papers of the Bibliographical Society of America*, volume 31, number 1 (1937): 21–44, 26.

（Antigua）。[*] 他帮助建立了从新英格兰到加勒比海岸的二十几家印刷厂，《独立宣言》的官方印刷商约翰·邓拉普也是富兰克林网络中的一员。[†] 富兰克林帮助约翰·邓拉普的叔叔威廉（William）成为一名印刷商，并且支持威廉与富兰克林妻子的侄女德博拉·克罗克（Deborah Croker）缔结婚姻。威廉·邓拉普非常感谢自己的资助人，所以为自己的一个儿子取名为本杰明·富兰克林。最终，威廉将他的生意交给约翰，后者成了《独立宣言》的官方印刷商。

富兰克林的创业并不都是成功的。7 月 5 日，最早登载《独立宣言》被签署这一消息的是《宾夕法尼亚州邮报》（*Pennsylvanischer Staatsbote*）。[‡, §] 富兰克林一定是混杂着胜利感和悔恨庆祝《独立宣言》用德语成功发布的，因为他曾经尝试创立一份德语报纸，却没能成功。首先，他没有德语读者偏爱的哥特式字体；再者，他没有倾听这个有反战主义倾向的群体的声音。一般来说，富兰克林不会用他的报纸去推进某一种特别的政治议程，他常常为此受到批评。[¶] 当他打破这个原则，去批评宾夕法尼亚荷兰人的反战主义时，他的创业失败了。

在致力于发展他的垂直整合和横向印刷网络的同时，富兰克林也认识到印刷依赖于政府和政府的基础设施。也许收益最高的政府

---

* Ralph Frasca, *Benjamin Franklin's Printing Network: Disseminating Virtue in Early America* (Columbia: University of Missouri Press, 2006), 76ff.

† Frasca, *Benjamin Franklin's Printing Network,* 19.

‡ 这是宾夕法尼亚州的一份德文报纸。——译者注

§ Karl J. R. Arndt, "The First Translation and Printing in German of the American Declaration of Independence," *Monatshefte,* volume 77, number 2 (Summer 1985): 138–42, 140.

¶ Joyce E. Chaplin, *The First Scientific American: Benjamin Franklin and the Pursuit of Genius* (New York: Basic Books, 2006), 46.

印刷工作不是法律和宣言，而是钱，因为他只需要印刷相同的带有空白的页面，数字是之后手工填写上去的。*

比政府的印刷工作更为重要的是政府修建的道路，它们让邮件能够在殖民地分发，因此被称为“邮路”，这些道路也因此落入邮政局长的控制之中。这个职位的工资并不高，但是享有免费寄送物件和决定其他人能否这么做的特权。如果能免费寄送，印刷商就能省下很大一笔钱。自建立印刷事业起，富兰克林就开始为成为邮政局长而进行游说，九年后终于被任命为宾夕法尼亚的邮政局长。富兰克林立项不满足于这项成就，他将周边的邮政局也纳入旗下，并且毫不松懈，直到 1753 年成为所有殖民地的邮政总长。1775 年，他不再效忠英国王权，转而成为第二次大陆会议任命的第一位邮政总长。（今天，邮政总长领着联邦政府里第二高的工资，仅次于总统。†）

邮政局长的职位带来的不仅是特权，还有责任，尤其是对邮路的责任。它们的状况并不好，1773 年被派去检查邮路的一位英国巡查官看见邮路路基破旧，驾车人和乘客醉醺醺的，沿途旅店很少，深感震惊。‡ 富兰克林没有被这些情况吓到，他决定亲自去检查这些邮路，从弗吉尼亚州到新英格兰地区，一路行走了两万五千多千米。

他对邮路做出了有重大意义的改进，减少了邮件从费城到达纽约的时间（比今天还快：往返一趟只要二十四小时），还新建了一

* Frasca, *Benjamin Franklin's Printing Network*, 52.

† en.wikipedia.org/wiki /United_States_Postmaster_General, accessed October 16, 2016.

‡ Trish Loughran, *The Republic in Print: Print Culture in the Age of U.S. Nation Building, 1770–1870* (New York: Columbia University Press, 2007), 6–15.

条去往蒙特利尔的邮路。[*] 在所有《独立宣言》的签署人中，富兰克林对使这份文件成为可能的技术最了如指掌，因为这些技术大部分集中在他一人之手。

文字共和国

1747 年，稳固地建立了他的印刷和出版事业的富兰克林将生意的运营交给同伴，自己成了一个闲人。他沉浸在科学论文和书籍中，自己做实验，尤其潜心钻研发展中的电学领域，最终发现并命名了电流的正负极。他还通过发明避雷针证明了科学的实用性，并成为美洲大陆上第一名自然哲学家和公认的科学家。[†]

这些科学活动也得益于印刷，因为它们依靠的是我们今天称之为“知识网络”（knowledge network）的东西。[‡] 哲学和科学团体创造了一场独立于教会和宫廷等旧式学习中心的国际性思想交流。这些新型网络的提倡者认识到他们活动中潜在的政治含义，并开始视自己为文字共和国[§]的公民。永远的实业家富兰克林也为这个文学共和国做出了贡献，他创办了美国哲学协会（American Philosophical Society），还成为共济会（Freemasons）的一名热心成员，后者是一

---

* Isaacson, *Benjamin Franklin,* 207.

† 关于富兰克林作为科学家的讨论，请查阅 Chaplin, *First Scientific American*。

‡ Benjamin Franklin, letter to William Strahan, August 19, 1784, in *A Benjamin Franklin Reader,* edited and annotated by Walter Isaacson (New York: Simon and Schuster, 2003), 340.

§ “文字共和国”指启蒙时代以欧洲为中心的一群怀有启蒙主义信念和思想的文人的共同体。由于这些思想家依赖新兴的国际邮政服务相互通信，在思想上维持团结并互通有无，“文字共和国”也作“书信共和国”。——译者注

个有影响力的隐秘国际组织，致力于宣传启蒙价值观。

这些专业化的社团是跟印刷革命唱反调的，他们反对流行的报纸和大报。许多自然哲学家否定报纸和大报粗俗的语调，但富兰克林的经历使他能够同时欣赏科学的交流和这些流行的形式。他知道，启蒙不仅仅是在既定权力中心享受声望和自主性的哲学家们的产物，还是由报纸和大报传播的嘈杂的民主思想的产物。

印刷和新的知识网络之间最重要的交集是法语的《百科全书》（*Encyclopédie*），由几名法国哲学家在德尼·狄德罗（Denis Diderot）和让·勒朗·达朗贝尔（Jean Le Rond d'Alembert）的指导下进行撰写。这个项目起初是为了尝试将 1728 年出版的两卷英语版《百科全书》（*Cyclopaedia*，即 *Universal Dictionary of Arts and Sciences*）翻译成法语。但是法语编辑们很快认识到，他们需要一部更加综合全面的出版物，能够集合、组织和传播当时迅速变化的知识，包括像富兰克林这样的自然哲学家完成的新的机械、技术和科学发现。在 1751 年到 1772 年间，他们出版了 17 卷书和 11 卷图解，这是 18 世纪综合性的知识精华。

和较小型的英语版前身一样，法语版《百科全书》也依赖于印刷。正是因为印刷，更多的文学与科学，包括古代的和现代的，得到了传播。印刷还使一件事变得可能：将所有知识通过一次风险投资集合在一起，并期待销售足够多的数量以获取利润。需要知道的东西太多了，筛选和组织知识的新手段变得很有必要。* 考虑到印刷作为百科全书促进者的重要性，就不必吃惊印刷和与之

* 请查阅 Ann M. Blair, *Too Much to Know: Managing Scholarly Information Before the Modern Age* (New Haven: Yale University Press, 2010)，此书比较了印刷出现前后的信息管理。

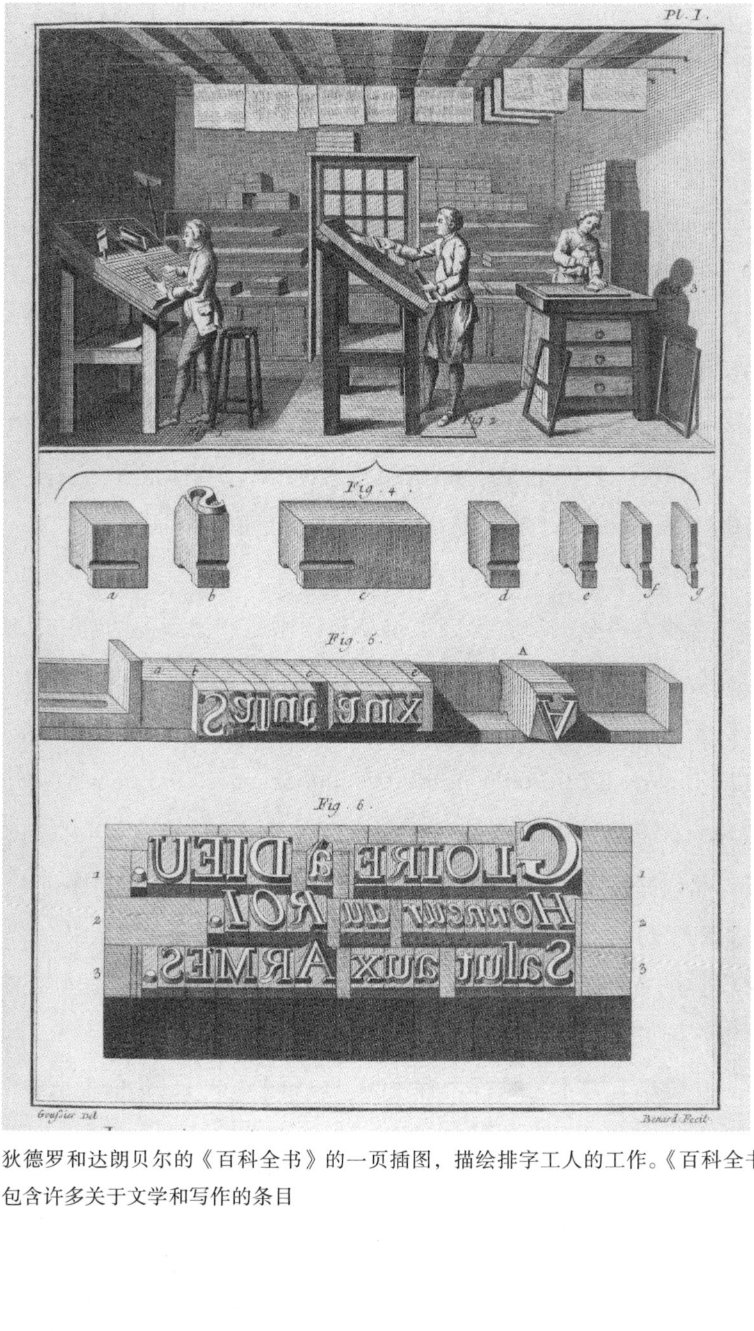

狄德罗和达朗贝尔的《百科全书》的一页插图，描绘排字工人的工作。《百科全书》包含许多关于文学和写作的条目

相关的事物占据了法语版《百科全书》的六十多个条目——从“碎布商”和“造纸商”到“墨水球”与“字体”，还绕到了“版权”和“审查”。

法语版《百科全书》还包括文学史的条目，其中特别强调了文字书写技术，从汉字和字母的发明，到神圣经典的概念（虽然仅限于基督教），以及《希伯来圣经》的希腊语译本，即《七十士译本》。最重要的条目由狄德罗亲自撰写，是关于“百科全书”自身的。他热情地为整个项目辩护，称其是为收集知识以留存后世而做出的独特努力。在条目中，狄德罗清晰地表明，使这些成为可能的技术是印刷工艺。*也许是因为心系堂吉诃德，编辑们还收录了“藏书癖”（bibliomania）这一条目，即疯狂收集书本的心理障碍。拥有大型图书馆的富兰克林肯定符合这个定义。

这些百科全书项目得到了殖民地印刷商和出版商的响应，他们都想利用这个知识和指南的新资源。富兰克林想要接手的宾夕法尼亚报纸叫作《艺术与科学通用指导暨宾夕法尼亚公报》（*The Universal Instructor in all Arts and Sciences: and Pennsylvania Gazette*），每期都发表一页法语版《百科全书》的英文版前身的内容，从以字母 A 开头的条目开始。整个计划按照字母顺序进行，一直到字母 Z。在报纸上发表百科全书和将报纸以百科全书命名，这项尝试是关于专业的知识网络和流行的知识网络如何产生交集的极好例子。

这种结合并不总是行之有效的。1729 年 10 月，这份报纸破产

---

* Denis Diderot et al., *Encyclopédie, ou Dictionnaire raisonné des sciences, des arts et des métiers, par une société des gens de lettres*, volume 5 (Paris: Le Breton, 1755), 635–48A.

并被富兰克林全面收购，他很快意识到这项举动的愚蠢之处。他去掉了听起来像百科全书的那部分标题，即“艺术与科学通用指导”，只留下了第二部分《宾夕法尼亚公报》，并向他的读者解释道，按照现在的速度，需要超过十年的时间才能涵盖整整两卷英文版《百科全书》。而且，百科全书需要能让读者翻来翻去，相互参照，有鉴于此，每天购买和丢弃的报纸实在是一种错误的媒介。这个将百科全书项目从他的报纸中去除的明智决定，并不意味着富兰克林不在意百科全书——恰恰相反。1749 年，他为自己购买了一套昂贵的两卷本英文《百科全书》。20 多年后，他建议自己帮助创建的公共图书馆以惊人的 300 英镑的价格（大约相当于今天的 10 万美金）购入大型的法语《百科全书》。* 报纸擅长的是创造活跃但混乱的思想碰撞的氛围，而百科全书擅长的则是整理知识，两者不应该被强迫结合在一起。这是富兰克林最厉害的地方：了解技术和应用、形式与内容之间的关联，也了解它们之间的不同。

向文字共和国征税

报纸和百科全书一起创造了爆炸性的启蒙混合物，而这混合物将导致《独立宣言》的诞生，后者需要的只是一根火柴。传统观点认为，这根“火柴”就是波士顿倾茶事件（Boston Tea Party）。尽管殖民地居民在英国议会并没有代表，但英国还是向他们强行征税。

* Chaplin, *First Scientific American*, 55.

在抗议中，思想自由的波士顿人伪装成印第安人，将刚刚被征税的茶叶倒进了波士顿港。

这个故事是真实的，但并不完整。引起广泛憎恶的对殖民地居民的首次征税，不是针对茶叶，而是针对纸和印刷品，也就是所谓的“印花税法”（Stamp Act）。尽管富兰克林和其他人尝试发展本土的造纸产业，但殖民地大部分的纸仍然需要通过进口来供应，通常是经由英国批发商分销而来的荷兰纸。* 此类进口是印花税法的目标，它直接瞄准了殖民地迅速扩张的造纸厂、印刷商、邮路和报纸发行网络。英国政府如此增加收入并不明智，因为殖民地的出版业用尽各种新发现的方法予以回击。报纸纷纷把关于印花税法不公正性的叙述放在了头条，一些报纸添加了葬礼黑框，甚至有一份报纸在头版印上了墓碑。印刷商通过使用未被征税的纸，联合抵制、抗议、谴责、公开反抗征税。† 出口到殖民地的纸张下降了 90% 后，英国议会的态度缓和下来，废除了印花税法。

在终止可恨的印花税法时，议会出于错误的原因做了对的事情。议会认为问题出在税收结构上（对外而不是对内的税——富兰克林提出的一个区别），于是又出台了“汤森税法”（Townshend Acts），仍然针对纸，还加上了茶叶。愤怒的印刷商们公开销毁了被征税的纸，作为波士顿倾茶事件的一次预演，这次事件完全可以被称为“波士顿倾纸事件”（Boston Paper Party）。‡1775 年之

---

* C. William Miller, *Benjamin Franklin's Philadelphia Printing, 1728–1766: A Descriptive Bibliography* (Philadelphia: American Philosophical Society, 1974), xxxviii.

† Humphrey, *American Revolution and the Press,* 49.

‡ Frasca, *Benjamin Franklin's Printing Network,* 152.

后，纸的进口几乎完全停止。在那之前，第一次大陆会议（First Continental Congress）宣布对所有英国进口商品进行系统性的联合抵制，这为第二次大陆会议宣布独立奠定了基础。尽管如此，杰斐逊用来起草《独立宣言》的纸，可能是通过一位英国批发商从一家荷兰造纸厂进口的。*

杰斐逊可以为撰写《独立宣言》而深感自豪，富兰克林则可以为创建了使其成为可能的印刷基础设施而感到骄傲。他也为这份文件最重要的词语做出了贡献。杰斐逊原本是以"我们认为这些真理是神圣的"作为开场白，而富兰克林将"神圣的"（sacred）替换为"不言而喻的"（self-evident），这是自然哲学家喜爱的一个词。毫无疑问，玛丽·安托瓦内特会认为，由一位印刷商为启蒙运动最重要的文件加上这至关重要的一词是很奇怪的。但话说回来，她也并不知道导致她死亡的技术不是断头台，而是印刷机。

内容提供者

"不言而喻的"一词，当然不是富兰克林以作者身份做的唯一一件事。富兰克林完全掌控了一切，从碎布和纸到印刷与报纸，再到邮政和邮路，他是最令人艳羡的作者：他可以写任何想写的东西，将其付诸印刷，然后强迫公众接受。

令人意外的是，年轻的富兰克林几乎没有通过写作来赚钱（他

* Julian P. Boyd, *The Declaration of Independence: The Evolution of the Text,* revised edition, edited by Gerard W. Gawalt (Washington, D.C.: Library of Congress, 1999), 65.

也没有试图从有实用性的科学发明中获利）。[*] 这位抓住每个赚钱和存钱机会的著名商人，一开始并没有将创作文学看作合适的收入来源。他是通过印刷网络和文学的基础设施，而不是文学本身来赚钱的。当印刷网络需要时，他会写作，并且几乎都是用化名。当他还是青少年时，就借用过一位中年寡妇和母亲的形象。他后来还会借用许多其他的人物形象，他们参与政治辩论，讽刺同胞们的愚蠢，指导和娱乐读者。富兰克林经常用写作为自己的报纸和出版决定辩护，或者攻击竞争对手。

富兰克林作为作者在经济上的最大成功，是写作《穷人理查德年鉴》（*Poor Richard's Almanack*）。这是一本记录了月份天数、月运周期、谚语、格言和警句的出版物。这本书具有民间风格，将辛苦得来的智慧分享给读者，并提供了建议和鼓励。尽管年鉴很成功，但富兰克林并不是它"真正的"作者。他费力躲藏在理查德·桑德斯（Richard Saunders）这个名字背后，而且他也不是写下与穷人理查德相关的许多格言的第一人。他只是找到了这些格言，加以修改和整理，并借穷人理查德之口说出来而已。甚至当富兰克林将理查德的最佳格言收集在一本独立的小册子《财富之路》（*The Way to Wealth*）中时，他还是拒绝加上自己的名字。[†] 后来，批评家们不接受他的这个立场，并且控诉他抄袭，仿佛他是与塞万提斯一样的现代作者，希望在文学市场上贩卖原创故事。但富兰克林并不是那种意义上的现代作者，他是一位写作实业家，剪切、复制、吸收和改造过去的文学，使其服务于他的读者群，他更像是古老的抄写员，

---

* Green and Stallybrass, *Benjamin Franklin: Writer and Printer*, 23.

† Green and Stallybrass, *Benjamin Franklin: Writer and Printer*, 117ff.

或是我们这个时代的内容整合者。

另一个与富兰克林的名字紧密联系的文学作品是他的自传，它富有感染力地记录了富兰克林从学徒生涯到事业成功的一生。虽然自传多有遗漏，比如他在商业上的很多失败就没有提，但还是按时间记叙了富兰克林与他自身缺点的斗争，包括骄傲。自传的核心是他用来记录自己优缺点的一张图表，类似于一种道德账本。富兰克林的自传很有影响力，奠定了未来美国和其他地区自传文学的基础。

但富兰克林并没有写下自传，意思是，他从来没有撰写过一部叫作《富兰克林自传》（*The Autobiography of Benjamin Franklin*）的文本。就像紫式部写给她女儿的自传式书信，富兰克林将对自己生平的最早记录交给了自己那不听话的儿子威廉（威廉后来成为新泽西最后一位殖民州长和声名狼藉的亲英派）。富兰克林后来给这封信添加了一些故事和其他内容。作为一名印刷商，他原本处在一个得天独厚的位置，可以随意出版任何他想要出版的东西，但他却没有出版这封信的任何一部分。在他死后，这些片段被编辑们拼凑起来，贴上了"富兰克林自传"的标签，并且成为自传文学的经典。作为一名印刷实业家，他使用过所有可以找到的内容，富兰克林很可能会赞成这个未经许可的编辑行为。

与富兰克林的名字相关的最重要的文本还是《独立宣言》，它逐渐被颂扬为一个兴起中的国家的纲领性建国文件。在1812年的美英战争中，人们认为原件放在华盛顿特区不安全，于是赶在1814年城市被焚烧前将其撤走。"二战"期间，人们采取了更多的预防措施，为安全起见，《独立宣言》被存放在肯塔基的诺克斯堡

（Fort Knox）。这张手写的羊皮纸安全地与美国的黄金储备保存在一起，获得了神圣文本的地位。那时，这份宣言已经开始启发其他文本，包括海地（Haiti）的独立宣言。* 和《宪法》一样，《独立宣言》也滋生了它自己的文本原教旨主义形式，即从此以后，美国必须按照此文本最初的字面意思生存和发展。

富兰克林一生与各种形式的印刷紧密联系，因此他透过印刷来看待自己的一生，甚至将其描述为印刷的一生。年轻时，他写过一篇拟墓志铭：

> 印刷工本·富兰克林的躯体
> 就像一本旧书的封面
> 没有了内容
> 字迹斑驳，镀金脱落
> 躺在这里为虫子所噬
> 但是他的作品不会消失
> 因为它会再次出现（就像他所相信的那样）
> 以新的、更完美的版本
> 由作者
> 更正和修订 †

---

* David Armitage, *The Declaration of Independence: A Global History* (Cambridge, Mass.: Harvard University Press, 2007).

† *Beinecke Rare Book and Manuscript Library, Beinecke Digital Collections,* brbl-dl.library.yale.edu/vufind/Record/3437127, accessed January 10, 2017.

在这里，富兰克林诙谐地谈及来世（他并不相信来世）的一位神一样的作者，他从一位印刷商的角度描述了自己的一生。的确，富兰克林的生活一直被更正和修订，但不是由一位神所为，而是由世世代代的传记作者完成的，他们将他变成我们最敬爱的美国国父之一。但是，也许我们应该尊重他的愿望，首先将他铭记为一个将印刷的力量引入为独立而战的斗争中的人。富兰克林不仅像他喜欢自称的那样，是共和国的印刷商，他还是文字共和国的印刷商。

第十一章

世界文学

西西里岛的歌德

人直到发现自己四周全被水围绕时，

才对“世界”有了概念。

1827 年，魏玛

1823 年 5 月 24 日，有抱负的诗人约翰·彼得·艾克曼（Johann Peter Eckermann）鼓起勇气，将标题为《对诗歌的思考——尤其是关于歌德》的稿件发给了那位著名的作家本人。* 艾克曼 30 岁了，没有人能想到他会写下一篇文学批评。他成长于赤贫之中，全家人靠一头奶牛生存，奶牛产奶供他们食用，偶尔还能卖出去一些，换取微薄收入。他学习如何阅读和写作，吸引了一位乡村医生的注意力，并最终获得了一个低层次的秘书职位。他跟随私人教师学习拉丁语和希腊语，并在二十几岁时被哥廷根大学（University of Göttingen）录取，学习法律。光明的前程就在眼前。

但是，自律性一般的艾克曼无法专注于法律的学习，在应该学习的时候，他不停地因为文学、诗歌写作、戏剧和文学批评而分心。后来，一位朋友推荐艾克曼读歌德，他从此入了迷。他从法学院退学，开始写一本关于他新偶像的书，并将它寄给了 73 岁的歌

* 我感谢彼得·J. 布加德（Peter J. Burgard）对这个章节的帮助。以下传记是基于艾克曼的自传：Johann Peter Eckermann, *Gespräche mit Goethe in den letzten Jahren seines Lebens,* volumes 1 and 2 (Leipzig: Brockhaus, 1837), 1–34。

德。那时，歌德正值名气最大的时候，在东德的魏玛领地拥有一大群追随者和崇拜者。[1850 年，歌德去世仅仅 18 年后，拉尔夫·沃尔多·爱默生（Ralph Waldo Emerson）将歌德作为唯一的作家列入他的六名“代表性人物”，其他五名是柏拉图——哲学家，斯韦登伯格（Swedenborg）——神秘主义者，蒙田（Montaigne）——怀疑论者，莎士比亚——诗人，以及拿破仑——世界伟人。*]

艾克曼把稿子寄出去之后，就上路了。乘坐马车是不可能的，他太穷了，负担不起。他像往常那样徒步行走。艾克曼于 5 月 25 日启程，在炎热的夏日里沿着瓦尔河（Warre）向南行走，一路不停歇。一个多星期后，他终于到达了目的地。

他一到魏玛就给歌德留了信，并很快被邀请前去拜访。他进入一栋巨大而繁复的房子，一间屋子通向另一间屋子，几乎就是一座迷宫。这些房间的用途很广，就如同歌德的兴趣很广泛一样。有接待客人的房间，还有画室、餐厅和谈话室。歌德的书房旁边是一间图书室和一间音乐室。有一个房间专门放置歌德收藏的雕像和半身像，一间放置他收藏的硬币，还有一间专门放置他收藏的矿石。一名用人领着艾克曼上了台阶，穿过其中一些房间，将他带到了歌德面前。歌德和蔼地请艾克曼进入房间，说他整个早晨都在看艾克曼杰出的稿子，并且想要帮助出版它。他希望艾克曼能在魏玛停留一阵子。

歌德为什么这么热情？艾克曼寄出的不仅是稿子，还有一封夸赞自己文秘才能的信。艾克曼在寻找一位雇主，而慢慢老去的歌德

---

* Ralph Waldo Emerson, *Representative Men: Seven Lectures,* with an introduction by Andrew Delbanco (Cambridge, Mass.: Harvard University Press, 1996).

正寻找一名私人助理。艾克曼很快就承担起了这份工作。在歌德生命的最后九年，艾克曼上千次来到歌德的家，帮助这位作家出版作品，选择和研究课题，全都是无偿的。

艾克曼还开始将他和歌德的对话录音，起初是为了帮助自己记忆，后来他越来越意识到这些对话是多么有价值。出于直觉，艾克曼做了公元前老师们的学生所做过的事，就是将老师的对话写下来，以老师的名义出版。[*]艾克曼是歌德的柏拉图和他主要的“传道者”。

多亏艾克曼，我们得以知晓，在 1827 年 1 月 31 日星期三的下午，一种全新的文学视野在魏玛这个小镇诞生了，这种文学视野延续至今。在那个星期三，艾克曼已经有好几天没见到他的主人了。歌德有许多想法和思考闷在心里，他滔滔不绝地向艾克曼讲述了自上次见面以来他的所做所读。很显然，歌德一直在读一本中国小说。“真的吗？那一定很奇怪！”艾克曼惊呼到。[†]但那不是他当时应该有的反应。在陪伴了歌德四年多之后，艾克曼还是没有完全了解他的主人。“不，远远不是你想象的那样！”歌德斥责了艾克曼，并且开始演讲。

艾克曼喜欢歌德的演讲，总能从其中学到东西。歌德开始谈论英国作家塞缪尔·理查森对自己作品的影响，但很快又回到对中国小说和风俗的讨论，并强调这部中国小说的道德高度。艾克曼又一

---

* 在 *What Is World Literature?* (Princeton: Princeton University Press, 2003) 中，大卫·达姆罗施描述了艾克曼的《与歌德谈话》(*Conversations with Goethe*)，是如何从其原名逐渐变成后来的《歌德谈话录》(*Conversation with Eckermann*)，后者将歌德放在了作者的位置上。

† Eckermann, *Gespräche mit Goethe*, 322.

次惊讶了："这位中国作家的作品如此有道德高度，而第一流的法国诗人（皮埃尔·让·德·贝朗热，Pierre-Jean de Béranger）的作品却没有，这不是很奇怪吗？"*"我想你是对的，"歌德答道，顺着迷惑的艾克曼说，"它只是展现了当今这个乱七八糟的世界。"但是艾克曼仍然无法相信歌德告诉他的关于中国的事，冒昧地认为这本中国小说一定是个很不寻常的例外。大师的意见很坚定："没有什么比这错得更离谱了。中国有上千本这样的小说，并且在我们的祖先还生活在树林里的时候就有了。"

艾克曼无话可说，他意识到歌德是在自找麻烦。有人会有同感：谁想要读上千本中国小说呢？但也有人会赞同歌德。像艾克曼这样充满偏见、无知和怀疑的人，需要被震一下。面对艾克曼的固执，歌德用了一个会真正将艾克曼从自满中拽出来的词，他庄重地说："世界文学（world literature）的时代即将到来，每个人都必须为推进它做出贡献。"†

世界文学。歌德意识到文学正在前所未有地扩展，更多人可以读到来自更多时代和地方的更多文学作品。迄今为止局限于特定地方和特定传统的文学，正在变成一个融合的整体。

我们将这个洞见，即"世界文学"这一表达的创造，归功于艾克曼——他的坚持不懈，他徒步两周到魏玛的决定，以及他作为歌德的对话者并将这个智者的想法写下来的意愿。但是，"世界文学"这一术语也有赖于艾克曼的无知，他对中国小说的缺乏想象力，以

* Eckermann, *Gespräche mit Goethe*, 324.

† Die Epoche der Welt-Literatur ist an der Zeit und jeder muß jetzt dazu wirken, diese Epoche zu beschleunigen." Eckermann, *Gespräche mit Goethe*, 325.

及他对于自己所知的盲目自信。“世界文学”就像许多新的想法一样，需要一个假想敌。

文学的世界市场

艾克曼记录了让“世界文学”这个理念诞生的对话，但是并没有解释为什么这个世界性的视野会出现在德国东部的偏僻小镇魏玛。“世界文学”这么宏大的思想，不是应该属于像巴黎或伦敦这样的19世纪大都市吗？

歌德成长于国际化的法兰克福优越的环境，300年前，谷登堡曾在那里卖出他的第一本印刷《圣经》。在戏剧和诗歌方面获得一些显著的成功之后，歌德因为畅销的《少年维特的烦恼》（*The Sorrows of Young Werther*）而声名鹊起，书中讲述了一个导致自杀的三角恋爱故事。这部小说引发了“维特热”，激励精神紧张的年轻男女通过信件自由地表达他们的情感（小说中有许多书信交流），穿戴小说人物所穿的与众不同的衣物（蓝色的双排扣大衣、黄色马甲和长筒靴）。* 拿破仑声称仔细读过这部小说，并且亲自接见了歌德。很显然，拿破仑批评了某些片段，但歌德从未透露是哪些。†

凭借这一早期的成功，歌德可以去任何地方，但是他接受了魏玛公爵的邀请，前往这个偏远的公国。其中的诱惑是很大的。歌德很快发现，自己不仅受到赞扬和认可，还有可观的收入、房子、头

* Karl Otto Conrady, *Goethe: Leben und Werk*, volume 1 (Königstein: Athenaeum, 1985), 224–25.

† Conrady, *Goethe: Leben und Werk*, volume 2, 333–35.

衔和愈发宽泛的工作职责。整个公国大约有两万名臣民，而魏玛镇上只有七千多名，但它是独立的。歌德很快发现这个城镇需要更好的管理，而自己责无旁贷。获得枢密院官员头衔的歌德，管理从剧院到道路、金融甚至战争的所有事务；他还被派遣去执行外交任务。歌德不但是德意志最著名的作家，还十分通晓世事。

在魏玛，歌德发现，自己虽然名声渐长，但仍处于文化输入的接收者一端。那时的文化中心是巴黎（伦敦虽然面积更大，但远远落在巴黎后面），巴黎人也很乐意输出他们的民族文化，让欧洲人读法国小说、诵读法国诗歌、看法国戏剧。为了对抗法国的影响，歌德转向英格兰，尤其是莎士比亚，以及塞缪尔·理查森和劳伦斯·斯特恩（Lawrence Sterne），但这些也是大城市的产物。还有一个选择是回归他自己的民族传统，但当时的德意志只是包括魏玛公国在内的中小邦国的拼凑，还没有形成民族国家。歌德欣赏德意志文学，在德意志作家中有着无可匹敌的地位，但对他来说，这是不够的。他不满足于将德意志民族文学宣传成英格兰和法国的替代品。当巴黎人和伦敦人崇拜着他们自己民族文学的宏大历史，而更年轻的民族正渴望推进他们自己的民族传统时，歌德却开始对来自更遥远之地的文学产生兴趣。

歌德广泛的阅读兴趣得到了日益发展的世界性文学市场的帮助，它使得遥远地方的作品也能来到这个偏僻的小镇，进入华丽的安娜·阿玛莉亚公爵夫人图书馆（Duchess Anna Amalia Library），而歌德时常在那里工作。《好逑传》（英文书名是 *The Pleasing History: A Translation from the Chinese Language*），最早被翻译成英文的中国小说之一，就是一个典型的例子。它最初的翻译者是詹姆斯·威尔金森（James Wilkinson），一个在广州为东印度公司（East India Company）工作的英国人。英格兰通过这个公司在亚洲建立贸易口岸和殖民地（尤其是在失去宣布独立的十三个北美殖民地后）。被困在中国的威尔金森决定学习中文，并且很快自发地将很受欢迎的《好逑传》翻译成英文。他的手稿有许多修订之处，展现了他为此付出的辛劳。威尔金森被召回英格兰时，不得不放弃翻译，留下全书的四分之一没有完成。

几十年后，这份手稿流入托马斯·珀西主教（Bishop Thomas Percy）的手中，他修改了威尔金森的手稿，调整了那些他觉得不通顺的表达，删除了重复的段落，直到他对作品感到满意，并于1761年将其出版。* 但这个成果仍然远远不够完美。70年后，约翰·弗兰西斯·戴维斯（John Francis Davis），香港的第二任总督（也是东印度公司主席的儿子）尝试重新翻译，他带着不满评论道："最初的翻译者错误百出，连标题都翻译错了。"他这一版翻译更准确地取名为《幸运的结合》（*The Fortunate Union*），并于1829年通过东方翻译基金（Oriental Translation Fund）出版。†

对歌德来说，戴维斯的心血和劳动来得太晚了。总是在寻找海外新文学作品的歌德，已经在1796年拿到了基于那本有瑕疵的英语译本的德语译本。这个翻译版本虽然错误百出，但还是让歌德迷上了中国文学，并在有生之年紧紧追随，直到去世。图书馆的记录

---

* Bishop Thomas Percy, *Hau Kiou Choaan or The Pleasing History: A Translation from the Chinese Language* (London: Dodsley in Pall-Mall, 1761). 关于手稿的信息基于珀西主教在这个版本中写下的序言。

† *The Fortunate Union: A Romance, Translated from the Chinese Original, with Notes and Illustrations by John Francis Davis* (London: Parbury, Allen and Co., 1829).

证明他在1813年借了好几本关于中国的书，包括《马可·波罗游记》（*Travels of Marco Polo*），这本书于1300年左右出版，是关于中国的第一部西方人的论述。歌德特别欣赏它将细致入微的观察描述与纯粹想象的虚构结合，这一结合赋予作品以童话般的质感。* 几年以后，歌德与最早的中国专家之一进行接触，以寻求关于这个神秘文化的更多信息。1827年，他还做了一个关于另一部中国小说《玉娇梨》（法文书名为 *Les deux cousines*）的讲座。他读的是法语译本，由法兰西学院（Collège de France）的第一任中文系主任雷慕沙（Jean-Pierre Abel-Rémusat）翻译而成。几个月前，歌德还阅读了另一部中国小说的英语译本——《花笺记》（英文书名为 *Chinese Courtship*）。†1827年，正是在对阅读这部小说的心得做出评议的过程中，歌德在与艾克曼对话时创造了"世界文学"这个术语。在西方可以接触到的中国小说少之又少，歌德几乎读遍了他通过书商、图书馆和学术网络能找到的一切作品。

是什么使歌德对这一外来的文学作品印象如此深刻？他读的第一部中国小说，也就是翻译得很糟的《好逑传》，充满了惊险和诡计多端的骗术，节奏极快，讲述了一位年轻男子和一位年轻女子在结成佳偶前被卷入迂回复杂的阴谋诡计的故事。这个过于刻意的情节并没有让第二位翻译者珀西感到厌烦，或许是因为它让珀西想到了《堂吉诃德》这样的西方小说。歌德也不觉得厌烦，并且在初

* 关于歌德与中国关系的细节，请查阅 *Goethe und China—China und Goethe*, edited by Günther Debon and Adrian Hsia (Frankfurt am Main: Peter Lang, 1985)。

† Peter Perring Thoms, *Chinese Courtship. In Verse. To Which Is Added, an Appendix, Treating of the Revenue of China* (London: Parbury, Allen, and Kingsbury; Macao: East India Company Press, 1824).

读它的将近二十年之后，也就是 1815 年，公开朗读了这部小说中的片段。* 他能找到的最后一部中国小说，即《玉娇梨》，在这方面更加极端，完全基于奇怪的巧合、口头的预言和刻意制造的美满结局。

但促使歌德造出"世界文学"这一术语的小说《花笺记》却不一样。它以诗歌的形式刻画了一位男主角，他因文学素养和出口成诗的能力而广受推崇。在小说中，他因文学才华被授予了俸禄不菲的公职，并且得以与心上人成婚，而这样的情节被用来引入对花园的详细描述和诗歌的朗诵。在那个时代，西方小说被看作文学经典的后来者，而且大多品位不高，像《花笺记》这样的诗体小说让歌德看到了小说作为高等艺术的可能性。†

歌德并没有将眼光局限于中国小说。他还接触了民间故事、塞尔维亚诗歌和古典梵语戏剧［他的诗剧《浮士德》（*Faust*）中的部分内容就是受到了梵语戏剧《沙恭达罗》（*Shakuntala*）的启发］。此外，还有《一千零一夜》，在歌德还是孩子的时候，他就着迷于这本故事集。父母将这些故事读给歌德听，就像山鲁佐德向国王讲述一样，吊人胃口地一夜接着一夜。年少的歌德比国王更有想象力，因为每晚他都会尝试自己续完听到的故事，并且在第二天早上告诉父母他想出的结局，与原版的做比较。到中年时，歌德对阿拉伯世界

---

* 1815 年 10 月 14 日，威廉 · 格林在给他哥哥的信中写道 ："他（歌德）很喜欢波斯的东西，以哈非兹的方式创作了一整套诗歌集，阅读和注释了《好逑传》，并且还在和保卢斯（Paulus）学习波斯语。" "Letter of Wilhelm Grimm to Jacob Grimm," in *Goethe-Jahrbuch*, edited by Dr. Ludwig Geiger, volume 1 (Frankfurt am Main: Rütten and Loening, 1880), 339. 更多信息请参阅 Günther Debon, "Goethe erklärt in Heidelberg einen chinesischen Roman," in Debon and Hsia, *Goethe und China—China und Goethe*, 51–62。

† Franco Moretti, "The Novel: History and Theory," *New Left Review* 52 (July–August 2008): 111–24.

的兴趣加深，创作了一部关于先知穆罕默德的戏剧。伏尔泰这位喜欢挑衅的启蒙运动作家，也写了一部关于这位先知的戏剧，将他描述成一个骗子。与之相反，歌德将穆罕默德描述为成功联合起散落的沙漠部落的具有非凡个人魅力的老师。

歌德接触到的最重要的作家，是中世纪的波斯诗人哈菲兹（Hafez）。他对这位诗人深深着迷，写下了一整本的笔记和论文，还有一整套名为《西东合集》（*West-Eastern Divan*）的诗集，作为阅读哈菲兹的反馈。他无法去波斯旅行，但通过诗歌想象与他的"大师"哈菲兹一起游历了东方的绿洲和伟大城市。*

对歌德的阅读习惯感到困惑的不仅是他偏执的秘书，还有许多与他同时代的人和朋友。威廉·格林（Wilhelm Grimm）是歌德的伙伴，在写给他哥哥雅各布·格林（Jacob Grimm）的信中表达了疑惑："他很喜欢波斯的东西，以哈非兹的方式创作了一整套诗歌集……并且还在学习波斯语。"同时他还提到，他看见歌德"在阅读和注释《好逑传》"。† 格林兄弟比歌德年轻，着迷于德意志的民间故事。他们收集童话和民间故事，并开始了一项里程碑式的工作，就是将他们的工作成果结集出版，这就是后来以《格林童话》（*Grimm's Fairy Tales*）为世人所熟知的童话集（还有一本德语字典）。格林兄弟只关注他们自己文化里受欢迎的作品，没有歌德那种对于世界文学的兴趣。事实上，很少有同伴可以分享歌德的兴

---

* Johann Wolfgang von Goethe, *West-Östlicher Divan*, in *Gesamtausgabe*, volume 2 (Munich: DTV, 2000), 7–125, 25.

† "Letter of Jacob Grimm to Wilhelm Grimm," Paris, November 10, 1815, in Geiger, *Goethe-Jahrbuch*, 339.

趣。他的朋友能做到的最多就是在他生日时送上一条穆斯林头巾作为礼物。* 歌德并没有因此困扰，不管他同时代的人如何嘲讽，作为一名读者和作家，他继续痴迷于世界文学。他的地位使他能够无视他人的观点，跟随自己的好奇心。

在搜集这些文学作品的过程中，歌德不仅得益于在三百多年前诞生的谷登堡印刷术，还得益于欧洲的殖民帝国。许多欧洲国家在全球设立了贸易点，而随着时间的推移，这些欧洲贸易者永久地留在了他们的殖民地，并获得了对内陆地区的控制权。葡萄牙和西班牙带了头，英国和法国很快取而代之，成为主要的殖民国家。在巨大的牺牲下，世界越来越多的地方被迫加入贸易或被迫完全服从。通常，这些地区由东印度公司这样的贸易公司控制，这些公司被其母国政府赋予了独享的贸易特权。

始于纯粹的经济原因，帝国主义让学习外国文化变得很有用，甚至是必需的。一些帝国势力的代理人费心学习当地的语言和文字，不久之后，翻译的片段开始传到欧洲（包括歌德阅读的第一部中国小说）。最终出现了这些文化的专家，也就是所谓的第一代“东方通”（orientalists），他们将学习中东和远东的文学与文化作为职业。许多传到欧洲的外国文学作品，包括歌德阅读的，就是这样被翻译过来的。

世界文学的交流是双向的。欧洲的代理人和专家们不仅从殖民地翻译和引进外国文学，他们也将自己的文学和印刷技术带到了殖民地。葡萄牙和西班牙的商人在印度建立了第一家印刷厂（印度曾

---

* Rüdiger Safranski, *Goethe: Kunstwerk des Lebens* (Munich: Carl Hanser Verlag, 2013), 551.

迎接中国的佛教僧人和学者，并且使用了纸，但还没有采用印刷技术）。* 当地的学者和欧洲的东方通常常在一起工作，他们复原和传播了那些曾经长期只属于小范围精英阶层的文本。† 通过武力和压迫，以及印刷技术，殖民主义以全新的方式建立了文学传统之间的联系。

多数殖民国家觉得有必要通过主张一种观点来证明他们行为的正当性，即欧洲殖民者是在将文明传播到世界其他地区。这意味着那些研究被殖民者的东方通常常带着优越感看待这些文化。于是，歌德身在魏玛这个远离都市的地方，这变成了一个优势。他的魏玛公国与帝国主义毫无关联；许许多多的中小型德意志邦国，没有一个拥有殖民地。这意味着歌德可以间接地获益于他国的帝国主义，同时避免征服外国文化以及它常常导致的错误的优越感。

歌德能用十几种语言阅读，并且在年长时尝试自学阿拉伯语。他还认识到，世界文学有赖于翻译者们辛苦而低报酬的工作，而且以一个市场（欧洲帝国主义意想不到的副产品）为基础，这个市场从遥远的世界各地带来了文学——连同原材料、手工艺品和其他货物——并使其变得可供购买。‡ 歌德认为世界文学建基于一个由翻译推进的全球文学市场，这个观点至今仍然非常令人信服。

---

* Anant Kakba Priolkar, *The Printing Press in India: Its Beginnings and Early Development* (Bombay: Marathi Samshodhana Mandala, 1958), 6ff. 第一本以南亚语言印刷的书本是 1578 年在泰米尔被印刷的。我还参考了 Dr. J. Mangamma, *Book Printing in India* (Nellore: Bangorey Books, 1975), 17ff。

† Edward W. Said, *Orientalism* (New York: Pantheon Books, 1978).

‡ Johann Wolfgang von Goethe, "Preface to German Romance" (Edinburgh, 1827), in Johann Wolfgang Goethe, *Sämtliche Werke,* Münchner Ausgabe, edited by Karl Richter, volume 18.2 (Munich: Carl Hanser Verlag, 1985–98), 85–87.

寻找起源

1787 年，西西里岛

1787 年，尽管在魏玛的职位有诸多好处，歌德还是决定逃离他的乡镇日常生活，去感受这个世界。歌德只告诉了他的公爵和管家，就坐上了马车，前往意大利。意识到这次旅行必定塑造了歌德对世界文学的视野，我决定跟随他的脚步，一路行至他旅行的终点——西西里岛。

我一直都特别欣赏旅行作家：受到好奇心和胆量的驱使，他们冒险前行，通过他们的文字记录整个世界。我虽然在写这本书的过程中也去了不少地方，但从来不觉得自己像一个真正的旅行作家，某种程度上是因为我总是后来者，而其他人已经到过那些地方并发回了反馈。我只能追寻他们的足迹，想象真正的旅行写作是什么样的。（也许之前的旅行作家也是这么想的。）

到西西里岛的路途对歌德来说很艰难。从那不勒斯出发的船因为暴风雨偏离了航道，歌德也因此晕船。但歌德一抵达巴勒莫（Palermo），就知道自己选对了目的地；就像他在旅行日记里所写的那样，西西里岛会为他的许多问题提供解答。* 歌德写的不是简单的日记，而更像是早期的博客。他以长信的形式将定期更新的内容发给家乡的朋友们，以供分享和传阅。他还附上了图片。为此，

* Johann Wolfgang von Goethe, *Italienische Reise,* in *Autobiographische Schriften III, Hamburger Ausgabe in 14 Bänden,* volume 11 (Munich: Verlag H. C. Beck, 1994), 252.

歌德聘请了一名画家与他一起旅行，以速写的方式画下歌德想要记住的事物。回家后，歌德将信件和速写图整理汇编，并以《意大利游记》（*Italian Journey*）为题出版——这也是他最吸引人的作品之一。

带上歌德的游记——我是从谷登堡计划（Project Gutenberg）这个免费提供公共领域文学作品的平台上下载的——我跟随歌德环绕岛屿，从巴勒莫开始，寻找任何可能在歌德对世界文学的兴趣中有过一席之地的东西。

出乎我的意料，歌德到达西西里岛之后首先做的几件事之一，竟然是前往植物园去做一件一直想做的事——寻找“原植物”（original plant），他坚信所有其他植物都起源于这种“亚当和夏娃”植物。歌德不接受瑞典植物学家卡尔·林耐（Carl Linnaeus）对不同植物进行的精细分类，坚持所有植物都可以追溯到单一的来源。我们怎么知道植物是植物呢？他问道。因为我们对植物是什么有着一个概念——植物性（plantness）。这种“原植物”就是歌德在巴勒莫的植物园里要寻找的，他在那里花了好几个小时比较物种。

在思索这个奇特的爱好时，我开始好奇歌德在西西里岛的文学使命是不是也类似于他对原植物的探求，因为他在尝试理解整个系统，将不同的文学作品看作一个整体的一部分。

在回酒店的途中，看着地图，我发现了一条叫作歌德路（Via Goethe）的街道，毫无疑问我马上去了那里。歌德路很朴素，在新城，只有几个街区那么长。歌德并没有在这里待过，而且很可能他也从来没去过那里，但我挺喜欢这条街的。巴勒莫的现代居民可以在这里找到他们所需要的一切，包括咖啡、三明治、一家复印店、一家五金店，以及最重要的，一家摩托车修理店。“歌德比萨店”（Pizzeria Goethe）看起来并不怎么吸引人，而且那天也关了门。那里有一个迷人的小木匠店，旧木板和工具散落在各处，有的涌到了街上。还有一家“歌德玻璃商店”（Vetreria Goethe），贩卖粗糙的玻璃艺术品。当我询问时，没有一名店铺主人知道歌德是谁。他们是以街道的名称来给商店命名的，而不是以作家的名字。

我把脏衣服送到“歌德洗衣店”（Lavanderia Goethe）洗涤，并在等待的间隙开始好奇歌德是如何清洗衣服的。我翻阅了他的游记，找到了好多关于服饰的内容。歌德渐渐放弃北欧风格的打扮，尤其是他的皮靴，尝试像本地人一样穿衣。同时，他开始变得更像德国人，尤其是在他那幅完成于罗马的画像里，歌德优雅地穿着一件白色的旅行外套，戴着一顶德国帽子，穿着及膝的马裤，轻佻地展露在观看者面前。这幅题为《歌德在罗马郊外的坎帕尼亚》（*Goethe in the Roman Campagna*）的画像，如今出现在他的许多书中。歌德在他的游记中提到这套装束，听起来仿佛这都是画家的主意。但如果领会了字里行间的言外之意，我们就会发现他其实很喜欢这些服饰。这似乎也呼应了他对世界文学的体验，世界文学让他能够栖息在其他文化里，同时也重新发现自己的文化。

在等待衣服洗净时（我没能找到关于谁替歌德洗衣服的任何信息），我意识到歌德背负着和我相似的使命，他也希望西西里岛之行能有助于形成他的文学观。他买了《奥德赛》的德语译本和希腊语译本，他深知西西里岛会是他能到达的离古希腊遗址最近的地方，因为希腊离他太遥远了。在西西里岛，歌德想象自己就在荷马之地。他在游记里得意扬扬地写道：“没有什么对《奥德赛》的注

在歌德 1878 年的意大利之行中，约翰·海因里希·威廉·蒂施拜因（Johann Heinrich Wilhelm Tischbein）给他画了画像

解能比身处这个环境本身更好。”* 就是在这一刻，我突然明白，歌德来西西里岛的确是为了找寻他心目中的文学的“原植物”：荷马。

歌德将西西里岛当成荷马世界的一部分，这个想法并不牵强，因为西西里岛曾是希腊的殖民地。在许多方面，《奥德赛》是早期旅行文学的一个范例，这很有可能是歌德在西西里岛时对这部作品如此感兴趣的原因（这也是我——同时追随着歌德和奥德修斯的足迹——对它如此关注的原因）。但是奥德修斯真的到过西西里

* Goethe, *Reise*, 299.

岛吗？

从古至今，奥德修斯的旅行路线一直是争论的热点。他的旅程始于特洛伊，但这座著名城市的位置在歌德的时代还是未知的。一直到 19 世纪末，歌德去世几十年后，在加利福尼亚州的淘金热中大赚了一笔的业余德裔美国考古学家海因里希·谢里曼（Heinrich Schliemann）才成功地在土耳其的西海岸发现了古老的特洛伊。* 在一次去特洛伊的旅行中，我看到了谢里曼在山腰挖掘的大沟。虽然谢里曼发现了古老的遗迹和宝藏，但他也给后来的考古学家留下了一个烂摊子。

正是因为谢里曼的大沟，我们现在才能准确地知道《奥德赛》是从哪里开始的，但一旦奥德修斯离开特洛伊，我们就跟着他进入一个有着海怪斯库拉（Scylla）和卡律布狄斯（Charybdis）、塞壬（Siren）、喀耳刻（Circe）和独目巨人的幻想世界——没有一个地方能在真实的地图上找寻到。

随着《奥德赛》的重要性日渐增长，越来越多的地方开始宣称自己与这些场景有关，尤其是西西里岛。西西里岛和意大利本土之间狭窄的墨西拿海峡（Strait of Messina）成了斯库拉和卡律布狄斯这两个海妖的居住地，一个抓住可怜的水手并将他们扔到石头上摔个粉碎，另一个将他们吸进致命的漩涡。塞壬的岛屿被那不勒斯海岸附近的卡普里岛（Capri）认领，但一些西西里岛人争论说，

* David A. Traill, *Schliemann of Troy: Treasure and Deceit* (New York: St. Martin's Press, 1996). 关于谢里曼的争议，请查阅 Wolfgang Schindler, "An Archaeologist on the Schliemann Controversy," *Illinois Classical Studies*, volume 17, number 1 (Spring 1992): 135–51, and D. F. Easton, "Heinrich Schliemann: Hero or Fraud?" *Classical World*, volume 91, number 5, *The World of Troy* (May–June, 1998): 335–43。

它其实应该是在位于西西里岛北海岸附近的埃奥利群岛（Aeolian Islands）中。当我乘船到那里时，我完全同意这个说法：这些海岛由尖尖的火山石组成，对危险的鸟身女妖而言是个相当合适的家园。

我在陶尔米纳（Taormina）听到了一个最有创造性的理论。那是一座高山上的小城，俯瞰大海，又被控制着西西里岛的活火山埃特纳山（Mount Etna）俯瞰。经营着住宿加早餐客栈的主人说，除了斯库拉、卡律布狄斯和塞壬，西西里岛也是独目巨人的岛屿。在我尝试跟上他快速的意大利语时，他问道："你还记得吗？奥德修斯是如何灌醉库克罗普斯（Cyclops，即独目巨人），然后将在火里烤红的棍子插进他的眼里，以此逃脱的？""记得。"我点点头。"逃脱之后，奥德修斯是怎样挑衅那位巨人的？对，对。然后发生了什么呢？"我像一个好学生一样回答道："生气的巨人朝船扔了一块石头，差点就砸到了奥德修斯。"可是我想不出意大利语里"错过目标"的表达，于是转而用双手演示了整个过程。"你看，"主人扬扬得意地大叫道，"库克罗普斯？他那只燃烧的眼窝？扔了一块石头？"然后，他指着窗外。我很困惑。"就是埃特纳火山呀！"他透过一面窗户指给我看正在不祥地冒着烟的火山，然后又透过另一面窗指给我看靠近岸边的海里的石头。我终于跟上了他的思路，在延迟了几秒之后说："确实……"我相信，歌德会喜欢这个故事，并将它写进发给家乡的游记里。

在西西里岛受到启发，歌德写了一部基于《奥德赛》中瑙西卡（Nausicaa）章节的戏剧，虽然没有任何证据证明这一段发生在西西里岛［一些古代的资料更赞成是在科孚岛（Corfu）］。* 在这个章节里，遭遇海难的奥德修斯被冲到岸上，被年轻的瑙西卡公主发现，公主将他带到她父亲的宫殿。在那里，奥德修斯沐浴、着装，受到招待，然后上路继续他的旅程。这是整部史诗中最快乐的情节之一，但是不知为何歌德却认为它很适合变成一部悲剧。† 也许正是因为对原材料看法不当，他最终没有完成这部作品。他在整个旅程中不停地创作这部戏剧，之后还抱怨，他将时间都浪费在了这部戏剧上，而没能好好享受西西里岛。

鉴于歌德对荷马的痴迷，我料想他会尽心竭力地去观赏岛上的每一处希腊遗迹，可事实证明，歌德出人意料地挑剔。当看到坐落在秀丽的山丘之间，保存完好且美得令人难以置信的塞杰斯塔（Segesta）神殿时，歌德观察到，这座神殿一直没有完工，好像这件事在两千年后还很重要似的，特别是当其他大多数神殿都只剩下几堆石块时。‡ 他欣赏了在南部海岸的阿格里真托（Agrigento）神殿，在那里花了几天时间。他热情洋溢的记录将这些神殿变成了19世纪的旅游胜地。看到陶尔米纳的希腊剧院，歌德更觉得兴奋，就是在那里我的客栈主人阐述了他的“库克罗普斯理论”。歌德称这座剧院是艺术与自然的完美结合：

> 如果坐在剧院的上层，你将不得不承认，从来没有一个剧院可以让观众看到这般风景。在右边，城堡高耸在大石块之

---

* Goethe, *Reise,* 266, 298.

† Goethe, *Reise,* 299–300.

‡ Goethe, *Reise,* 270.

上，城镇远在山脚下，尽管建筑都是新式的，但仍然像古代时那样排列。埃特纳火山耸立在绵延的山脉之上，在你左边，你会看到一直延伸到卡塔尼亚，甚至是锡拉库扎（Syracuse）的海岸线。令人敬畏的炽热火山使全景图变得完整，但它看上去没那么让人恐惧，因为柔和的氛围使它看起来很遥远，也比实际要温和。

如果你将视线转向剧院后面的小路，你会看到一面陡峭的石壁，还有在石壁和大海之间蜿蜒通向墨西拿的小路。大海里也有石块和岩层，而卡拉布里亚（Calabria）海岸在很远处，混在浮云中，几乎分辨不清楚。*

这位成就极高的剧作家和戏剧导演发现，世界上最棒的演出场景是使观众置身于埃特纳火山和大海、城镇和岩石、艺术和自然之间。

歌德是一位伟大的旅行作家，因为他从来不会长篇吹捧。在这个段落之后，他建议，建筑师应该将如今变成废墟的剧院修复到之前的壮丽，至少应该画出复原图，就像他认为毁坏的希腊神殿应该被重建一样。歌德在古迹面前没有被崇敬之情裹挟，还抱着使人耳目一新的实用主义精神，而不像我们那样在意保存原物。我发现他对文学的态度也是这样的，他大多是通过翻译作品来鉴赏文学的，而翻译相当于文学上的历史重建（歌德还用古典雕塑的石膏复制品来装饰自己的房子）。

---

* Goethe, *Reise*, 296–97.

陶尔米纳的古代剧院，背景是埃特纳火山

在歌德游览西西里岛海边城镇的过程中，他突然决定避开最重要的希腊殖民地锡拉库扎，转而前往内陆。驱使他的是一个想法，或者说是一句话：西西里岛，“地中海的粮仓”（the granary of the Mediterranean）。他想看看谷物，想知道它们长什么样、闻起来什么味道、长在什么样的土壤里。这是他对地貌广泛兴趣的一部分。“他一定认为我很古怪。”歌德谈到一位因为发现他不听古代的故事，反而跑去探索河床而惊讶不已的向导时说。* 他在河床中想探究的是岩层。歌德坐船接近这座岛时，首先注意到的是易碎的白色石灰岩，而它成为贯穿歌德游记的主题。† 他随身带着一本关于

* Goethe, *Reise,* 233.

† 关于岩石和火山作用在文学中的讨论，请查阅 Noah Heringman, *Romantic Rocks, Aesthetic Geology* (Ithaca, N.Y.: Cornell University Press, 2004)。

矿物的书，并且为了收藏而带回了他能带回的一切。

但是谈到地质学，歌德最着迷的其实是火山，火山给了他凝视地球神秘深处的难得机会。在旅途中，歌德差点死于那不勒斯附近的维苏威活火山（Vesuvius）爆发之时。甚至在这样的经历之后，他还是没有远离西西里岛的埃特纳火山，并且不顾危险坚持攀登到半山腰。也许歌德对文学的兴趣与他对岩石、矿物和植物的兴趣并没有什么不同，那是一位走向世界各处并带回他能找到的所有样本的收藏家的热情。

西西里岛还为歌德未来创造出“世界文学”这一术语奠定了基础，它给了一位在内陆长大的诗人身处岛屿的经历，也就是让他体验了一个微型世界。“人直到发现自己四周全被水围绕时，才对‘世界’有了概念。”歌德这样总结自己的体验。* 四十年后，他将把两个词，即“世界”和“文学”，合成一个词组。

---

* Goethe, *Reise*, 230.

第十二章

马克思、恩格斯、列宁、毛泽东

《共产党宣言》的读者们，联合起来！

一个幽灵，共产主义的幽灵，在欧洲大陆徘徊。

1844 年，巴黎—1848 年，伦敦

两个年轻男子约定在摄政咖啡厅（Café de la Régence）见面，咖啡厅位于巴黎市中心卢浮宫附近，交通便利。*优雅的水晶吊灯照亮了摆满桌子的大厅，每张桌子都有人，人们面对面坐着，神情都很专注。时不时有人起身走到吧台去跟服务员说话，服务员会查阅账簿并安排其与另一个人会面。一些桌子旁边围上了人，他们交头接耳，甚至让人皱眉头地大声评论。气氛很平静，有时候因为太拥挤了，人们不得不都戴着帽子，因为根本没有地方放。

哪怕这两个年轻人开始时不熟悉这间咖啡厅和这些神秘的做法，用不了多久他们就会弄明白，摄政咖啡厅是专用于日渐流行的国际象棋比赛的。在长达一个多世纪的时间里，所有伟大的象棋选手都来这里比过赛，而这也吸引了充满兴趣的业余选手。本杰明·富兰克林来这里下过棋，伏尔泰也来过，而就在几个月

* 除了引用的资料外，这个章节还基于我为自己的书所做的研究。这本书是 *Poetry of the Revolution: Marx, Manifestos, and the Avant-Gardes* (Princeton: Princeton University Press, 2006)。还参考了一部关于卡尔·马克思和马克思主义的杰出传记：Isaiah Berlin, *Karl Marx: His Life and Environment,* fourth edition (Oxford: Oxford University Press, 1969)。

前，咖啡厅主办了当时最有名的比赛，对局双方是法国公务员皮埃尔·圣·阿芒（Pierre Saint-Amant）和英国演员霍华德·斯汤顿（Howard Staunton）。开局完美的斯汤顿最终取得了胜利。*

关于开场重要性的教训，估计并没有吸引在 1844 年 8 月 28 日会面的两个年轻男子的注意。他们来，是为另一种不同的游戏制订战略的：世界革命。† 他们各自带来了截然不同的技能。两者中更年轻的弗里德里希·恩格斯当时 23 岁，刚从曼彻斯特来到巴黎，他父亲是富有的棉纺织品制造商，他被父亲送去学习更加先进的生产技术。曼彻斯特是棉花中心，被一些人称为“棉都”（cottonopolis），棉纺织物从那里被运往全世界，也是在那里，全新的工业生产方式改变了生产流程。棉花和各种棉产品是建立在机器之上的新经济的中心，于是曼彻斯特的烟囱成了工业革命的象征。‡

恩格斯仔细研究了曼彻斯特，发现自己不仅像父亲期望的那样深受工业化这个奇迹的影响，也深受来到工厂烟囱下劳动的贫困工人群体的影响。§ 他开始探究他们的生活和工作状况，并逐渐确信，以工厂代替手工业所产生的可怕后果已经在这个世界上最先进的工业城市显现出来。工业革命正在创造一群完全依附于机器业主的贫困工人。

另一个年轻人就是卡尔·马克思，他比恩格斯大两岁，对曼彻

---

* Philip Walsingham Sergeant, *A Century of British Chess* (London: Hutchinson and Co., 1934), 51.

† 关于国际象棋的历史，请查阅 David Shenk, *The Immortal Game: A History of Chess, or How 32 Carved Pieces on a Board Illuminated Our Understanding of War, Art, Science, and the Human Brain* (New York: Doubleday, 2006)。

‡ Sven Beckert, *Empire of Cotton: A Global History* (New York: Knopf, 2014).

§ W. G. Sebald, *Die Ausgewanderten* (Frankfurt am Main: Fischer, 1992), 283.

靠近曼彻斯特的康普顿（Crompton）的烟囱

斯特或者其他地方的工人都了解得非常少。他从柏林来到巴黎，在柏林，他不顾父亲的反对投入哲学学习。他在城市的选择上是幸运的，因为如果说曼彻斯特是工业革命的中心，那么柏林就是哲学的中心。从前，哲学关心的是抽象的原则、对知识的定义和尝试归纳普遍法则，而最近则是尝试以大百科全书的形式搜集知识。但是在柏林，哲学自身带着历史性的思考，意识到哲学所有的定义、抽象概念和观点都会随着历史的演变而变化。教授这堂“历史课”的人是格奥尔格·威廉·弗里德里希·黑格尔。他的哲学仍然对规律有兴趣，只是这规律是历史的规律，是掌握着人类文明兴衰起伏的规律。

马克思并不喜欢黑格尔讲述的历史版本，因为它偏袒普鲁士邦和现状，但是他还是被哲学讲故事的新能量所吸引。他不是孤身一人。对历史的相似兴趣将旅行者们带到中东，探索耶稣曾经是怎么生活的，以及如何在历史的框架里理解宗教。小说家们写下历史小说，发展出新的多重情节技巧，以捕捉社会现实。查尔斯·达尔文引入历史性的思考，讲述起人类进化的新的宏大叙事。这种新的思考方式将被后世称为“历史决定论”（historicism），而它的核心在于哪个故事能占上风。

在摄政咖啡厅，研究工厂和研究哲学的两人之间的会面异常顺利，因为尽管他们所受的训练和兴趣迥异，两人从彼此身上发现了很多值得学习的地方。他们开始合作，将恩格斯的工厂劳动知识和马克思的哲学式的讲故事的知识结合起来，变成一种全新而有力的革命愿景，而这愿景将改变社会的方方面面。他们的合作将创造出现代最有影响力的文本之一——《共产党宣言》。

我成长于冷战时期，距离铁幕八十几千米远。对我而言，难以想象苏联这个拥有一支大规模坦克常规部队，并且曾将短程原子弹直接对着我的世界强国，是用这样的方式开始的，即开始于马克思和恩格斯的会面和随之产生的文本。其他在文学史上具有影响力的文本，是经年累月才获得了影响力的，有些花了几百年，甚至几千年。《共产党宣言》的成功则更直接一些：在出版后不到七十年就展现出它惊人的影响力。文学史上没有任何其他文本能在如此短的时间里产生这样的影响。我们要怎么解释这个飞速的成功呢？

一种新的体裁诞生了：宣言

马克思和恩格斯在第一次见面的几年后开始撰写《共产党宣

言》，那时一个叫作正义者同盟（League of the Just）的组织主动联系他们。这个组织由对工业化和政治压迫愤恨不平的手工业者组成，总部设在伦敦。为了加入这个组织，申请者必须做秘密宣誓，而同盟会议专门策划秘密行动和组织暴动。1839 年，同盟会员在巴黎参加了一起失败的起义，后来为了逃避追捕和行刑，不得不迁到伦敦。后来，同盟会员转向马克思和恩格斯，寻求他们的指挥和领导。马克思和恩格斯很快发现，同盟关于"四海之内皆兄弟"的口号和对密谋的喜好都是错误的。前者忽视了恩格斯研究过的工业无产阶级的具体困境，而后者忽视了马克思提炼出的历史变化的规律。为了寻找一个新的目标，同盟很乐意让马克思和恩格斯提出一个方向上的改变。

1847 年 11 月，两个朋友怀揣一份新计划，从布鲁塞尔前往伦敦。新计划带来了一个新的名字，即共产主义者同盟（Communist League），以及一个新的愿景。正义者同盟接受了，正式委托他们写出概括这个新路径的陈述。在伦敦会议前，恩格斯首先起草了一份被称为"共产主义原理"（Principles of Communism）的文件，用类似于宗教教导常用的教义问答形式列举出信仰的条款。* 然而，这种形式很快就被证实不足以表达两位作者所怀的雄心壮志。"请你把《信条》考虑一下。我想，我们最好是抛弃那种教义问答形式，把这个东西叫作《共产主义宣言》"，恩格斯对他的搭档这样

* Friedrich Engels, "Grundsätze des Kommunismus," in *Karl Marx und Friedrich Engels,* Gesamtausgabe (Berlin: Dietz Verlag, 1977), 361–80.

写道。[*]当恩格斯提出这个新标题时，“宣言”一词并不像处在“后《共产党宣言》”（post-Communist Manifesto）时代的我们所理解的那样。它有时被用于帝王或者天主教会的重要宣告，将这些统治者的愿望昭告他们的人民。而这个共产主义者同盟没有任何的权威和管辖的人民。将他们的文本称作宣言是在宣告一个尚未实现的抱负。[†]

这个新标题还有另一层意思：让自己的观点显明（manifest）和公开（public）。与崇尚密谋的过去相比，这是一个重大的改变。为了甩开过往，马克思和恩格斯坚持同盟需要公开自己的观点给所有人看，以克服他们骨子里对密谋的热衷。为了强调这一点，两位作者写下了这个有名的开场：“一个幽灵，共产主义的幽灵，在欧洲大陆徘徊。”这是一个不祥的开场，让人想起鬼魂的世界，仿佛《共产党宣言》是在努力散播恐惧，以充当可怕的幽灵为乐。但事实恰恰相反。马克思和恩格斯厌倦了躲在暗处，像在童话故事里那样吓唬小孩。他们想要摆脱鬼魂和妖怪的世界，摆脱密谋与谋杀的世界，变成一股公开、合法的力量。将共产主义从一个幽灵变成真实之物——这就是人们期望《共产党宣言》所能实现的。

教义问答这种古老的方式之所以不成功还有一个原因。这一次，也是恩格斯发现了问题：“因为其中必须或多或少地叙述历史，所以现有的形式是完全不合适的。我将我在这里草拟的东西带去，

---

* *Birth of the "Communist Manifesto": With Text of the Manifesto, All Prefaces by Marx and Engels, Early Drafts by Engels, and Other Supplementary Material,* edited and annotated with an introduction by Dirk J. Struik (New York: International Publishers, 1971), 60. 中译见《马克思恩格斯全集》第 27 卷（人民出版社，1972 年），第 123 页。

† Puchner, *Poetry of the Revolution,* 69ff.

这是用简单的叙述体写的，但是校订得非常粗糙，十分仓促。”[*] 恩格斯无意中发现了《共产党宣言》的核心要素，就是他从马克思那里学到的：讲故事。他们在巴黎和布鲁塞尔合作的几年间，马克思发展出了替代黑格尔哲学的有力学说。在黑格尔的版本中，想象力和观念是世界历史的驱动力。在马克思的版本中，是人类通过劳动改变了世界，这意味着新的核心领域不是哲学，而是经济学。[†]

马克思在恩格斯的帮助下写出的经济叙述是惊人的，它是一个关于以惊人的程度改变着世界的工业化和贸易的强大力量的故事：

> 资产阶级，由于开拓了世界市场，使一切国家的生产和消费都成为世界性的了。使反动派大为惋惜的是，资产阶级挖掉了工业脚下的民族基础。古老的民族工业被消灭了，并且每天都还在被消灭。它们被新的工业排挤掉了，新的工业的建立已经成为一切文明民族的生命攸关的问题；这些工业所加工的，已经不是本地的原料，而是来自极其遥远地区的原料；它们的产品不仅供本国消费，而且同时供世界各地消费。旧的、靠本国产品来满足的需要，被新的、要靠极其遥远的国家和地带的产品来满足的需要所代替了。过去那种地方的和民族的自给自足和闭关自守状态，被各民族的各方面的互相往来和各方面的互相依赖所代替了。物质的生产是如此，精神的生产也是如

* Letter from Friedrich Engels in Paris to Karl Marx in Brussels, November 23–24, 1847, in *Der Bund der Kommunisten: Dokumente und Materialien*, volume 1, *1826–49* (Berlin: Dietz Verlag, 1970), 612. 中译见《马克思恩格斯全集》第 27 卷，第 123 页。

† Berlin, *Karl Marx*, 124.

> 此。各民族的精神产品成了公共的财产。民族的片面性和局限性日益成为不可能，于是由许多种民族的和地方的文学形成了一种世界的文学。*

这个对于世界市场的描述听起来像是马克思和恩格斯在赞美资本主义前所未有的力量，但是他们加上了一个戏剧性的转折：正是在胜利的时刻，资本主义会突然面对自己制造出来的敌人，也就是恩格斯仔细研究过的工业无产阶级。世界上有越来越多的地方看起来像曼彻斯特那样，工业无产阶级就会变得越发强大，直到足以推翻它的压迫者。这是讲故事最彰显其力量的时刻，将无助的受害者变成转败为胜的英雄。

这个关于工业化的故事还有一个转折，就是工业化影响的不仅是物质，还有观念，如他们在段落结尾写到的："由许多种民族的和地方的文学形成了一种世界的文学。""世界文学"——在矿井、蒸汽机和铁路的语境里使用这个词，很奇怪。带有贵族倾向的歌德肯定会反对马克思和恩格斯在宣扬的无产阶级革命。但是，他可能也同意世界文学是世界贸易的产物。歌德注意到一个新兴的世界文学市场，从而窥见了马克思和恩格斯现在所描述的资本主义的力量。而通过类似于其他工业生产流程的先进印刷机器，文学看起来愈发像是来自曼彻斯特这样的地方。

当马克思和恩格斯思索着刚刚完成的文本的命运时，世界文学

* Karl Marx and Friedrich Engels, *The Communist Manifesto and Other Writings*, with an introduction and notes by Martin Puchner (New York: Barnes and Noble, 2005), 10–11. 中译见马克思、恩格斯《共产党宣言》(人民出版社，2014 年)，第 31 页。

HOE'S SIX CYLINDER PRINTING PRESS.

1847 年，美国发明家理查德 · 霍（Richard Hoe）推出了他的平板印刷术，用于大批量发行廉价报纸

也在他们的考虑之中。他们在序言的结尾处大胆地宣称，《共产党宣言》将“以英文、法文、德文、意大利文、佛拉芒文和丹麦文公布于世”。* 虽然这和今天可以涵盖十几种语言的书籍出版比起来不算什么，但对于 1848 年一群散落各处的革命家来说是相当有野心的，这需要许多不同国家的翻译者、印刷商和分销商的参与。《共产党宣言》讲述的故事是国际性的，它也渴望在国际上被读，渴望成为世界文学。

1 月末，马克思收到了一封从伦敦寄来的措辞严厉的信，提醒

* Marx and Engels, *Communist Manifesto,* 5.

他截止日期是 2 月 1 日。两位作者没能如期完成，但延迟的时间不长。在几个月内，他们已经成功地将从彼此身上学到的所有东西提炼成一份将成为未来所有宣言样本的不寻常文本。他们在不经意间为世界文学贡献了一种新的体裁：宣言。

哪怕共产主义者同盟在伦敦的总部意识到了他们收到的是一份伟大的著作，他们也没有说出口。但他们的确马上将它在一份期刊上刊载了，虽然只是其中的一部分，因为《共产党宣言》是以连载的方式出版的。* 本杰明·富兰克林去世后，报纸的数量迅速增长，印刷的文章更长，甚至是整部小说一章章连载。† 只有 23 页的《共产党宣言》本该是一次性读完的，但还是以连载的方式出版了，这标志着连载出版的影响力。同盟决定，同时将宣言做成独立的小册子发行。通过这两种印刷出版形式，世界将第一时间清楚地知道同盟想要做些什么。

在出版后的几周内，欧洲各处就爆发了革命。游行导致罢工，罢工导致暴动，催生出要求新宪法和新权利的新国民议会。马克思和恩格斯很高兴。马克思并不介意被迫离开布鲁塞尔。他就这样回到了巴黎——革命活动的中心。在巴黎和德国，马克思和恩格斯组织、策划、出版报纸与小册子，不顾一切地尝试去引导迅速展开的一系列事件。

在这些令人激动的时刻中，唯一令人失望的是，这些革命和《共产党宣言》毫无关系。他们的作品尚未引起人们的兴趣。几乎

---

* Puchner, *Poetry of the Revolution*, 59.

† 关于 19 世纪的连载出版，请查阅 Amanda Claybaugh, *The Novel of Purpose: Literature and Social Reform in the Anglo-American World* (Ithaca, N.Y.: Cornell University Press, 2007)。

没有人回应《共产党宣言》，它也没有对这些事件有明显的影响。出版这部文本的新版本也渐渐变得困难起来，因为旧的政权不仅用军队和警力予以回击，还在加紧审查。同盟被迫再次转到地下，回到他们曾试图摆脱的秘密状态，并且最终分裂了。马克思和恩格斯只能无助地看着革命逐渐平息，还有那部他们想用来指导革命还并未成功的文本。

1848 年后的几十年里，《共产党宣言》到底能否存留下来尚不明确。尽管他们有一个宏大的计划，要将它在几个国家同时发行，但实际上只有极少的版本成功出版。在 1853 年到 1863 年间，只印刷了一个新的单行本，因为印刷厂都被赶到了地下，只有几个地方可以出版颠覆性的文本而不受处罚。第一个俄语译本是在相对自由的日内瓦出版的，并不是在沙皇俄国；一个瑞典语译本是在美国印刷的。一些由真正的信仰者组成的分散团体试图将《共产党宣言》翻译并送到读者手中，但并不是很成功。* 在这个反革命的时代，《共产党宣言》显得不合时宜，像是渐渐远去的革命时代的陈迹。

两位作者现在面临着一个严酷的选择：是让《共产党宣言》作为 1848 年失败革命中的无数小册子中的一本，变成一份历史文件，还是应该更新它以应对新的政治现实？起初他们选择了第二条路。早在 1852 年 8 月，恩格斯就承认："加利福尼亚和澳大利亚——这是在《宣言》中没有预见到的两个场所：从无到有建立起来了新的

---

* 关于《共产党宣言》的出版信息，请查阅 *Le Manifeste communiste de Marx et Engels: Histoire et Bibliographie, 1848–1918,* edited by Bert Andréas (Milan: Feltrinelli, 1963)。

大市场。这是必须注意到的。”[*]两位作者开始撰写吸收了新的发展状况的前言，同时坚持核心的思想始终如一。事情在马克思去世后变得更加复杂。1883年，恩格斯悲伤地写道：“在他逝世以后，就更谈不上对《宣言》作什么修改或补充了。”[†]《共产党宣言》成了历史记录的一部分，以及他逝去的朋友的遗产。

有影响力的文学总是能经得起时间的考验，《共产党宣言》也不例外。停滞几十年之后，事情在19世纪70年代和80年代有了希望。为文学带来充足产业化力量的全新印刷技术也帮上了忙。印刷流程终于有了巨大改进，第一次达到了极大程度的自动化。甚至还能用机械方法选择字母，将它们放到页面大小的框架里，准备承接油墨和纸张。印刷厂变得无处不在，成本更低，也更不容易被查封。同时，国家之间的贸易使得在伦敦印刷德语版本，或在日内瓦印刷俄语版本并将它们偷运回国，变得更加容易。

随着《共产党宣言》更多版本的出版，一个有意思的规律出现了：《共产党宣言》发行量越大的地方，越有可能发生革命。这个因果关系在巴黎是符合事实的，1871年，愤怒的工人设置路障堵住街道，宣告巴黎公社（Paris Commune）成立。1905年，一群工人和新兴中产阶级在俄国造反。《共产党宣言》只是赶上了革命的热潮吗？还是它的确煽动了这些情绪？很可能两者都是。无论如何，《共产党宣言》终于正在变成一部真正的革命文本，寻找着准备吸取它的历史教训并投身实践的读者们。

---

* Karl Marx and Friedrich Engels, *Gesamtausgabe*, III, volume 5, Briefe (Berlin: Dietz Verlag, 1977), 186. 中译见《马克思恩格斯全集》第28卷（人民出版社，1973年），第115页。

† Struik, *Birth of the "Communist Manifesto,"* 132. 中译见《共产党宣言》，第7页。

读者们：列宁、毛泽东、胡志明和卡斯特罗

《共产党宣言》的热心读者之一，是“一战”期间住在苏黎世的俄国革命家弗拉基米尔·乌里扬诺夫（Vladimir Ulyanov）。瑞士是欧洲为数不多免于战争的国家之一，但并不代表它是和平的。城市里充满了外交官、军火商、间谍、逃避兵役者和难民，但这里仍然是一个进行观察的最佳地点，可以看到将世界推入这场战争的那些政权所遭受的严重破坏。另外，这里还是等候出击良机的好地方。

弗拉基米尔学会了忍耐。* 在俄国的时候，他眼睁睁地看着他哥哥在匆忙尝试暗杀沙皇后被逮捕和处死。他并没有被吓倒，而是选择跟随哥哥的步伐，但也明白了暗杀是不起作用的。即使他们成功，新的沙皇也会取代旧的，就像曾经发生的那样。仅仅替换领导人是不够的，必须改变整个体制。寻求知识向导的弗拉基米尔沉浸在革命文学中，但并没有得到什么启发，直到他发现了《共产党宣言》。它提供了一个强大的历史视角，向他展示了反抗高压政权的斗争已经持续了上千年；它向他指出了问题的根本，预言了迫在眉睫的革命性改变，并启发弗拉基米尔按照这个预言行动。

弗拉基米尔读完《共产党宣言》之后做的一件事就是把它翻译

---

* 列宁的思想传记请查阅 Georg Lukács, *Lenin: A Study on the Unity of His Thought,* translated by Nicholas Jacobs (London: Verso, 1998)。更完整的传记请查阅 Robert Service, *Lenin: A Biography* (Cambridge, Mass.: Harvard University Press, 2000)。

成俄语，以便让更多的俄国同胞可以阅读它。然后，他尝试将它付诸实践。不幸的是，避开像他哥哥策划的那种暗杀并没有使他免于牢狱之灾，虽然他只是被送到了西伯利亚而没有被处死。

服刑结束后，他去了欧洲，在那里投入阅读和写作，按《共产党宣言》中的方式将历史和行动号召结合在一起。他还意识到，这部来自不同时代、不同地点的文本需要更新，需要与俄国具体的情况相结合。当弗拉基米尔·乌里扬诺夫在等待良机将《共产党宣言》付诸实践时，他也给自己取了个新名字：列宁。《共产党宣言》被写下几十年后，终于找到了一位理想的读者，一位准备用这个尚不出名的文本来改变历史进程的读者。

第一次世界大战期间，列宁住在苏黎世老城中心的镜子街 14 号。马路对面的镜子街 1 号里，一群来自世界各地的艺术家和煽动者说服酒吧老板，让他们开办一个卡巴莱酒馆。这群人组织诗朗诵，进行各种喧闹的表演，通常穿戴着奇怪的、几何形状的服饰，放着刺耳的音乐，表演的节目超出常理。最重要的是，他们还朗读和发表宣言。在那些宣言里，他们热热闹闹地宣布，一个名为“达达主义”（Dadaism）的全新革命运动诞生了，同时批判了这之前所有的艺术运动。这群煽动者是怎么承袭《共产党宣言》的传统，开始撰写一篇宣言的呢？

自从马克思和恩格斯去世后，《共产党宣言》不但在列宁这样的职业革命家中，也在艺术家中找到了崇拜者。这部文本特别的力量在于它结合了宏大历史和行动号召，因此吸引了想要改变艺术面貌的艺术家们。先是欲言又止，然后越来越大胆，各种艺术宣言开始在欧洲各地出现，从自然主义（Naturalism）和象征主义

（Symbolism），到未来主义（Futurism）与达达主义。每次的情形都是，一小群艺术家，通常由一位有影响力的人物带领，以尚未实现的未来的名义批判所有传统艺术。现实主义绘画，传统的叙事，和谐的音乐——它们都必须消失。用什么来替代它们却并不明确。有时候，在作品被创作出来之前，艺术家们就已经写下宣告最新运动的宣言，仿佛撰写宣言已经变得比真实的艺术创作本身更为重要。等到他们有时间创作时，这些作品在尖锐的声调、面对观众时咄咄逼人的态度以及纲领性的抱负方面，都和他们的宣言一脉相承。*

各种艺术宣言和宣言运动在“一战”前就开始了，但是在那残酷的几年里才显现出其重要性，因为它们清晰地表达了欧洲文化正在分崩离析的感觉。很明显，19 世纪的艺术无法准确表现和妥善应对堑壕战的机械化杀戮。在所有的前卫派里，达达主义者和他们的苏黎世伏尔泰酒馆，绝佳地捕捉到了战争绝对的盲目性和荒谬性。马克思对文化很感兴趣——他的作品里充满了文学典故，尤其是莎士比亚的——但是鼓舞人心的革命艺术绝不是他期待的。品味相对保守的马克思会对这些艺术感到惊骇万分。

列宁估计也会反对，但是他不知道《共产党宣言》的一个衍生物正在街对面扎根。他高度关注着战况，以及它对事态正变得白热化的俄国的影响。从 1917 年 2 月开始，爆发了更多的罢工和游行，而警察和士兵们不去逮捕游行者们，反而加入他们。沙皇退位，将皇位让给他的兄弟，但这项荣耀被后者明智地拒绝了。俄国现在没

---

* Puchner, *Poetry of the Revolution*, 89ff.

1916 年，在苏黎世伏尔泰酒馆（Cabaret Voltaire）的一个喧闹的夜晚，这里是达达主义的诞生地，马塞尔·杨科（Marcel Janco）的原作已经遗失，但是这幅画作的照片留存了下来

有了君主。* 工人和士兵们建立了名为“苏维埃”的委员会，并选出代表组成新的议会，一个临时政府诞生了。列宁觉得是时候行动了。当时德国正在和俄国交战，但是德国当权者允许列宁穿越德国，经由芬兰进入革命中的俄国。

列宁带着一个貌似很不实际的计划前往彼得格勒（Petrograd，今天的圣彼得堡）。他没有与其他民主革命团体合作，而是选择专注于工人阶级。工人阶级，或者像《共产党宣言》所说的“无产阶级”，是俄国唯一一个真正的革命团体，也是唯一一个能够代表自己采取行动的共产主义政党。

这个让列宁与他许多天然盟友决裂的不明智计划，其根基在于《共产党宣言》对世界历史的叙述。马克思和恩格斯将资产阶级这个控制着工业生产的阶级，看作可以与封建君主制抗衡的革命力量。但是《共产党宣言》接着预言，历史将从资产阶级革命转向无产阶级革命，无产阶级是历史最终的推动者。因为工业化而陷入贫困，并且完全依附于资产阶级的无产阶级，终将奋起抵抗压迫者。这就是鼓舞了列宁和他的同志们的故事，而现在它给予他们信心，将信念寄于“一切权力属于无产阶级”这一口号上。当列宁在1917年4月到达彼得格勒的芬兰车站（Finland Station）时，他立即着手将这个故事变成现实。他建立了一个既有能力筹划政变，也能赢得思想斗争的党派，为此他重振了一份报纸来宣传马克思和恩格斯的史话。

---

* Sheila Fitzpatrick, *The Russian Revolution*, second edition (New York: Oxford University Press, 1994), 45.

列宁于俄国革命前夕在彼得格勒向群众发表讲话

在为无产阶级革命奋斗的过程中，列宁和他的同志们意外得到了来自推崇《共产党宣言》的艺术家们的帮助。吸引了在苏黎世的达达主义者们的“宣言热”蔓延到俄国，在那里，不同的艺术家群体也以艺术革命的名义写下了宣言。虽然列宁没有关注过苏黎世的达达主义者，但他现在注意到了俄国的达达主义者，他们的宣言为彼得格勒和莫斯科的革命气氛做出了贡献。* 宣言运动的两个分支就像两根电线一样互相响应，一根朝向政治，另一根朝向艺术，一经触碰，就激发出了革命火花。[在法国超现实主义作家安德烈·布

* Fitzpatrick, *Russian Revolution*, 85.

勒东（André Breton）和俄国革命家列夫·托洛茨基（Leon Trotsky）共同签署题为《为了自由的革命艺术》（*For a Free Revolutionary Art*）的宣言时，也发生了同样的效应。] 列宁和他的同志们突破万难，成功地在 1917 年的 2 月至 10 月间将革命引向了对他们有利的方向。当右派的政变尝试归于失败，他们决定用左派的政变进行回击，并且成功了。* 革命到达一个转折点，突然让列宁和他的党派获得了国家的控制权。历史上第一次，代表贫困的工人阶级的党派控制了整个国家。

俄国不是唯一一个被《共产党宣言》改变的国家。毛泽东也还记得他第一次读到这部文本的时刻。起初，他父亲将他送到一所儒家书院熟记儒家经典。† 毛泽东对死记硬背感到失望，决定不再为科举考试而读书，在几百年里，科举考试始终基于一组同样的教材。甚至在最后一位皇帝倒台之前，他已经剪掉了传统规定的发辫，公开反叛，并且加入了一个武装的学生组织。他搬到了一个更大的城镇，开始研读中国小说、西方哲学和带给他关于"一战"最新消息的报纸。在终于成功搬到北京之后，他开始和革命知识分子来往，包括以使中国文化现代化为目标的《新青年》杂志的编辑们。毛泽东参加了讨论不同政治哲学的会议，并且参与一份文学杂志和一家联合书店的工作。‡ 回想这段时光，对毛泽东来说，这似

---

* Marc Ferro, *October 1917: A Social History of the Russian Revolution*, translated by Norman Stone (London: Routledge, 1980), 174ff.

† Edgar Snow, *Red Star over China*, first revised and enlarged edition (New York: Grove, 1938).

‡ Alexander V. Pantsov with Steven I. Levine, *Mao: The Real Story* (New York: Simon and Schuster, 2007), 90ff.

乎只是他转投俄式马克思主义（Russian-style Marxism）之前的迷茫时期，而转变发生在他第一次读到《共产党宣言》的时候。

这部文本花了很长时间才来到中国。不像通晓德语的列宁，毛泽东只能阅读中文，所以受制于文本缓慢地被翻译成他的母语。1903 年，《共产党宣言》第一次在中国被提起，然后序言在 1908 年出版。陈独秀是《新青年》杂志的一位编辑，他在那之后出版了一个缩减版，而完整版的翻译直到 1920 年夏天才出现，毛泽东也就是那时候才第一次读到它。* 而那时，列宁已经成功地巩固了他对苏联的统治。

问世已有将近八十年的《共产党宣言》并没有提及中国的具体情况（就像它也没怎么谈到俄国一样），然而就在阅读这部文本的几个月后，毛泽东成立了一个共产主义小组，成了一场共产主义革命的领导人，他确信《共产党宣言》将带来胜利，而历史，站在了他这一边。

相似的经历越来越多。年轻的胡志明在一艘蒸汽船上工作时环游了世界，但他是在巴黎接受的政治教育。† 他成长在法国殖民控制下的越南，因此懂法语，他正是用这门语言阅读了早就有法语译本的《共产党宣言》。这个在“一战”过后不久的阅读经历促使他成为一名马克思主义者。他加入法国共产党，并且开始将《共产党宣言》用于与欧洲殖民者做斗争。他自己的作品《法国殖民的过程》（*The Process of French Colonization*）包含了一份宣言，其结

---

* Snow, *Red Star*, 155.

† Jean Lacouture, *Ho Chi Minh: A Political Biography*, translated from the French by Peter Wiles, translation edited by Jane Clark Seitz (New York: Random House, 1968), 18.

尾与《共产党宣言》著名的终句相呼应——“全世界无产者，联合起来！”*（在写下这份宣言之前，胡志明曾参照美国的《独立宣言》为越南写下一份独立宣言。）

菲德尔·卡斯特罗也记得自己在1952年初读《共产党宣言》的时候，那时美国支持的独裁者富尔亨西奥·巴蒂斯塔（Fulgencio Batista）精心策划了一场谋取古巴统治权的政变。“然后，有一天，一份《共产党宣言》——那著名的《共产党宣言》——到了我手里，于是我开始阅读我将永远无法忘记的东西……这样的词句，这样的真理！并且我们每天都能目睹那些真理！我感觉自己像是一个出生在他并不熟悉的森林的某个小动物。然后，突然之间，他找到了那片森林的地图。”†

于是，这样的事情相继发生，从19世纪80年代的列宁到20世纪50年代的卡斯特罗，《共产党宣言》向俄国和中国、越南与古巴的革命者提供了穿越森林的地图。那些配备着这份地图的人，得以成功地摆脱俄国的沙皇、中国的皇帝、法国的殖民者和美国的军队。《共产党宣言》不停地寻找读者，改变他们的信仰，激励他们采取行动，直至它成为历史上最被崇敬也最令人畏惧的文本之一。

那些被共产主义威胁到的人们，以逮捕、死刑和战争回应，这导致了20世纪漫长的针对共产主义的斗争，直到1989年才逐渐弱

* Nguyen Ai Quoc, *Le Procès de la colonisation française et autres textes de jeunesse,* choisis et présentés par Alain Ruscio (Paris: Les Temps des Cerises, 1925), 116.

† Fidel Castro, “How I Became a Communist: From a Question-and-Answer Period with Students at the University of Concepción, Chile,” November 18, 1971, historyofcuba.com/history /castro.htm, accessed January 13, 2017.

化（或者说，直到 2016 年菲德尔·卡斯特罗离世才逐渐弱化）。但是也有文学形式的对共产主义的斗争。

最凶残的反动分子是名为阿道夫·希特勒的奥地利人，他承诺会结束横扫欧洲的红色浪潮。希特勒因为 1923 年一场失败的政变而被捕，他写了一部自传，也是一部他用于将来政治生涯的竞选传记。成功攫取权力之后，他就将这份文本通过一个庞大而自负的出版计划强加给他统治下的人民。在纳粹统治的高峰，《我的奋斗》（*Mein Kampf*）成为德国被最广泛拥有的一本书，它印了 1 031 版，总计 12 400 000 本。每六个德国人就拥有一本《我的奋斗》，而且规定每个县送一本给所有新婚夫妇。*

书本可以被强行送进每家每户，但是没有人能够强迫人们读它们。希特勒冗长乏味的演说使得《我的奋斗》成为历史上阅读率最低一本的书，和它拼命要与之竞争的《共产党宣言》形成鲜明对比。（另一本政府资助的书——毛泽东的"红宝书"，在实际阅读率上更为成功，也许是因为它简洁有力的引述和思考，与希特勒的长篇大论正好相反。）

马克思和恩格斯创造出一部引人入胜的文本，它从文学史上汲取了宝贵的经验。从经典文本那里，它学会了如何叙述一个起源故事；从古代老师的文本那里，它学会了如何与所有人对话，而不仅仅是与一个国家中的一部分人对话；从《独立宣言》这一类近乎神圣的历史文件那里，它学会了如何创造一个新的政治现实；然后从

---

* 关于这本书和它不同版本的最佳学术信息，请查阅最新的评述版 *Hitler, Mein Kampf: Eine kritische Edition,* edited by Christian Hartmann et al. (Munich: Im Auftrag des Instituts für Zeitgeschichte, 2016)。

歌德那里，它了解了世界文学的动态。

《共产党宣言》因为俄国革命而跃升至历史的最前沿。在过去，《共产党宣言》成功地从默默无闻到死而复生，适应新的政治现实。即便是现在，它还在寻找这样一些读者，他们认为这部文本预测了我们如今对全球化的强烈抵制。无论如何，可以确定的是，《共产党宣言》在它出现后的短短几十年里成了现代最有影响力的文本之一。在之前四千多年的文学历史中，几乎没有文本能够这样有效地影响历史的发展。

第十三章 阿赫玛托娃和索尔仁尼琴

在苏联写作

北极星当空照耀，叶尼塞河翻滚波涛。

那一双我所钟爱的蓝眼睛，

光芒已将最后时刻的恐惧遮盖住了。

约 1935 年，列宁格勒

最初，俄国诗人安娜·阿赫玛托娃（Anna Akhmatova）用惯常的方式创作诗歌。[*] 她总是手写，将诗句写在纸上，然后做些修改，有时还会读出来，听听对不对。通常，她会誊出清稿投递给杂志，或者把写出来的诗句放在一旁等到整组诗歌完成，然后联系一位出版商。在第一次世界大战之前，她以这样的方式创作出版了几本诗集，大获好评。二十出头的她在俄国成了一位著名的诗人，一个引人瞩目的时髦人物，留着黑色长辫，举手投足透露出其贵族出身。在巴黎，她认识了阿梅代奥·莫迪利亚尼（Amedeo Modigliani），一位确信自己会成功的画家，他对她一见钟情。[†] 莫迪利亚尼为年轻的阿赫玛托娃创作了好几幅画作，它们捕捉到了这位将被批评家们称为“俄国的萨福”（Russian Sappho）的诗人的优雅线条和鲜明

* 我感谢我的同事威廉·米尔斯·托德 III（William Mills Todd III）对这个章节的帮助。

† Roberta Reeder, *Anna Akhmatova: Poet and Prophet* (New York: Picador, 1994), 35–36. I also consulted György Dalos, *Der Gast aus der Zukunft: Anna Achmatowa und Sir Isaiah Berlin, Eine Liebesgeschichte,* deutsche Bearbeitung von Elsbeth Zylla (Hamburg: Europäische Verlagsanstalt, 1969), 28.

在巴黎相遇时，意大利雕塑家和画家阿梅代奥·莫迪利亚尼为安娜·阿赫玛托娃画了几幅素描

特征。*

阿赫玛托娃保存着莫迪利亚尼的一幅画作，将它放在她床头上的显要位置，但她在巴黎时期的荣光早已成为过往。†20 世纪 30 年代中期，在创作新诗时，她心里没有任何出版的想法。国家是不会允许的。自从马丁·路德展示了印刷的强大力量之后，当权者们就开始试图控制出版商和作者。长期以来，许多出版计划都需要获得

* Amanda Haight, *Anna Akhmatova: A Poetic Pilgrimage* (Oxford: Oxford University Press, 1976), 80.

† Tomas Venclova and Ellen Hinsey, "Meetings with Anna Akhmatova," *New England Review*, volume 34, number 3/4 (2014): 171.

许可，这迫使塞万提斯等作者去申请王室许可。但许可是可以绕开的，富兰克林就未经许可出版了《圣经》，马克思和恩格斯也发现，书本可以在海外印刷，然后偷运回受审查的地区。20 世纪，对印刷的控制最终落入政府之手，至少是落入部分政府之手。高度中央集权的国家控制着军火和人力，同时靠一个大型的官僚机构来监控公民。无数档案被制作、处理和存档。官僚制度最早是在五千多年前随着文字的发明而发展起来的，它现在成了统摄一切的力量。安娜·阿赫玛托娃从未参与过任何政治活动，但是她的警局档案有九百多页。*

知道自己的诗歌不会被允许出版并没有阻止阿赫玛托娃的写作，即使是在这些危险的时期。1934 年，一名高级公务员被谋杀后，逮捕和行刑变成了家常便饭。没有人能逃出秘密警察头子金立克·雅戈达（Genrikh Yagoda）之手，他逮捕了潜在敌人、老同志和任何一个可能心怀异见的人，有的被捕者甚至只是在错误时间出现在了错误地点。雅戈达还对饱受折磨的犯人实行公审，让他们对自己的罪行忏悔，以此在全体人民中散播恐惧。† 当雅戈达自己被逮捕时，人们变得更加恐惧：如果连秘密警察头子都不安全，那么真的没有人是安全的。雅戈达迅速被更可怕的人取代了——尼古拉·叶若夫（Nikolai Yezhov），叶若夫后来也重蹈雅戈达的覆辙。

在这一时期，阿赫玛托娃知道自己处于很可能被逮捕的危险中。自从她的前夫以捏造的罪名被处死以后，她就一直处在安全部

---

* Dalos, *Gast aus der Zukunft*, 9.

† 关于一些囚犯在意识形态上的共谋，请查阅 Jochen Hellbeck, *Revolution on My Mind: Writing a Diary Under Stalin* (New Haven: Yale University Press, 2006)。

门的监控中。他们的儿子也被逮捕、释放、再次逮捕和拷问。秘密警察随时都可能搜索她的公寓，然后一行诗，一行错误的诗句，都可以是将她带到行刑队面前的理由。这就是为什么她每完成一段就会把那段背诵下来，然后烧掉写下这段诗的纸。

阿赫玛托娃被暴露在额外的危险之下，是因为苏联是一个对诗歌有着强烈兴趣的政权。阿赫玛托娃早在俄国革命之前就出了名，因此，她被怀疑是来自另一个时代的作家，虽然她从来都不是一名传统主义者。她与第一任丈夫和一群志同道合的年轻艺术家一起，发起了一个运动——阿克梅派（Acmeism，“阿克梅派”一词有可能来自阿赫玛托娃的名字）*，力图摆脱主导 19 世纪末 20 世纪初的象征主义诗歌，用更加简明和清晰的诗歌取而代之。在革命之后的狂热时期，这个相对低调的运动和它相对低调的宣言，很快被像“未来主义”这样更加激进的运动盖了过去，后者想要彻底地摆脱过去，发出越来越刺耳的呐喊，飞快占据市场。（老派的阿克梅派和新派的未来主义者之间的区别：阿克梅派使用的是昂贵的纸，而未来主义者喜欢用后就能丢弃的廉价纸。†）

俄国革命的知识领袖列夫·托洛茨基写了一本关于新的文学运动的书——《文学和革命》（*Literature and Revolution*），他在书中批评还不到三十岁的阿赫玛托娃已经过时了。‡权力很大的教育委员阿纳托利·卢那察尔斯基（Anatoly Lunacharsky）对阿赫玛托娃也

---

* Haight, *Anna Akhmatova: A Poetic Pilgrimage,* 19. See also Clarence Brown, "Mandelshtam's Acmeist Manifesto," *Russian Review,* volume 24, number 1 (January 1965): 46–51.

† Haight, *Anna Akhmatova: A Poetic Pilgrimage,* 71.

‡ Leon Trotsky, *Literature and Revolution,* edited by William Keach, translated by Rose Strunsky (Chicago: Haymarket Books, 1925), 50.

做出了类似的批判。[*]1924 年，列宁去世后，斯大林放逐了托洛茨基，但是他保留了与托洛茨基一样的对诗歌的兴趣，继续留心阿赫玛托娃的动态（他不只读过阿赫玛托娃的诗，他最喜欢的诗人之一是沃尔特·惠特曼）。[†] 身为斯大林的关注对象有利也有弊。阿赫玛托娃的儿子在 1935 年被逮捕时，她能够直接写信给斯大林，恳求放她的儿子一马。令她惊讶的是，她的儿子被释放了。[‡] 但在大部分时候，斯大林的兴趣严重限制了她写作和出版的能力。

对阿赫玛托娃这样的诗人来说，诗歌是危险的，但也是必需的，它让她能够传达全人类的忧伤、恐惧和绝望。她将新作命名为《安魂曲》（*Requiem*）。这首诗讲的不是一个直接易懂的故事。阿赫玛托娃提供了许多简短的记录，这里几句对话，那里一个记忆中的事件，它们被削减成一个句子或一个图像，而这些句子或图像会将历史变成一些精雕细琢的瞬间。最有力的片段谈论到女人、母亲和妻子，她们每天聚集在一所监狱外，等待她们所爱的人被处死或放逐的消息。"我本想把她们的名字一一记住，"阿赫玛托娃关于这些女人这样写道，"但是名单已被夺去，无处可寻。"[§]

只要阿赫玛托娃能背一段，烧一段，这首创作中的诗就是安全的，但光是这么做的话，一旦她不在人世，诗也就消失了。为了让她的诗得以存留，它必须被分享，被其他人记住。阿赫玛托娃小

---

* Haight, *Anna Akhmatova: A Poetic Pilgrimage,* 71.

† Dalos, *Gast aus der Zukunft,* 71.

‡ Reeder, *Anna Akhmatova: Poet and Prophet,* 202–203.

§ Anna Akhmatova, "Requiem," in *The Complete Poems of Anna Akhmatova,* updated and expanded edition, translated by Judith Hemschemeyer, edited and introduced by Roberta Reeder (Boston: Zephyr Press, 1997), 393.

心翼翼地召集她最亲近的朋友，十几个女人，然后向她们反复诵读这首诗，直到她们熟记于心。* 也许，萨福两千多年前就是这样将她的诗教给一群女性朋友的。但是萨福并没有生活在对写下诗句的恐惧之中。她的诗作片段记录在脆弱的莎草纸上，穿越时代流传下来，见证了她超凡的想象力和文字的持久性。而这样的书写，即便在莎草纸上，也不是“俄国的萨福”所能够尝试的冒险。

不得不背诵诗歌的阿赫玛托娃和她的女性朋友们没有口述文化中那些吟游诗人的技巧。那些专业人士接受过记忆训练，他们可以像记忆片段一样来记忆长篇叙事，并且知道如何改编记忆中的材料以适用于新的情境。相反，阿赫玛托娃不希望她的朋友们改变任何一个词。她在纸上字斟句酌地创作诗歌，讲求精确，而这是作家的典型特征。她希望她的朋友们可以准确地记住她创作的《安魂曲》。

阿赫玛托娃做的另一件事加大了她朋友的工作难度——她不停地做出修改，这是诗人的典型行为，口述诗人就不会这样。由于这首诗正在她最亲近的朋友间传诵，她必须确保她们记得的都是最新版本。她的朋友们可不是可以即兴发挥的吟游诗人，她们是阿赫玛托娃在上面写作和修改的纸张，是她最重要的作品。

为了更好地配合阿赫玛托娃的需求，她的一个朋友把这首诗想象成是写下来的，分成几个部分，并用罗马数字进行编号。这是一个古老的记忆技巧，靠的是将长篇分成短小的片段，然后用不同的标记或数字来视觉化这些片段的顺序。多年以后，当阿赫玛托娃终于鼓起勇气准备出版这首诗时，她用了朋友的编号方式，说道：

---

* Haight, *Anna Akhmatova: A Poetic Pilgrimage*, 98.

"看，罗马数字，就像你说过的那样。"[*]

阿赫玛托娃生活在识字率极高的社会，却不得不求助于记忆，这位诗人没有忽略其中的讽刺意味。她称自己的时代为"前谷登堡时代"（pre-Gutenberg），并且嘲讽地宣称，"我们遵照'打倒谷登堡'的口号生活"。[†]阿赫玛托娃非常熟悉书写技术的历史。她在自己家的庄园里学会阅读和写作，用的是伟大的俄国作家列夫·托尔斯泰撰写的教科书；后来，阿赫玛托娃不喜欢这位作家的文学作品了。[‡]她知道，俄语字母是在希腊字母的基础上仿造出来的，而希腊字母据说是由两位希腊传教士，即圣·梅笃丢斯（Saint Methodius）和圣·西里尔（Saint Cyril）在公元9世纪带到俄国的。

阿赫玛托娃对文字历史最深入的见解来自她的第二任丈夫，一位研究苏美尔楔形文字的学者。这对夫妇住在一座从前宫殿的两个房间里，那里堆满了书本和手稿。他们一起工作，阿赫玛托娃将丈夫的翻译打出来，将其作为把世界文学带给大众的计划的一部分。[§]1918年到1924年间，至少有四十九部世界名著，包括印度的故事《五卷书》，相继出版，歌德的世界文学之梦在革命工人共和国里得到了更新。[¶]阿赫玛托娃对楔形文字，包括《吉尔伽美什史诗》的印象如此之深，以至于她基于苏美尔的素材创作了一部戏剧。在20世纪40年代激烈的迫害时期，她烧毁了剧本稿件及其他

---

* Haight, *Anna Akhmatova: A Poetic Pilgrimage*, 98.

† Ann Komaromi, "The Material Existence of Soviet Samizdat," *Slavic Review*, volume 63, number 3 (Autumn 2004): 597–618, 598.

‡ Anna Akhmatova, *My Half Century: Selected Prose*, translated and edited by Ronald Meyer (Ann Arbor, Mich.: Ardis, 1992), 25.

§ Reeder, *Anna Akhmatova: Poet and Prophet*, 122, 119.

¶ Reeder, *Anna Akhmatova: Poet and Prophet*, 125.

许多手稿，但终其一生，她都怀揣着有朝一日根据记忆重写这部戏剧的想法。*

阿赫玛托娃思索着她在读写演变中所处的奇特位置，她意识到，文学史并不是稳步向前发展的——从口头传诵到楔形文字，再到印刷。它也可以左右偏移、停顿，甚至是倒退，这取决于谁掌控文学生产的手段。作家可能不得不活在“前谷登堡时代”，甚至是文字出现之前的世界，好像那两位传教士从来没有带着希腊字母来过。

对阿赫玛托娃而言，政府的审查在20世纪40年代变得宽松了一些，因为更可怕的第二次世界大战成了当时的主要问题。1941年，阿道夫·希特勒撕毁与斯大林的军事协定，对苏联宣战。准备应战暂时转移了斯大林对阿赫玛托娃的注意力。他需要立即重建军队。阿赫玛托娃的许多朋友开始流亡，但她拒绝离开自己的国家，而是通过向士兵们朗读爱国诗歌的方式参与到卫国战争中。她甚至采用了最新的技术，即无线电广播，激励彼得格勒——已被重新命名为列宁格勒——的同城居民们，守护这座作家和诗人之城（在她被疏散前）。她并没有谈到自己的诗作《安魂曲》，但是她和她的朋友们在战争期间保护了它的安全。

阿赫玛托娃遇上伯林

战后几个月，阿赫玛托娃又背诵起了《安魂曲》。这一次的对

* Venclova and Hinsey, “Meetings with Anna Akhmatova,” 178.

象不是她的亲密好友，而是一位来自海外的客人，很长时间以来她接待的第一位客人。这位客人来自对抗希特勒的同盟国——英国。他的名字是以赛亚·伯林（Isaiah Berlin）。出生在俄国的伯林在英国长大，他的双亲在俄国革命之后逃到了英国，而他将成为20世纪中期最伟大的知识分子之一。

1945年11月去看望安娜·阿赫玛托娃时，伯林还没有因为批判极权主义而出名，他只是一个从西方带来消息的人。这是伯林第一次回到故乡，他还能流利地说俄语。他在那里是作为英国外交部官员在进行一项公务，负责撰写关于苏联形势的简报，这个国家经历过残酷的时刻，也曾为帮助击败纳粹德国做出巨大的牺牲，而如今面临着一个不确定的未来。他还跟英国秘密情报部门有关系。伯林这次很可能不是在执行什么秘密任务，但他后来篡改了这次见面的记录，暗示这是一次巧遇，而事实是，这是由一位联系人安排的。* 在送往外交部的一份急件中，伯林报告英国政府，苏联比其他任何国家都重视诗歌。† 英国外交部，至少以它的官员以赛亚·伯林为代表，似乎也有这个倾向。

1945年，阿赫玛托娃早已经与她解读楔形文字的丈夫离婚。她住在公寓里，她从前的伴侣尼古拉·普宁（Nikolay Punin）、他

---

* 这个信息基于 Olga Voronina, *A Window with an Iron Curtain: Cold War Metaphors in Transition, 1945–1968* (Ann Arbor: UMI, 2010)。更多的信息是基于 *"I eto bylo tak": Anna Akhmatova i Isaiia Berlin* by L. Kopylov, T. Pozdniakova, and N. Popova (St. Petersburg: Anna Akhmatova Museum at the Fountain House, 2009)。在去往莫斯科的途中，伯林遇见了一位与英国秘密情报局有关系的名为诺埃尔·安南（Noel Annan）的朋友。Anne Deighton, "Berlin in Moscow. Isaiah Berlin: Academia, Diplomacy and Britain's Cultural Cold War," Oxford Sciences Po Research Group, Oxpo Working Paper, 5, berlin.wolf.ox.ac.uk/lists/ onib/deighton.pdf, accessed December 27, 2015. 诺埃尔·安南后来编辑了伯林关于他和阿赫玛托娃见面的文章。

† Akhmatova, *My Half Century*, 53.

的女儿和前妻，还有人数不等的访客也住在公寓里，在那里她并没有什么隐私。这个公寓属于一个有着特殊保安措施的研究设施。伯林进入公寓时，必须要向守卫出示他的证件。然后，他穿过一个院子，走上楼梯。是一个衣着破旧的女人开的门。受邀进入公寓后，他发现阿赫玛托娃的生活极其贫困。这座城市仍在被战争蹂躏，她只能用一个水煮的土豆来招待客人。但是伯林完全被她迷住了。伯林被叫走了，但当晚迟一些又回来了，他迫不及待地要与苏联最负盛名的诗人对话。这次见面也给阿赫玛托娃留下了很深刻的印象，她将客人留到了早晨。他们谈到文学、西方和苏联，几个小时后他们还聊到了更私密的话题。第二天晚上，伯林又来了，那之后又来了一个晚上。

最值得纪念的是阿赫玛托娃向伯林诵读她诗作《安魂曲》的那一刻。伯林对这首诗的印象非常深刻，他两次乞求阿赫玛托娃让他将诗抄写下来。她拒绝了。她计划在环境稍缓和之后出版一部新的诗集，伯林很快就可以读到印刷版的《安魂曲》了。在她和朋友们心中保存了十年后，《安魂曲》终于要问世了。

但是事情并没有这样发展。斯大林忙于重建被战争毁坏的苏联，但还抽空担忧阿赫玛托娃代表的苏联诗歌的命运。他听说了那次见面（阿赫玛托娃的一位朋友被确认是告密者），十分愤怒，大声说道："所以那个修女（对阿赫玛托娃的一个惯用蔑称）在跟外国间谍见面？"* 斯大林可以逮捕她，然而，他选择了用文学手段对付阿赫玛托娃，动用了政府对印刷的垄断来打击她。

* Isaiah Berlin, *Personal Impressions,* edited by Henry Hardy, with an introduction by Noel Annan (London: Hogarth Press, 1980), 201–202.

这场运动以斯大林任命的文化委员的讲话开场，讲话批判了要出版安娜·阿赫玛托娃作品的两份文学杂志在判断上的错误。这份讲话先被印在两份传播极广的报纸上，然后又印成小册子发行了上百万册。对其他人来说，这是要他们也做出类似批判的明显信号，而他们也很快行动起来了。阿赫玛托娃成了整个国家文学界的众矢之的，她嘲讽地对一位朋友说道："想想看，这是怎样的名气！连中央委员会都在写我。" *

如今，出版《安魂曲》是不可能了。这场针对她的运动还造成了其他后果。作为国家公敌，阿赫玛托娃发现自己处于警察的监控中，并且被排除在作家协会之外。在一个一切都依赖这种会员资格的国家，这意味着她无法再作为诗人继续写诗。这也意味着她不再能收到粮票，在战后苏联的配给经济中，这是一个巨大的损失。很快，她的儿子再次被捕，而这一次她无法再恳求斯大林释放他。

阿赫玛托娃为与伯林的三次见面付出了高昂的代价，但她对此从未感到后悔，尽管她很可能后悔没有让伯林将《安魂曲》抄写下来。在阿赫玛托娃后来写下的关于这几次见面的诗中，她称伯林为自己的准丈夫和一名来自未来的客人。她甚至声称，这次见面和斯大林的反应触发了冷战。阿赫玛托娃也许高估了自己的重要性，但是作为一位著名诗人，她知道自己身份特殊。她与伯林的见面很可能是冷战的另一个触发点。无论如何，结果是，《安魂曲》还是只保存在它的创作者和她朋友们的心中。

---

* Sophie Kazimirovna Ostrovskaya, *Memoirs of Anna Akhmatova's Years, 1944–1950*, translated by Jessie Daves (Liverpool: Lincoln Davies, 1988), 52.

作为见证的文学：阿赫玛托娃与索尔仁尼琴相遇

17 年后，也就是 1962 年，阿赫玛托娃又一次对着访客背诵《安魂曲》。[*] 这一次，访客不是外国人，她吸取了 1945 年的惨痛教训。他是一位年轻的苏联作家，正打算试探箍在苏联文学出版上的限制。斯大林已经去世几年了。在一场内部的权力纷争后，赫鲁晓夫占了上风，并开始调整方向。这个阶段被称为"解冻"，它使得一位有影响力的文学编辑能够代表阿赫玛托娃给赫鲁晓夫写信，建议在她多年被迫沉默和被排挤后恢复她的名誉。又一次，国家的首脑不得不决定要怎么处置"俄国的萨福"。赫鲁晓夫认同阿赫玛托娃不再是个威胁，甚至可以在苏联文学世界里给她一个小小的位置。[†] 几十年来，阿赫玛托娃第一次可以带着出版的希望写作。

即便是在这样的新环境里，出版《安魂曲》也还是太冒险了，这就是为什么阿赫玛托娃要把它背给这位年轻的苏联作家听。这位作家，亚历山大·索尔仁尼琴（Aleksandr Solzhenitsyn），并不知道《安魂曲》，但他通过一个叫作"地下出版"（*samizdat*，俄语意为"个人出版"）的出版系统了解到她的一些诗歌。[‡] 在斯大林统治时期，创作秘密诗歌最安全的方法是通过记忆；在斯大林死后，作为一种替代选项，个人出版出现了。它使用的工具并不是印刷机——地下出版还是"前谷登堡时代"的，如阿赫玛托娃称呼的那样。它

---

* Michael Scammell, *Solzhenitsyn: A Biography* (New York: Norton, 1984), 447

† Dalos, *Gast aus der Zukunft*, 158–60.

‡ Scammell, *Solzhenitsyn: A Biography*, 440.

使用的是另一种机械工具，这种工具出现还不到一百年，相对廉价，但更难操控：打字机。借助于复写纸，一份打字稿可以生产约十个副本，它们接着被传给其他读者，而那些读者可能会秘密复制文本，再传给更多的读者。

斯大林死后，地下出版起步于阿赫玛托娃和其他一些诗人的诗歌。* 诗歌很短，是捕捉已经渗入苏联生活方方面面的无助和恐惧体验的最精炼方式。最初，这些未经授权的手抄诗歌是在朋友圈子里传播的，人数都不会超过阿赫玛托娃 20 世纪 30 年代悄悄朗诵自己诗歌的圈子。但是在斯大林死后的解冻时期，地下出版变得越来越大胆。复印本被更广泛地传播，更多的人敢于阅读它们。文本可能只允许在一组人手中保存一天，在传给下一组前，人们整夜独自或对着朋友热切地阅读。这个过程是原始和耗费体力的，并且范围很有限，但它是一个开始。地下出版的内容很快从诗歌扩展到散文、政治写作，甚至是小说，尤其是来自国外的。所有作品都打在廉价的纸上，没有封面，没有装订，到处都是错误，并且经常被拆成分散的章节，以便一部作品可以被几个人同时阅读。† 随着地下出版的增加，复制的方式也进步了，有了专业的地下出版打字员，他们在帮助地下文学的同时，也补贴了自己的收入。

苏联政府不是没有察觉到发展中的地下出版运动，但时钟无法回拨到斯大林统治时期，地下出版很难控制。许多公寓被搜查，仅仅是拥有地下出版物都会受到迅速的惩罚，通常是基于条款

---

* Ludmilla Alexeyeva, *Soviet Dissent: Contemporary Movements for National, Religious, and Human Rights* (Middletown, Conn.: Wesleyan University Press, 1985), 13.

† Alexeyeva, *Soviet Dissent,* 15.

190-1，即“诋毁苏维埃政权和社会系统”，或者条款162，即“从事被禁止的生产”。[*]但不管多少读者和发行人被捕，地下出版都无法被停止，因为它生产了当时仅有的值得阅读的文学。有一个流传的笑话，一个祖母试图引起孙女对托尔斯泰《战争与和平》（*War and Peace*）的兴趣，但失败了。[†]沮丧的她亲手把这部冗长的小说重新打出来，使它看起来像地下出版物。

到阿赫玛托娃向索尔仁尼琴诵读《安魂曲》时，有三百多位作家的作品正在以这样的方式被传阅。[‡]索尔仁尼琴是其中一名，阿赫玛托娃就是这样读了他的小说《伊凡·杰尼索维奇的一天》（*One Day in the Life of Ivan Denisovich*）的地下出版版本。[§]阿赫玛托娃的《安魂曲》描述了在监狱外毫无希望地等待是怎样的感觉，而索尔仁尼琴将读者带进了古拉格（gulag）——以它的缩略名为大家所知的劳改营系统。这部小说描述了令人不寒而栗的真实状况。索尔仁尼琴讲述了一名典型囚犯生活中的一天，从被叫醒和争抢额外的食物开始，描述了一个建筑队在衣物匮乏、温度低至零下的恶劣条件下工作的状况。[¶]索尔仁尼琴意识到，古拉格的生活如此非人道，以至于再多的愤怒都不足以展现它。最好的武器是平铺直叙，给读者自己产生和表达愤怒的机会。其实，他不知道的是，其他作家用过类似的手法，例如普里莫·莱维（Primo

---

* Alexeyeva, *Soviet Dissent*, 379.

† Komaromi, “Material Existence of Soviet Samizdat,” 609.

‡ Alexeyeva, *Soviet Dissent*, 13–15.

§ Scammell, *Solzhenitsyn: A Biography*, 440.

¶ Alexander Solzhenitsyn, *One Day in the Life of Ivan Denisovich*, translated from the Russian by H. T. Willetts, with an introduction by John Bayley (New York: Everyman, 1995).

Levi）就曾尝试用这种方式捕捉纳粹劳改营和死亡集中营中更惨无人道的经历。

当我思考20世纪文学的命运和作用时，首先想到的是那些见证了法西斯主义和政治高压的作者。当然，更早的作者也没有羞于描述暴力。在《伊利亚特》中，荷马和他的抄写员们用细节直白地描述了一支长矛如何刺进人的身体或穿透人的头颅。但描写对平民百姓的系统性大规模监禁则是一个全新的挑战。文学已经准备好迎接这项挑战，因为它已经学会关心普通人的生活，而不只是关心国王和英雄的命运。在20世纪，大规模监禁和文学交汇于作为见证的非凡文学中。

索尔仁尼琴知道自己在写些什么。在第二次世界大战期间服役时，他曾在写给朋友的一封信中对斯大林做出过不敬的评价，这导致他被捕，并被判处到古拉格劳改八年。[*] 斯大林死后，他得以获释，之后不得不流亡哈萨克斯坦，在那里，他住进了一间原始的土屋。他做的第一件事就是买了一台莫斯科4型打字机，将他在古拉格的经历写成文字。[†] 这是个费力的过程，因为索尔仁尼琴打字不熟练。在和服刑期间与他离婚的前妻复婚后，他的速度加快了，因为他的妻子知道如何像那些优秀的地下出版打字员一样盲打。[‡] 写古拉格是个禁忌，于是索尔仁尼琴烧毁了所有草稿，只留下了一个版本，他小心地将这份稿件存放在藏身之处。[§]

---

* Scammell, *Solzhenitsyn: A Biography*, 142.

† Scammell, *Solzhenitsyn: A Biography*, 319.

‡ Scammell, *Solzhenitsyn: A Biography*, 370.

§ Scammell, *Solzhenitsyn: A Biography*, 376.

但是1962年他与阿赫玛托娃见面时，事情正变得不同。索尔仁尼琴到访列宁格勒的主要目的不是向阿赫玛托娃致敬，而是因为《伊凡·杰尼索维奇的一天》将刊登在《新世界》(*Novy Mir*)上这个惊人事实。这份杂志在苏联文学中占有很重要的地位，处于地下出版的秘密世界和政府授权印刷的官方世界之间的交界地带。在一份官方杂志上发表索尔仁尼琴作品的计划基本流产。杂志的编辑们需要被安抚，而赫鲁晓夫自己出于改革主义者的冲动，说服了党主席团授权这次出版。* 这些努力是值得的：发行了将近一百万份杂志，还有超过十万册单行本。见面时，阿赫玛托娃和索尔仁尼琴并不知道这些数字，但他们知道这次出版会造成轰动。† 一部传输地下出版被压抑的力量的文本，伴随着国家控制的谷登堡威力，就要闯入公众的视线。

阿赫玛托娃也受益于这些新的可能性。将要发表《伊凡·杰尼索维奇的一天》的《新世界》杂志刊登了她的一些诗，但《安魂曲》仍然只通过地下出版被人传阅。20世纪60年代初期，又有了另外一个可能性：海外出版。准备出版苏联小说的出版社在不同国家涌现，尤其是德国。这个过程是困难和危险的。原稿要被偷运出苏联，通常是以缩微胶卷的形式，然后印刷的书本再被偷运回苏联。作者们也有风险，这也是为什么被称作“在那里出版”(*tamizdat*)的海外出版物通常附带着“未经作者许可出版”的注释。《安魂曲》一直保存在阿赫玛托娃和她密友心中，之后通过秘

---

* Scammell, *Solzhenitsyn: A Biography*, 433, 436.

† Z. K. Vodopianova and T. M. Goriaeva, eds., *Istoriia sovetskoi politicheskoi tsenzury: Dokumenty i kommentarii* (Moscow: Rosspen, 1997), 587.

一台莫斯科 4 型打字机，从古拉格被释放后，索尔仁尼琴用这种型号的打字机创作了他的第一本书：《伊凡·杰尼索维奇的一天》

密的地下出版网络流传，1963 年，它终于以海外出版的形式第一次被印刷成文字。*

诺贝尔文学奖

阿赫玛托娃和索尔仁尼琴在 1962 年的会面还有一个潜在原因：诺贝尔文学奖。两位作家都知道，《伊凡·杰尼索维奇的一天》在苏联官方杂志上的发表将使索尔仁尼琴进入瑞典学院的视野。阿赫玛托

* Haight, *Anna Akhmatova: A Poetic Pilgrimage,* 181.

娃在过去曾几次被提名，但都因为学院更支持她的同胞鲍里斯·帕斯捷尔纳克（Boris Pasternak）而没能获奖，后者在1958年被迫拒绝这个奖项。随着“解冻”充分发挥其效力，瑞典学院很可能会通过支持索尔仁尼琴及其拥护者们来重新激励苏联的作家们。这个奖项变得不可否认地具有政治性，是对冷战期间文学重要性的一个见证。

开始时，诺贝尔奖的声势比现在要小得多。它由一位希望在科学与艺术领域留下一笔遗产的瑞典军火制造商和炸药发明者资助。作为负责奖项的机构，瑞典学院最初选择的许多作家都没有经受住时间的考验。但由于慷慨的资助，经验也不断增长，学院发展出避免公然偏袒等缺陷的方法，然后成功地将诺贝尔奖塑造成世界上最重要的奖项。* 瑞典国土面积小，位置边缘，这也是有利因素，类似的位置就帮助歌德不被直接卷入世界政治，构想出“世界文学”的概念。甚至在头几十年，瑞典学院就已经正确认识到，文学的范围要比小说和诗歌更广泛。它将奖项授予许多非虚构作家，包括哲学家亨利·伯格森（Henri Bergson）和伯特兰·罗素（Bertrand Russell），历史学家、自传作家温斯顿·丘吉尔（Winston Churchill），以及散文作家，以此传达文学的力量可以如何多样化。（在过去的50年，其焦点更加集中在小说、诗歌和戏剧，尽管2015年的奖项颁给了记者兼散文作家S. A. 阿列克谢耶维奇，而2016年的奖项颁给了美国歌手兼流行歌曲作者鲍勃·迪伦。）

阿赫玛托娃与索尔仁尼琴见面时就预料到的事终于发生了。1970年的诺贝尔文学奖颁给了《伊凡·杰尼索维奇的一天》的作

---

* James F. English, *The Economy of Prestige: Prizes, Awards, and the Circulation of Cultural Value* (Cambridge, Mass.: Harvard University Press, 2008).

者。到了 1970 年，苏联已经不再强迫作家们拒绝接受这个奖项，但它还是没有允许索尔仁尼琴出席颁奖典礼。还要再过四年，在一个专门安排的小型典礼上，这个奖项才最终交付给索尔仁尼琴。那时，他已经被苏联驱逐，在西方定居下来，并且将在美国度过接下来的几十年时光。

阿赫玛托娃并没有活到看到奖项颁给索尔仁尼琴的那一天。她在四年前，也就是 1966 年去世，而她最重要的诗《安魂曲》仍然没有在她的祖国出版。至少，她曾被允许到西西里岛（在歌德无比欣赏的陶尔米纳）接受一个文学奖，在牛津接受一个由以赛亚·伯林策划的荣誉学位。在回国的路上，她在巴黎做了停留，那里充满了她和莫迪利亚尼的恋爱回忆。同时，她还将《安魂曲》背诵给一些新的朋友。这首诗的一些守护者在 20 世纪 30 年代经历了苦难，担当这首诗的承载者曾经是一个负担，但也是一个正在逝去的荣耀。*

又过了 22 年，阿赫玛托娃的名誉才得以正式恢复，而且是通过苏联共产党另一位总书记的介入。在 1988 年的一场典礼上，米哈伊尔·戈尔巴乔夫废除了从 1946 年起开始的审查公函，而阿赫玛托娃认为审查是由以赛亚·伯林的到访引发的。†1988 年，苏联正处在解体的过程中，使它走向崩溃的不仅有冷战孤注一掷的军备竞赛，还有和安娜·阿赫玛托娃紧密联系的地下出版系统。这位执着的诗人也许夸大了她触发冷战的作用，但对于终止它，她尽到了自己的职责。

---

* Reeder, *Anna Akhmatova: Poet and Prophet*, 500, 371.

† Dalos, *Gast aus der Zukunft*, 217.

第十四章

《桑介塔史诗》和西非的语言大师

一个地区首领一直努力寻找被预言将成为他妻子的女人，

她将为他生下儿子，这个儿子将成为统一曼丁戈的桑介塔。

《桑介塔史诗》（*Epic of Sunjata*）来自西非，也就是今天的马里（Mali）和几内亚（Guinea），它讲述了曼丁戈帝国（Mande Empire）是如何在中世纪晚期的某个时间点被建立的。*

像许多经典文本一样，《桑介塔史诗》以英雄戏剧性的诞生为开场。一个地区首领一直努力寻找被预言将成为他妻子的女人，她将为他生下儿子，这个儿子将成为统一曼丁戈的桑介塔。这位首领娶了很多妻子，但没有一位生下那个对的男孩。当一头水牛开始威胁这个地区时，首领面临的困难变得更多了。桑介塔的诞生似乎完全不可能了。首领在绝望中提出，他愿意将最有吸引力的女子送给可以消灭水牛的人。

就像许多其他故事那样，帮助来自意想不到的地方。两位来自北方的外族猎人被这项奖励吸引，来到这个地区。在路边，他们遇到了一个女巫，其实她就是变形之后的水牛。令人意想不到的是，这个女巫愿意告诉猎人如何将她以水牛之身杀死，她想用这个秘密换取他们的一个承诺：从首领奖励的姑娘们中，他们必须选择最没有吸引力的女子。

两位年轻的猎人用女巫提供的武器杀死了水牛，并且遵守诺

* 我感谢大卫·康拉德对这个章节非常宝贵的帮助。

言，选择了一个有残疾的女人作为他们的奖励。观察着一切的首领这时意识到，这个女人肯定就是未来的桑介塔的母亲。他用别的方式补偿了这两位来自北方的猎人，然后娶了这位女子为妻。不久，桑介塔就出生了。

英雄戏剧性的诞生结束了，但是桑介塔的艰难才刚刚开始。跟他的母亲一样，桑介塔也是残疾的，他无法站立和行走。就像其他许多英雄一样，桑介塔现在必须证明他的价值。在长达 7 年的时间里，他一直忍受着这种状况，并等待着时机的到来。最终，他全然通过个人的意志力成功地站了起来，打破了压制他的魔咒。

他日益增强的力量招来了嫉妒，尤其是他父亲众多妻子的嫉妒。当桑介塔的一个同父异母兄弟试图杀死他时，桑介塔的母亲知道，保护儿子的唯一方式是带着他逃亡。从此，桑介塔要忍受长达 27 年的流亡岁月。与此同时，他同父异母的兄弟将国家交给一个怀有敌意的女巫来统治。绝望的同族找到了流亡中的桑介塔，说服他回家。桑介塔召集了一支部队，解放了他的祖国，并将它统一成一个地区性的帝国。

就像许多其他的经典故事一样，没有任何独立的历史证据能证明桑介塔真正存在过（就像除了经典文本之外，也没有证据能证明吉尔伽美什和摩西存在过）。《桑介塔史诗》与其他经典文本有许多相似之处，它们描绘的通常都是一位被强劲的敌人压制的英雄，奋起迎接挑战。就像奥德修斯一样，桑介塔在他能够宣示对家园的权力之前经历了一段逃亡和流浪的岁月，这个故事也与犹太人的流亡相呼应。而且，像玛雅人的《波波尔·乌》一样，这部史诗也列举了生命诞生之初重要祖先的名字。

这部分细节来自一张 1375 年的西非地图，展示了桑介塔的继承人曼萨·穆萨（Mansa Musa）坐在他的王位上

《桑介塔史诗》与众不同的地方在于，它作为口述文学一直流传到今天。它没有任何文字记录的版本，但有许多不同的地方版本，由受过训练的讲故事者现场表演给观众。这些讲故事者有时会用很像竖琴的科拉琴（kora）等乐器来为表演伴奏，还会邀请观众中有名望的家庭加入表演队列。每次表演都是不同的，因为每个讲故事的人会从他们记得的情节库中选取那些与特定时间和特定观众最相关的。这些讲故事的人在曼丁戈社会地位显赫。由于他们的职业需要长时间的训练和复杂的技巧，他们被视为艺术家。不同于周围用

木头、皮革或金属工作的人，他们用语言工作，被称为语言大师。[*]

一直以口述文学的形式存在着的《桑介塔史诗》，一直到我们的时代才被文字记录下来。这给了我们一个独特的机会，观察一个从吉尔伽美什和荷马开始不断重复的过程：口述故事是如何被转变成书面文学的。

被表演的史诗

我最喜欢的《桑介塔史诗》版本是在 1994 年由一位讲故事者表演，然后由一位抄写员抄写下来的。[†]表演在发达玛（Fadama）村庄举行，靠近西非几内亚的尼扬当河（Niandan River）。这个村庄的居民只有一百名左右，大部分人住在有着圆锥形茅草屋顶的圆形泥砖小屋。根据家庭的大小，一个住宅区可能有大约六个房屋、一个有屋顶的开放式烹饪区和一两个粮仓。

讲故事者是章加·泰奇·孔戴（Djanka Tassey Condé）。孔戴曾被父亲和兄弟以传统的方式训练过。他的父亲就是著名的巴布·孔戴（Babu Condé），长期主持着他们的家族住宅区，成了当地吟游诗人的首领，而泰奇·孔戴继承了这个位置。泰奇·孔戴在自己的

* Barbara G. Hoffman, *Griots at War: Conflict, Conciliation, and Caste in Mande* (Bloomington: Indiana University Press, 2000), 10.

† 接下来的叙述基于大卫·康拉德慷慨提供的笔记以及与他的通话。另请参阅 Conrad's introduction to *Sunjata: A New Prose Version,* edited and translated with an introduction by David C. Conrad (Indianapolis and Cambridge, Mass.: Hackett, 2016)。除非另有说明，所有关于《桑介塔史诗》的讨论都是基于这个版本的。

小屋里表演，十几个或更多的人挤在小屋里，背靠着弧形的墙壁，坐在垫子和山羊皮上。在长时间的表演中，男性家族成员和邻居们会随着位子空出来而进进出出，年轻的总是让位给年长的，而女人们则是从门外偷偷地观看。泰奇·孔戴穿着宽松的裤子，外面罩一件花样鲜亮的传统长袍，在开始讲故事前，他向客人们的到来表示感谢。

由于时间有限，他不得不做出选择，决定故事的主线是什么，哪些需要详尽阐述，哪些则留给其他表演场合。四个表演日分散在好几周，在这四天里，他会精巧地创作出一版既忠于传统又有个人特色的《桑介塔史诗》。

表演中是鼓励观众参与的。两三位来自村庄其他宗族的吟游诗人轮流担任正式响应者的角色，他们在每句话的结尾发出令人鼓舞的呼喊。几乎每句话都有一句“我们听到了！”（*naamu*）或者“是的！”（*tinyé*）作为呼应，以此表达观众对故事和表演者的专业技艺的欣赏。

有一位不寻常的观众，他就是会把这个故事记录下来的抄写员。这位抄写员是美国学者大卫·康拉德（David Conrad）。

对康拉德来说，到达这个遥远的村庄很不容易。他先是乘坐吉普车，穿过放牧的牛群，然后乘独木舟穿越溪流，最后步行到达村庄。康拉德知道自己想要什么：把《桑介塔史诗》变成文学。这是泰奇·孔戴表演的终极目的——并不是为当地的观众现场重述这个故事，而是进行一场终将变成大卫·康拉德写的书的表演。

为了记录泰奇·孔戴的版本，康拉德并没有使用笔，至少没有立即使用。他使用的是一台索尼 TCS-430——手掌大小的磁带录音机，以及一台马兰士 PMD-430——大一些的便携录音机。从 20 世纪 70 年代开始，磁带录音机在讲故事者中间很常见。讲故事者可以用它们将口述的故事记录下来，而不用把它们转换成戏剧或小说（或童话故事）这样的文学体裁。磁带录音机主要来自尼日利亚，后来开始在西非大量出现，如今正被用来记录没有文学野心的口述故事。* 磁带，通常是盗版的，在地区的市场摊位上出售，一般没有包装盒和正规的商标，让那些无法阅读的人也能听到故事。†

像其他的新技术一样，磁带改变了口述表演文化。它们使讲故事者可以跨越空间触及远方的听众，彻底扩大了他们的影响力（在这方面，与文字的效果类似）。从前，吟游诗人是向聚集在特定场所的观众吟诵，而现在他们则是跨越区域相互竞争。结果之一是，诗人们开始更强烈地将自己的个性加之于故事素材，创造出他们自己独特的解读，以此让自己与对手区别开来，这也是泰奇·孔戴在做的。‡

磁带，连同无线电广播和电视，也改变了讲故事者的社会地位。他们历来都是与有权势的赞助人捆绑在一起的，但这个赞助体系因为法国殖民者的到来而被扰乱了。“二战”后，马里和周边的一些国家获得了独立，那时，围绕讲故事者的经济和社会结构又一次发生改变，他们只能在新的政治和经济精英阶层寻找新的赞助

* Robert C. Newton, *The Epic Cassette: Technology, Tradition, and Imagination in Contemporary Bamana Segu,* dissertation, University of Wisconsin–Madison (Ann Arbor: UMI, 1997), 15.

† David C. Conrad, ed., *Epic Ancestors of the Sunjata Era: Oral Tradition from the Maninka of Guinea* (Madison: University of Wisconsin–Madison, African Studies Program, 1999), 3.

‡ Conrad, *Epic Ancestors,* 8.

人。[*] 在这种情况下，磁带、无线电广播和电视为吟游诗人提供了新的收入来源，这是对他们在命名仪式和婚礼上吟诵所赚取的收入的补充。

在泰奇·孔戴 1994 年的那场表演中，他的经济动机并不是无线电广播和磁带销售，而是文学的世界市场。康拉德每场付给泰奇·孔戴 25 000—50 000 几内亚法郎（大约是 25 到 50 美金），在当时这是一笔巨款。在录音完成后，磁带被细心地用法语字母转写成孔戴所说的曼丁戈语，然后被翻译成英语。康拉德接着进行编辑，将它缩短到大约三分之一的长度，制作出一个像文学作品的版本（后来，康拉德还出版了一部极好的散文版本），捕捉到了口述故事时的抑扬顿挫，包括观众的感叹词。后来，他还将这部文本以诗行的形式写下来，就像荷马史诗一样。一个口述故事被转换成了一部书面文本。

读写文化的第一股浪潮

中世纪晚期，曼丁戈地区

大卫·康拉德的磁带录音机和抄本不是《桑介塔史诗》与文字的第一次邂逅。这部史诗与不同的书写文化共存了几个世纪，而

* Robert C. Newton, "Out of Print: The Epic Cassette as Intervention, Reinvention, and Commodity," in *In Search of Sunjata: The Mande Oral Epic as History, Literature, and Performance*, edited by Ralph A. Austen (Bloomington: Indiana University Press, 1999), 313–28, 325. See also Conrad, *Epic Ancestors*, 2.

这些文化都影响了这个口述故事。孔戴这样的吟游诗人没有简单地拒绝文字书写，而是将书面故事和书写本身纳入他们的叙事。这是《桑介塔史诗》让我们得以详细观察的第二个过程：口述传统是如何与书面文化共存的。

泰奇·孔戴从全人类的起源，即亚当和夏娃（他用阿拉伯名字“Adama”和“Hawa”称呼他们）开始他的故事。然后，他接着说亚伯拉罕（易卜拉欣）和他的后代，一直到耶稣（尔撒）和穆罕默德。这些人物经由伊斯兰教和它神圣的《古兰经》来到了曼丁戈地区。

泰奇·孔戴这样的吟游诗人不仅将神圣经典中的故事吸收进他们的口述故事，还将桑介塔的家谱与伊斯兰教联系起来。为此，他们转向穆罕默德的伙伴比拉勒·伊本·拉巴赫（Bilal ibn Rabah）。拉巴赫声音动人，呼唤人们祷告，成了伊斯兰教的第一位宣礼员（*muezzein*）*。对这位声音表演者感兴趣的曼丁戈吟游诗人们，从此将拉巴赫描述为桑介塔的祖先，就这样将他们自己的讲故事传统与伊斯兰信仰紧密融合在一起。†

但是情况不仅如此。知道伊斯兰教依靠神圣经典，泰奇·孔戴的版本还以曼詹·贝雷特（Manjan Bereté）的身份将文字尊为重要的文化力量。贝雷特是桑介塔父亲的预言家和顾问，他曾经正确地预言了外来者会认出注定要生下桑介塔的女人。重要的是，贝雷特

---

* 意为“报告祷告时刻的人”。——译者注

† 关于桑介塔的故事如何融合了伊斯兰教材料的论述，请查阅 David C. Conrad, “Islam in the Oral Traditions of Mali: Bilali and Surakata,” *Journal of African History,* volume 26, number 1 (1985): 33–49。

所有的智慧都来自书本。[*]孔戴告诉他的听众贝雷特是如何将一本神圣的书带给桑介塔的父亲，并说服他改信伊斯兰教的。《桑介塔史诗》通过在它的叙事中包含阿拉伯文字的许多方面，保留了自己的口述特性。

泰奇·孔戴是在回应西非读写文化的悠久传统。穆罕默德逝世于632年，在那之后的几个世纪里，说阿拉伯语的部落通过一系列的军事战争，将这位先知说的话在中东传播开来。接着，阿拉伯和柏柏尔（Berber）的军队征服了非洲北海岸，并且进入欧洲，将他们的帝国延伸到西班牙半岛，直到基督教军队在1492年通过所谓的“收复失地运动”占领了这些领土。最终，伊斯兰教一直传到印度，德里的统治者改信了这个宗教，并建立了莫卧儿帝国（Mughal Empire）。

只有朝南的路径仍旧被撒哈拉沙漠阻挡着，那是世界上最令人敬畏的天然屏障之一。最终，擅长应对沙漠的阿拉伯人发现，可以通过引进单峰骆驼穿越撒哈拉。在拥有这种骆驼的沙漠商队的帮助下，阿拉伯商人将他们庞大网络中的产品，包括香料和工艺品，带到了马里。

他们还带来了以神圣的《古兰经》为基础的读写文化，以及关于这部文本的丰富的注释和研究传统。因为认识到成为这个庞大文化圈一部分的好处，曼丁戈的统治者们在中世纪的某个时间点改信了伊斯兰教。

---

* Conrad, *Sunjata: A New Prose Version*, 11.

伊本·白图泰到访马里

1352 年，丹吉尔

对于曼丁戈和阿拉伯世界之间的早期接触，最佳见证者是阿布·阿卜杜拉·伊本·白图泰（Abu Abdullah Muhammad ibn Battuta），世界文学史上最伟大的旅行家和旅行作家之一。他属于围绕曼丁戈帝国写作的第一批阿拉伯人，而《桑介塔史诗》纪念了这个国家的建立。

伊本·白图泰对旅行的着迷，始于这个年轻的摩洛哥丹吉尔（Tangiers）人决定到麦加（Mecca）朝圣。朝圣完成后，他并不想马上回到丹吉尔。接下来的 23 年，他都在旅途中，向东行进了数千千米，穿越伊斯兰教主导的一直延伸到印度的广大领土。

1352 年，伊本·白图泰踏上了曼丁戈的土地，他最后的旅程带来了关于神话人物桑介塔的继承者最早的文字记载之一。尽管关于桑介塔的口述故事——如今也是书面的——是关于这位神话中建国者的唯一记录，伊本·白图泰的游记显示，这个故事可能有些历史基础。

带着两头骆驼，一头用于骑行，一头用于物资储备，伊本·白图泰出发了。他沿路注意到许多奇特的景象，包括一座盐矿，左右两边都驮着盐块的骆驼，还有一个村庄，它的建筑物完全是由岩盐建成的。*

---

* *Corpus of Early Arabic Sources for West African History,* translated by J. F. P. Hopkins, edited and annotated by N. Levtzion and J. F. P. Hopkins (Cambridge, U.K.: Cambridge University Press, 1981), 282.

伊本·白图泰大部分时间想的都是如何生存下来。在穿越沙漠的磨难中存活下来的唯一方法是加入沙漠旅行队，但就算那样也是危险的。最困难的部分是在长达十天的穿越中没有水源。旅行队的一员在一次争吵后掉队，迷路，然后就死了。伊本·白图泰遇到了另一支说有成员失踪的旅行队。他和他的伙伴们不久就在路上发现这些成员死了，这是对他们所面临的危险的可怕提醒。从那以后，再没有人敢离队了。

他们唯一不用担心的是其他人——撒哈拉没有强盗。伊本·白图泰惊喜地发现在他们穿越沙漠后，后面的道路很安全，于是他决定独自前行。这些道路是由曼丁戈的统治者控制的，但实际的贸易却掌握在穆斯林手中，包括在那里定居下来的柏柏尔人和阿拉伯人——他们带来了自己的文化、实用知识与文字。伊本·白图泰对这些来者不拒，他很钦佩一些当地青年学习《古兰经》的热情，还特别注意到一个在熟记下经文前一直戴着镣铐的男孩。他还很满足地记录下一场《古兰经》的诵读仪式。*

有一件事尤其吸引他的注意力，那是有一群穿着羽毛服饰的吟游诗人参与的一场节庆。他们站在国王面前，吟诵着歌颂先王功绩的诗歌。接着，领头的诗人走向国王，并把头搁在国王的大腿上，然后是两边的肩膀上，在整个过程中他一直吟诵着一个祖先的故事。这个口述故事的表演之所以吸引伊本·白图泰，是因为它如此古老，很显然，这种吟诵的类型“比伊斯兰教更久远”。† 虽然文字早已被引入曼丁戈社会中的某些阶层，但这些更古老的口述传统

---

* Levtzion and Hopkins, *Corpus of Early Arabic Sources*, 286, 296.

† Levtzion and Hopkins, *Corpus of Early Arabic Sources*, 293.

瓦西提（Al-Wasiti）所作的13世纪的书本插画，展示的是一群前往麦加的朝圣者

仍旧没有消失，甚至是在适应以书本为基础的新宗教。正是因为伊本·白图泰，我们才知道，在泰奇·孔戴1994年的《桑介塔史诗》版本里展现出的伊斯兰教文字和曼丁戈口述文化之间的动态关系，至少从14世纪就开始了。

伊本·白图泰最终见到了曼丁戈国王，就是神话人物桑介塔的一位继承者曼萨·苏莱曼（Mansa Sulayman）。这次见面并不顺利。

在他将近30年的旅途中，伊本·白图泰变成了一名难以满足的旅行家。他期待获得大量的礼物，就像他在印度时那样，他在印度还被邀请到中国去执行外交任务。但是这位国王并没有特别关注他，只给了他三片面包、一片煎牛肉和一葫芦瓶酸牛奶作为欢迎礼物。在愤怒和惊讶中，伊本·白图泰放声大笑。*

不幸的是，这位国王冒犯的不是一位普通的旅客，而是将在几十年甚至几个世纪里影响阿拉伯世界对非洲撒哈拉沙漠地区看法的人。在旅途中，伊本·白图泰做了详细的笔记，记录了他自己的遭遇和英勇行为。他将这些变成了历史上最有影响力的旅行故事之一。

伊本·白图泰没有亲笔撰写他的旅行故事，而是与另一位合作者一起将其口述给了一位职业抄写员。结果是，我们拥有了一份对中世纪晚期伊斯兰世界的最重要的目击记录，而这份记录对只拿出一点点礼物的曼丁戈国王是相当不利的。从来不羞于表达自己观点的伊本·白图泰毫不含糊地谴责了这位国王，称他是自己见过的最吝啬的国王，并且记录了国王治下人民的普遍不满。

尽管对国王很不客气，伊本·白图泰还是通过提供对曼丁戈讲故事者的早期记录为这个国家尽了一份力。† 在伊本·白图泰到访之后的几个世纪里，这些吟游诗人继续以吸收伊斯兰教素材的方式实践着他们的艺术，但他们从来没有觉得需要学习阅读和书写。‡

---

* Levtzion and Hopkins, *Corpus of Early Arabic Sources*, 289.

† Conrad, "Islam in the Oral Traditions," 37.

‡ Stephen P. D. Bulman, "*Sunjata* as Written Literature: The Role of the Literary Mediator in the Dissemination of the *Sunjata* Epic," in Austen, *In Search of Sunjata*, 231–51, 232. I also consulted Jan Jansen, "An Ethnography of the Epic of *Sunjata* in Kela," in Austen, *In Search of Sunjata*, 297–311, 308.

阿拉伯文字主要还是只有一小群会讲阿拉伯语的人用，即像桑介塔故事中的贝雷特这样的《古兰经》学者。一个重要的文学文化在廷巴克图（Timbuktu）这样的阿拉伯语学习中心发展起来，但这对口述故事没有根本性的影响。*

至于曼丁戈的吟游诗人们，他们不认为有必要把桑介塔的故事翻译成阿拉伯语，以便把它写下来。也许他们甚至还像其他口述文化的吟游诗人们那样担心过：一旦他们最重要的故事被写下来，他们会对其失去控制。于是这些讲故事者继续口头传递着这个故事，通常是在家族之间，比如泰奇·孔戴的宗族。他们在特殊的场合表演这个故事，就像伊本·白图泰在旅途中曾经目睹的那样。

阿拉伯文字和曼丁戈的口述故事继续以这种方式同时存在于平行的世界，今天亦是如此。泰奇·孔戴本来可以去一所《古兰经》学校学习阿拉伯文字，然后将他口头版本的《桑介塔史诗》变成用那种语言写下的书面故事，但他没有。而且他为什么要那么做呢？他接受的训练本来就是要作为桑介塔故事的官方守护者，在现场表演中记忆和吟诵它，而那也是他一直在做的，直到 1997 年去世。

读写文化的第二股浪潮

尽管像在曼丁戈地区的例子中，口述文化和书面文化可以并存几个世纪，但最终它们还是会产生交集的。它们确实在 19 世纪

* Joshua Hammer, *The Bad-Ass Librarians of Timbuktu and Their Race to Save the World's Most Precious Manuscripts* (New York: Simon and Schuster, 2016), 17.

末 20 世纪初相交了。但是与之产生交集的书面文化不是阿拉伯的，而是欧洲的。

欧洲人在 15 世纪第一次与西非建立了联系，随后沿着西非的海岸线建立了贸易点，而内陆相对没有触及。这种状况随着 1884—1885 年的柏林会议而改变了，优越的战争技术和汽船给欧洲列强壮了胆，他们瓜分了非洲。曼丁戈的腹地落入法国手中。政治、贸易和世俗当权者说的、写的都变成了法语。

在将法国文字和文化引进非洲的同时，一些法国殖民者和军官对其所辖殖民地的文化产生了兴趣，包括桑介塔的故事，并且开始将这些故事写下来。[*]（也许他们是在模仿终于对曼丁戈文化产生兴趣的 19 世纪末的阿拉伯作家们。[†]）最初的法语记录将桑介塔的故事描写成一个当地的传奇，甚至是一个儿童故事，毫不知晓故事的主人公被尊为一个庞大而古老帝国的建立者。[‡]对《桑介塔史诗》的文学生涯来说，这不是一个荣耀的开始，但至少是个开始。

《桑介塔史诗》文学生涯的下一步是由威廉·蓬蒂师范学校（École Normale William Ponty）的学生们推动的。学校一直是法国殖民者将非洲变得更加法国化的主要渠道，虽然只有一小部分非洲人是这样接受教育的，而且教育仅够满足比较低层级的行政部门对人

---

* David C. Conrad, "Oral Sources on Links Between Great States: Sumanguru, Servile Lineage, the Jariso, and Kaniaga," *History in Africa,* volume 11 (1984): 35–55, 37.

† Bulman, "Sunjata as Written Literature," 235.

‡ Stephen Bulman, "A School for Epic? The 'École William Ponty' and the Evolution of the Sunjata Epic, 1913–c. 1960," in *Epic Adventures: Heroic Narrative in the Oral Performance Traditions of Four Continents,* edited by Jan Jansen and Henk M. J. Maier (Münster: LIT Verlag, 2004), 35–45, 41ff.

员的需求。[*]在几所这样的学校里，法国殖民者尝试给予非洲文化和传统更多发展空间，蓬蒂师范学校的学生们就是这样接触到桑介塔的故事的。[†]在 1937 年的一次校庆上，他们决定以戏剧形式演出《桑介塔史诗》。戏剧融合了文字和现场表演的优势，这让学生们可以用传统的讲故事者回忆往事的方式，和着音乐伴奏在观众面前表演桑介塔的故事。

几十年后，《桑介塔史诗》第一个被广泛阅读的版本于 1960 年出版，作者是吉·塔·尼亚奈（Djibril Tamsir Niane），在从波尔多大学（University of Bordeaux）获得学位前，他也是在西非的法国学校中学习的。他用法语写作，并且与讲故事者马穆杜·库亚特（Mamoudou Kouyaté）一起工作，这两位合作者创作出了被他们称为《古马里史诗》（*Epic of Old Mali*）的作品。尼亚奈将吟游诗人所提供的素材变成了一部小说。小说这种形式使他们面临一些困难，因为《桑介塔史诗》的人物和情节缺乏读者所期待的小说该有的现实主义风格和心理洞察力。尼亚奈尝试通过增加现实的润色和小说典型的人物动机来修正这个问题（他还将桑介塔和亚历山大大帝这样的历史人物联系起来）。[‡]结果创造了一个可读性高的《桑介塔史诗》版本，这个故事第一次有了更大的读者群。《桑介塔史诗》不

---

* Peggy R. Sabatier, "'Elite' Education in French West Africa: The Era of Limits, 1903–1945," *International Journal of African Historical Studies*, volume 11, number 2 (1978): 247–66, 265.

† Sabatier, "'Elite' Education in French West Africa," 247.

‡ D. T. Niane, *Sundiata: An Epic of Old Mali*, translated by G. D. Pickett (Harlow, U.K.: Longman, 1965), 23. 法语原版使用的是曼丁戈语的名字乔楼·卡拉·纳伊尼（Djoulou Kara Naini），并且在脚注中解释这是亚历山大的名字杜尔·加奈因（Dhu' l Quarnein）的变体。Djibril Tamsir Niane, *Soundjata ou L'Épopée Mandingue* (Paris: Présence Africaine, 1960), 50. 大卫·康拉德告诉我在他与尼亚奈的一次对话中，尼亚奈断言曼丁戈吟游诗人对亚历山大大帝一无所知。他们很可能是在不知道这个阿拉伯语名字与亚历山大大帝关联的情况下使用了它。

可否认地变成了文学。

戏剧和小说使用的都是法语，因为除了在《古兰经》学校学习过阿拉伯语的人，文字读写还是只限于上过法国学校的人，这意味着曼丁戈语仍然主要是口头的。

一种新文字

苏莱曼·坎特（Souleymane Kanté）是批判引进欧洲文字的最有影响力的人之一，他在西非几内亚生活，是一位有主见的改革者和语言创造者。坎特坚信，普及读写文化的唯一方法是将曼丁戈语族——在家中和街上所讲的，密切相关的各种曼丁戈语言和方言——变成文字。

坎特知道，最早在 19 世纪末，有过一些尝试，即改造法国人带来的罗马字母以适用于当地的语言。* 法语字母有很多缺点，它不是为了记录曼丁戈语这样的声调语言而设计的（在这一点上，阿拉伯文字也不适合）。更大的困难是法语作为殖民者的语言在文化和政治上的包袱。非洲学生愤恨地记得，他们的法国老师如何在课上宣扬法语的优越性。因此，法语遭到强烈抵制是不可避免的。† 对坎特和许多其他非洲人而言，从法国统治下获得政治上的独立意

* 在此之前仅有的一次尝试，是写下一种曼丁戈语言——瓦伊音节文字（Vai syllabary）。这发生在 19 世纪早期，主要是为了记录奴隶的货物运输。Maurice Delafosse, *Les Vaï: Leur langage et leur système d'écriture* (Paris: Masson et Cie, 1899).

† Sabatier, "'Elite' Education in French West Africa," 265.

味着拒绝法语作为教育、行政和贸易的语言，同时拒绝的还有法语字母表。

对坎特来说，唯一的解决方案是创造一种全新的字母，专门为本族人所说的语言设计，而且不能有殖民的历史因素。1949 年，他设计出这样一种字母，是为它要代表的语言量身定做的。它绕过了法语，看起来更像是阿拉伯语，相连的字母从右往左书写。坎特把这种字母称为“N' Ko”，在曼丁戈语里的意思是“我说”，这是在桑介塔的故事里被大量使用的一个短语。

尽管这是为了从法国独立出来而设计的字母表，可是 11 年后，也就是 1960 年，当独立最终到来时，虽然有殖民的包袱，新政府还是选择了法语字母，主要是出于务实的理由。在 60 年的时间里，这个国家的识字率无论多么有限，都是基于法语字母的，所以这种字母现在是阻力最小的选择。* 坎特没有因为缺少政府的支持而气馁，而是决定开始自己的地下运动，招募志愿者来创建建立在他的新字母之上的学校。

为了产生影响，新字母需要作品。坎特再一次决定亲自出马，他开始创作用新的字母书写的作品，包括一本语法书和《古兰经》，还有《伊斯兰教婚姻法》（*Matrimonial Laws of Islam*）及其自助手册。其中一本手册提供了关于“母乳喂养和避孕的最佳方式”的建议。最终，字母运动转向了这个文化里出现在伊斯兰教到来之前时代的那些最古老的故事。

1997 年，一部用“N' Ko”字母书写的桑介塔时代的地方史出

* Dianne White Oyler, *The History of the N'ko Alphabet and Its Role in Mande Transnational Identity: Words as Weapons* (Cherry Hill, N.J.: Africana Homestead Legacy Publishers, 2005).

现了。就这样，《桑介塔史诗》通过一种专门设计的字母进入了文学的世界，这种字母捕捉到了用以表演这首史诗的那种语言的声调和韵律。

现在，《桑介塔史诗》有几个极好的书写版本，它们进入了文学正典、大学的教学大纲和选集。泰奇·孔戴和康拉德创作的版本是英语的，英语是世界文学新的通用语言。同时，这部史诗仍然由受过训练的讲故事者用曼丁戈语在现场进行表演。

《桑介塔史诗》成为文学作品的故事，说明了口述文化是如何通过适应文字的现实而存活下来的。它还提醒我们，口述故事和书写技术之间的动态过程至今依然延续着。仍然有无数故事没有被文字记录，它们正等待着被转变成书面文学。

第十五章
后殖民文学
德里克·沃尔科特，加勒比海的诗人

“这片海很有趣，老人家，”阿法对老人说，
“但是它让我笑不出来。”

2011 年，圣卢西亚

新的国家需要故事来告诉它们自己是谁，这在 20 世纪中期体现得尤为明显：那时欧洲国家失去了对殖民地的掌控，几十个新的国家几乎在一夜之间诞生了。* 世界上单一民族国家的数量增加了三倍，从五十个左右到超过两百个。独立带来了文学的繁荣。这些新的国家面临相当大的挑战，因为欧洲殖民者曾经为了自己的方便而划分了领土边界，常常强迫敌对的族群，以及语言不同的团体和部落变成一个单一的行政实体。这些挑战使得通过经典文本来创建文化的凝聚力和同一性变得愈发重要。有时，更古老的口述故事被复兴，变成了书面史诗，就像西非的《桑介塔史诗》的境遇那样。但不是所有的新国家都足够幸运到拥有本国的史诗传统，这意味着，新的文本需要被个体作家创作出来，就像维吉尔曾经为罗马所做的那样。因此，有了我们今天所谓的“后殖民文学”（postcolonial literature）在 20 世纪后半叶的大爆发。

* 我感谢玛雅·亚萨诺夫（Maya Jasanoff）为这个章节提出意见。

—

我曾经一直对一个与此相关的最极端例子很入迷：加勒比海的小岛圣卢西亚（St. Lucia）和在当地居住的作家德里克·沃尔科特。他是承袭了荷马传统的史诗《奥麦罗斯》（*Omeras*）的作者，也是1992年诺贝尔文学奖的获得者。

不像其他许多有着古老文学传统的前殖民地，圣卢西亚在沃尔科特的作品之前几乎没有文学作品。当地人在欧洲殖民者到来后的两个世纪里已经被完全抹去，而从非洲强制引进的奴隶们是来糖料种植园劳动的，这座小岛是用于农业生产的，而不是文化。总而言之，沃尔科特是这座小岛上第一位有名的作家。* 当他被授予诺贝尔文学奖时，他可以自豪地声称自己来自一个只有16万人口的国家。更引人注目的是，他在仅仅一代人的时间里就卓有成效地带领这座小岛从无到有地走到了诺贝尔奖面前。有着30万人口的冰岛也自豪地拥有一名诺贝尔文学奖得主——1955年的获奖者哈尔多尔·拉克斯内斯（Halldór Laxness），但是冰岛有可以追溯到中世纪的萨迦（saga）文学传统。沃尔科特独自一人成功地将他的后殖民国家写进了世界文学。我决定去拜访他。

从空中看，小岛很引人注目，一大片高耸的绿色群山，上面浮着云朵。看起来似乎没有可以降落的地方，但是在一阵盘旋之后，我们突然降落在南端的一个简易机场——希瓦诺拉机场（Hewanorra

* 另一位著名的作家加特·圣奥默（Garth St. Omer）比沃尔科特晚出生一年。Patricia Ismond, “The St. Lucian Background in Garth St. Omer and Derek Walcott,” *Caribbean Quarterly*, volume 28, number 1/2 (March–June 1982): 32–43.

Airport），地图上为数不多的印第安名字之一。其他机场大部分都有法语名。这个机场在维约堡（Vieux Fort）。从机场出来，路上经过一些小村小镇——拉博里（Laborie）和舒瓦瑟尔（Choiseul）——还有一些地标，包括苏弗里耶尔（Soufrière），那里的火山活动形成了冒着泡的温泉，往空中释放着难闻的硫黄味。一块招牌写道："加勒比海唯一的免下车火山——来感受一下这座热带岛屿的心跳吧。"除了这块招牌，沃尔科特将所有这一切都放进了他的作品里。舒瓦瑟尔是他祖父生活过的地方——我们甚至在一首诗里知道了街道住址，而这座火山口作为通往阴间的入口，在他的作品里被放大了一倍。在圣卢西亚，无论我去哪里，都能通过沃尔科特的作品看这个地方，尤其是通过他最伟大的作品《奥麦罗斯》——这是沃尔科特为了给自己年轻的国家写下一部经典文本所做的尝试。

此次同行的有我的伴侣阿曼达（Amanda）和朋友玛雅（Maya），我们在芳都（Fond Doux）投宿，这是一座种植可可豆、肉桂和许多其他热带花卉与水果的种植园。一些植物是当地的，另一些则来自外地——非洲或者太平洋，是和奴隶一起被带过来的。

这座种植园由五六座主建筑和散落在各处的样式不一的小屋组成，坐落在圣卢西亚绿色群山的小山丘上。我们很快见到了种植园的经理利顿，一个四十出头的高个男人。他一听到我对德里克·沃尔科特感兴趣，就开始给我们免费提供饮品。沃尔科特显然是价值极高的"通货"。

利顿说，沃尔科特曾多次到访这座种植园，一次是与另一位诺贝尔奖获得者——他记不住那人的名字了［沃尔科特后来告诉我是爱尔兰诗人谢默斯·希尼（Seamus Heaney）］。利顿带着会意的微笑说，在一次来访中，沃尔科特抱怨这座种植园到处都没有他的照片。等我转了一圈之后，我明白沃尔科特的意思了。这座园子贴满了查尔斯王子的照片。查尔斯王子与利顿一起；查尔斯王子与工作人员一起；查尔斯王子在露台上；查尔斯王子看着晒可可豆的、可移动的架子；查尔斯王子紧挨着捣碎可可豆的铁管。所有的建筑物或墙壁上，都有一个由卡米拉陪伴着的洋洋自得的查尔斯王子在俯视着你。当然，在这种对前殖民国家的忠诚中，这座岛屿的民族诗人能有一席之地吗？利顿对沃尔科特承诺他会修正这个情况，但是还没付诸行动。

虽然沃尔科特在芳都失败了，他在圣卢西亚标志性的中心，即首都卡斯特里（Castries）的中心广场却获得了成功。在英国的统治下，这个广场被命名为“哥伦布广场”（尽管克里斯托弗·哥伦布从来没有踏上过这座岛），但是大部分圣卢西亚人拒绝承认这个名字，只是叫它“广场”。现在，那里有一座德里克·沃尔科特的雕像，并以他的名字命名。沃尔科特，这座小岛土生土长的儿子，成功地通过文学取代了那位意大利探险家。

为了加深我的研究，利顿友好地安排我与这座小岛非官方的历史学家格雷戈尔·威廉斯（Gregor Williams）博士见面，他曾经是沃尔科特的学生。“告诉你的司机在山上的加油站与我碰面。”威廉斯博士在电话那头这样说道。于是，没有司机的我开车将我们一行人带到了一座陡峭的山顶，那里有一个加油站，看起来像是约定的那一个。不久，一辆小车开了进来，从车里走出一个人，他就像图画书中的加勒比海知识分子：一个上了年纪的男人，戴着像是1962年前后在莫斯科制造的大厚框眼镜，有着飘逸的白发和白色胡须。

德里克·沃尔科特的半身雕像，位于圣卢西亚卡斯特里的哥伦布广场，1993 年，这座广场被重新命名为“德里克·沃尔科特广场”

他转而搭乘我的车子，然后指挥我开往山上西印度大学（University of West Indies）的圣卢西亚校区，这里之前是英国殖民者的军营。

我们一从车里出来，他就开始了对始于美国独立战争的圣卢西亚殖民史的戏剧性描述。我们站在可以统治这座岛屿的位置，威廉斯解释说，这是幸运山（Morne Fortuné）。它幸运的主人可以指挥两个重要的海湾：一个现在被油轮占据；另一个位于这座小岛的首都卡斯特里，那是岛上一半人口的家园和加勒比海最棒的天然海港。威廉斯大步跨过这片区域，解释了发生在美国独立战争期间的一个戏剧性事件，即英国和法国海军在彼此不知道的情况下前往圣卢西亚。两支舰队终于发现彼此后，当场进行了激烈的交战。随即，这座小岛经历了法国和英国的交替统治，而每一次交替时，他们都会围攻我们所站的这个位置。因此，圣卢西亚有时被称为“西印度群岛的海伦”，是敌对的殖民国家之间争夺的一个美丽战利品。

加勒比海的荷马

在学习这段历史的时候，我有一种似曾相识的感觉：这一切我都听过，而且是从沃尔科特那里。《奥麦罗斯》使他获得了诺贝尔文学奖，这部史诗试图诉说这座岛屿的全部历史。

如果作家生活在文学历史悠久的文化中，他们可以依赖更早的作品来讲述一个民族的集体故事，比如希腊的《伊利亚特》或者印度的《罗摩衍那》，抑或是冰岛的《埃达》（*Eddas*）。新国家的作者们，尤其是在新大陆的，通常没有什么经典文学可以借鉴，他们不得不自己创造一个（玛雅人和他们的《波波尔·乌》是个例外）。但这个计划很可能出问题，导致创作出浮夸或虚假的作品。有一个为罗马写出成功的经典文本的“维吉尔”，就可能有一个“乔尔·巴洛”（Joel Barlow），后者在1807年出版的《哥伦比亚特》（*Columbiad*）可没有成为美国的经典文本。

巴洛失败了，而沃尔科特成功了。在《奥麦罗斯》中，我们读到欧洲对新大陆的征服，从皮萨罗和科尔特斯等最早的西班牙征服者开始。然后，我们读到的是带来了西非传统的奴隶们。* 沃尔

* Derek Walcott, *Omeros* (New York: Farrar, Straus and Giroux, 1990), 150.

科特甚至提到了曼丁戈文化及其在加勒比海遗风犹存的吟游诗人们，因为许多被带到新大陆的奴隶来自西非。英国舰队的指挥官乔治·罗德尼男爵（Sir George Rodney）出场了，还有幸运山之战、美国独立战争，以及奴隶制的废除等，都纷纷登场。

可是就算沃尔科特在讲述新世界的历史，他还是借鉴了旧世界的模板，尤其是荷马。虽然青铜时代的希腊和 20 世纪的圣卢西亚之间相隔千里千年，沃尔科特还是发现了隐含的共同点，尤其是暴露在大海的变幻莫测之下的岛屿生活。*

结果，沃尔科特不是将《伊利亚特》或《奥德赛》重新设定在圣卢西亚（尽管他之后的确将《奥德赛》改写成一部戏剧），而是用荷马史诗里的名字塑造了当代的圣卢西亚人物。他们包括渔民阿基里斯和货车司机赫克托耳，他们争夺着扭着臀的漫不经心的海伦。沃尔科特诙谐地让他有着英雄名字的人物与岛上的世俗现实冲撞。但是，在这个过程中，他将世俗上升到神话［就像詹姆斯·乔伊斯在他的小说《尤利西斯》（*Ulysses*）里把一个普通的爱尔兰人变成主人公］。

结果，得到的是一部史诗，它通过动用所有可得的文学资源来尝试理解圣卢西亚动荡的历史。在这部史诗中，荷马的《伊利亚特》和《奥德赛》并不提供具体的故事，而是表明一种野心，为加勒比海写下一部经典文本的野心。如果圣卢西亚因为敌对的殖民国家的相互争夺而被称作“加勒比的海伦”，那么德里克·沃尔科特则宣称自己为这座岛的“荷马”。

---

* Walcott, *Omeros*, 14.

在 20 世纪人们对经典文本的诸多尝试中，沃尔科特的《奥麦罗斯》是最大胆的。它也是最成功的，得到了最重要的文学奖项恰如其分的认可，并作为后殖民文学的典范屹立于世。

格罗斯伊斯勒

格罗斯伊斯勒（Gros Islet）位于圣卢西亚岛的最北端，是作品中一些情节的发生地，也是沃尔科特生活的地方，于是我前往那里与他见面。安排这个见面并不容易。我第一次致电时，83 岁的沃尔科特亲自接了电话。他的声音听起来很虚弱，而且不知道该如何应对我的拜访要求。“西格丽德在的时候，你再打电话来吧。”他说道，然后挂了电话。我又一次致电，西格丽德——沃尔科特的长期伴侣——做好了安排这次拜访的准备，而沃尔科特在电话的另一端听着；我可以听见他的呼吸声，但是他一言未发。西格丽德无法给我一个确切的日期，只能告诉我大概可以在哪几天里拜访。

我一抵达圣卢西亚就再次致电。沃尔科特似乎完全忘记了我要去拜访。在几个来回之后，他稍微记起来了，就说：“西格丽德在的时候，你再打电话来吧。”当我这样做时，西格丽德很专业，并且很高兴地安排了拜访。“你不知道来这里的路，”她郑重地说，“这里太复杂了。在卡斯特里以北两千米的壳牌加油站和我碰头吧。”（加油站在圣卢西亚似乎是个碰头地点。）在找到一个似乎是对的加油站后，我等了一会儿，一个白人女性出现了，她就是西格丽德。“所以，你是德国人吗？还是只是你的名字是德国的？我和德里克之前在讨论这件事。”——这是她最先说的一句话。我含含糊糊地说了一声“是”。她似乎因为我的回答而平静下来，挥了挥手：“跟我来。”

德里克·沃尔科特和西格丽德·纳马（Sigrid Nama）生活在建在水上的三栋匀称的房子里，其中一栋是他的画室。内部装修简洁现代，有精心设计的书架。露台可以看见海景，我看得特别着迷，差点没看到坐在角落桌子旁的沃尔科特。他年纪大了，驼着背，个头小小的。他并没有起身，而是示意我坐到他旁边。西格丽德准备出门去买几把椅子。“Bis Später，”她用德语说，然后补充道，“翻译一下！”我试着回复道：“晚点见？”然后她就走了。

“你对什么感兴趣？”德里克问道。我尝试解释有关歌德去西西里岛旅行的事，以及它是如何启发我只要有时间就去旅游和追寻文学踪迹的。我解释得不是很好。“我对文学和地方很感兴趣，”我最后脱口而出。“你是指地理上的？”“是的。”我用力地点了点头。他花了一些时间思考圣卢西亚在地理上对他意味着什么，他想到的第一件事是语言。他解释说，在这里大部分人使用的语言是克里奥尔法语（French Creole），一种与书面文学没有关系的口头语言。* 一位来自圣卢西亚的有抱负的作家需要将这种完全口头的语言变成一种书面语言。沃尔科特不仅要创造一部经典文本，还要创造书写它的语言。

沃尔科特在自己家中并不说克里奥尔法语——他不跟母亲说，只跟一位在家中给母亲帮忙的寡妇说这门语言（在沃尔科特一岁

---

* 关于这个话题，请参阅 Douglas Midgett, “Bilingualism and Linguistic Change in St. Lucia,” *Anthropological Linguistics,* volume 12, number 5 (May 1970): 158–70。

时，他的父亲就去世了）。他自己跟克里奥尔法语的关系有点疏远。“我不用克里奥尔语思考，”他承认，但接着补充道，“但当我写作时，我的直觉是用克里奥尔法语。”这两者之间的区别悬而未决。

找到一种对的语言与找到一种恰当的文学形式是相关的。沃尔科特是学习英语文学长大的，而这吸引他将克里奥尔法语和西方的文学传统结合在一起。沃尔科特用接近克里奥尔法语民歌的民谣，以及四行诗这样更加正式的格律和结构做尝试，来形成一种新的英语。一些评论家批判沃尔科特将西方文学常规和圣卢西亚方言结合，而其他一些评论家则为之辩护，包括他的朋友约瑟夫·布罗茨基（Joseph Brodsky，诗人，安娜·阿赫玛托娃的门生，1972 年被迫离开苏联）。这些争议使沃尔科特对学术争论很谨慎。“我不相信知识分子，”沃尔科特告诉我，“因为他们没有幽默感。”接着，他描述了与约瑟夫·布罗茨基和谢默斯·希尼一起度过的有着低俗幽默的有趣夜晚。希尼将在几周内再次到访。我觉得那个场景很迷人，三位诺贝尔文学奖得主在沃尔科特的阳台上嬉笑玩耍。沃尔科特还画了一幅希尼的画像，用的是强烈的、引人注目的颜色，他带我到他的画室去看那幅画。

我注意到我们的话题偏离了地理。“好吧，我可以聊聊地方，”他说。但是他又继续谈论语言。“既然你提起，我想起了自己给纸上的一个地方命名，或者给一个东西命名的时候，会有一种强烈的兴奋感。更早些时候，比如，如果有人说了‘面包果’（breadfruit）这个词，会在剧院里引起一阵笑声，因为人们认识它，甚至因为人们感到尴尬。”面包果对观众来说很熟悉，但在艺术中却很陌生，因为大部分艺术都是引进的，没有它们的岛屿和在岛屿上生活的痕迹。是的，沃尔科特继续努力描绘圣卢西亚。他将新的地名、新的人物和新的果实添加到文学词典里，这些都是他将圣卢西亚写进文学史的计划的一部分。这是一部经典文本必须要做的：将一个地方、一种文化和一种语言第一次转化进入文学。

在不安的大西洋海岸

在《奥麦罗斯》之后，德里克·沃尔科特的作品中我最喜欢的一直都是《多芬海域》(*The Sea at Dauphin*)，它是 1954 年的一部独幕剧。这个剧本比《奥麦罗斯》朴素得多，它所处的世界与史诗是一样的，但它对那个世界的深远历史没什么兴趣，也没有荷马的影子。然而对我而言，这个剧本以最浓缩的形式展示了沃尔科特的文学想象力。开场的舞台提示描述道："西印度洋上一座迎风的岛屿，在不安的大西洋海岸。"[*] 第一次读到这句话时，我不知道"迎风的岛屿"是什么，但是那个意象让我难以忘怀，也许是因为它太分散了，很难被聚焦。

在来到圣卢西亚之前，我在大西洋岸边的一张地图上瞥见过多芬，就是这个剧本以其为背景的小渔村。从地图上看，一条小路蜿蜒穿过一座座山，一直通到村庄，而村庄就坐落在那儿，是暴露于风和大海中的一个荒凉的小圆点。

当我和德里克·沃尔科特的对话接近尾声时，我提到了《多芬

* Derek Walcott, *The Sea at Dauphin*, in *Dream on Monkey Mountain and Other Plays* (New York: Farrar, Straus and Giroux, 1971), 45.

海域》。戏剧在加勒比海尤其是个挑战，沃尔科特说，因为这不仅关乎创造一种适合这个地方的语言，也关乎有一个可以表演它的剧院，以及愿意来看戏的观众。沃尔科特曾尝试和他的双胞胎兄弟一起创造这样一种文化，先在圣卢西亚，后在特立尼达（Trinidad），他在西班牙港（Port of Spain）建立了颇受赞誉的特立尼达戏剧工作坊（Trinidad Theatre Workshop）。* 西班牙港那时是东加勒比海最大的城市，沃尔科特在他的诺贝尔奖获奖词中对它表达了敬意。一个合适的城市正是剧院繁荣发展所必需的，仅有一座岛是不够的。在西班牙港和波士顿度过一些时光后，沃尔科特永久地搬回了圣卢西亚，并在那里讲授戏剧创作，他从来没有如此深切地感受到这里缺少一间合适的剧院。甚至，曾经是加勒比海剧院代表的特立尼达戏剧工作坊，也在困难时期倒闭了。

沃尔科特还向我解释，虽然有很多困难，但相比于史诗或其他文学形式，戏剧还是有其长处的。尽管圣卢西亚可能没有剧院文化，但它有其他东西：狂欢节。狂欢节不是单一作者的作品，它是集体性的；它是圣卢西亚自己的主要艺术形式，也是沃尔科特对戏剧产生兴趣的原因。

谈到这个，沃尔科特变得兴奋起来。† 他解释道，狂欢节的中心人物是帕帕·加布（Papa Jab，法语“魔鬼”一词的简称），一个留着胡须的老头子，像圣诞老人，甚至像神一样，但实际是头上长

* Errol Hill, "The Emergence of a National Drama in the West Indies," *Caribbean Quarterly,* volume 18, number 4 (December 1972): 9–40.

† 关于这个狂欢节，请参阅 Daniel J. Crowley, "Festivals of the Calendar in St. Lucia," *Caribbean Quarterly,* volume 4, number 2 (December 1955): 99–121。

角的魔鬼。*

在节庆过程中，帕帕·加布被杀死，但是在三天之后又被复活了。“你还知道魔鬼被复活的其他例子吗？”颇为欣赏这个转折的沃尔科特问道。另一个受欢迎的时刻是，帕帕·加布抱怨地狱太热了，因此向人讨水喝。“孩子们跟着他一起唱。”沃尔科特说。然后，他突然说起克里奥尔法语：“给我水喝，我在燃烧。”他觉得，魔鬼在自己的地狱里感觉灼热并向人讨水喝这个想法极其滑稽。帕帕·加布还有一把三叉戟，当孩子们太烦人时，他就追着他们跑。大家一起玩耍着。

“我一直想去一趟多芬。”我终于大胆地提出来，而且小心地解释我是多么喜欢那部话剧并为其着迷，以及我很想去看看那个相当偏僻的地方。沃尔科特认为去多芬这个想法很荒谬。“不，不要去，它在很远的海边；估计你只会看见很多悬崖。那里没有村庄。”

我吃了一惊。“没有村庄？”“我认为没有。”他说，但听起来不那么确定了。对此，我既困惑又失望。

没等我理出头绪，西格丽德就回来了。“我给你带了椰子水。它很有益于健康，是唯一一种和人的血液有相同电解质的饮品。给你。”因为想着椰子水的健康效果，我们把它都喝了，味道很好。尽管喝了有电解质的饮料，沃尔科特还是累了。“这些够了吗？”他问我，这让我很感动。在将近一个半小时的时间里，我一直在催促沃尔科特谈论他跟圣卢西亚，以及跟它的语言和地理的关系，而他一直很勇敢地在配合我。在我离开时，我听到沃尔科特说克里奥

---

* Daniel J. Crowley, "Song and Dance in St. Lucia," *Ethnomusicology,* volume 1, number 9 (January 1957): 4–14.

尔法语。惊讶的我看了看四周：他是这样跟西格丽德说话的吗？不，他是在跟用人说话。沃尔科特也许不用克里奥尔法语思考，但它仍然是他与许多人对话的语言，就像在《多芬海域》的一个英文版本里，它是渔民们说的语言。我关上门，上了车，然后回到了芳都。

沃尔科特否定多芬使我心烦意乱。“怎么了？”阿曼达在我回来时问道。“没什么。”我闷闷不乐地打开谷歌地图，放大了多芬。就像沃尔科特预言的那样，我什么都看不到。那里只是一个杂草丛生的小海湾，没有村庄的踪影。无论如何，我应该去那里吗？我问一位在种植园工作的年轻人，我租来的小车能否开到多芬。“可以，你当然可以开车到那里。”他很惊讶有人想去那里，但确信我可以做到。他自己去过那里吗？没有，事实上他并没有去过。

那天晚上，晚餐之后我们在海边小镇苏弗里耶尔的海港游玩。人们手上拿着酒，漫无目的地转悠着。那里有一座加油站（这是当然的），还有一间挤满了人的简陋酒吧。我们迟疑了，但是酒保发现了我们。“来跟当地人喝杯酒吧。”他愉快地说道。我们进去了，点了皮顿（Piton）——圣卢西亚产的啤酒。其他人都在喝喜力（Heineken）：我们在尝试变得本地化，而他们在尝试变得国际化。

我向他打听多芬。“你想去多芬？”他怀疑地问道。“去跟那边那个人聊聊吧，他去过这座岛上所有的地方。”我照做了。那条路是通的吗？是的，当然是的，但那座村庄从20世纪五六十年代起就废弃了。但是，没错，我可以开车去那里。没有问题。他自己去过那里吗？没有，事实上他自己没有去过。太奇怪了——在一座不到 620 平方千米的岛上，竟然没有人去过多芬。

那天晚上，我还是决定要去。在旅途中错过了这么多目的地后（我盼着去马里，但因为内战无法成行；摩苏尔也一样），我不会再让任何人阻止我去多芬。我早早地起床，这一天顺利地开始了。我上了车，然后沿着山路往北开。南边没有几辆车，只有大部分人乘坐的小巴士和偶尔从某个高档度假村驶出的豪华轿车。当天是礼拜天，人们穿着最好的衣服沿着马路步行到教堂。马路坑坑洼洼的，但是有些路段情况良好；不出所料，一个提示牌告诉我这些道路是欧盟花钱建的。离开沿海道路后，我发现内陆有不少村落，至少那里不是我期待的森林。问过几次路后，我穿越了山区。房屋越来越少，路况也越来越糟。然后，完全没有了房屋，很快连道路也没有了，但我兴高采烈地继续前行，躲避着越来越大的坑。我可以看见远处的大海：在沃尔科特的剧本里被栩栩如生地描绘的多芬的海。

接着，车子歪倒在路边，车子底部发出一阵刺耳的刮擦声，然后我被困住了。

我尽量让自己冷静下来。我在后备厢里找到一个千斤顶，然后试图把前面的轮胎给挖出来，但是没能成功。天气热得要命。我已经好一阵子没有看见人影了。我想起自己拒绝了任何一种车险，而现在这辆车估计已经被我毁了。

我开始往回走。当我走到第一座房屋时，有三个年轻人愿意提供帮助。等我们到了车子那里，他们看了一下车子的状况，都摇摇头，但接着开始想办法。他们示意我上车，然后给我指示，试图用各种方式推动和抬起车子。向前，停止，往这边转，回去一点。我完全不明白他们的指令，但还是照他们所说的去做，我有时候反应不过来，这让他们有些恼火。他们知道自己在做什么，并且成功地将我的车子拖了出来。我们开着车往好一些的路上走，一路弯弯曲曲的，他们指导我碰到大坑时倒车绕开。直到那一刻，我才注意到车子其实没什么问题。我们开车回到他们的房子，甚至成功地把车转到了小路上。我很兴奋。在恐惧后的兴奋中，我决定再尝试一次。我告诉我的新朋友们，我要徒步走到多芬，对于我的这个计划他们没有任何评论。我对他们表示感谢，他们就离开了。

很显然，这条土路在过去几十年间都疏于管理，被飓风肆意侵袭。我开始明白，为什么我遇到的人里没人去过多芬。但我心情很好，在石头间跳来跳去。大约十分钟后，新的问题出现了：我的脚开始疼了，因为我穿的是薄薄的帆布鞋。我意识到，这对远足来说不是很理想。我试着更小心地行走，一边想着那几个年轻人还能否看见我，一边像踩在蛋壳上一样走在空无一人的土路上，感觉自己像个傻瓜。

但很快我意识到自己在思考那部戏剧。它的故事发生在一群渔民当中，他们勇敢地面对充满敌意的大海。村庄里最强壮的渔民阿法（Afa）和他的伙伴奥古斯丁（Augustin）说着粗俗的语言；有一位叫作霍纳金（Hounakin）的东印度老人，他请求加入这次出海，但是他太老了，喝得大醉，也有太多恐惧。被留下的他从悬崖上掉了下去，很有可能是自杀。阿法被这些事震撼到了，他同意将一个男孩作为学徒带上船。

这部戏剧真正的主人公是大海，一股塑造着一切的陌生力量，它随意折断植物，摧毁房屋和人类。最理智的人物加西亚（Gacia）

用他有节奏的克里奥尔英语总结道："这片海不适合人生存。"* 它当然不适合，但是这些渔民无论如何都要面对它。在这个过程中，他们变得无情，并最终被打倒。"这片海很有趣，老人家，"阿法对老人说，"但是它让我笑不出来。"† 呼应叶芝（Yeats）的诗《航向拜占庭》（*Sailing to Byzantium*）的首句——"那不是老人的国度"——阿法告诫道："这片海不是老人的墓地。"‡ 奥古斯丁最后评论道，"大海就是大海"，以此表达我们只能接受大海本来的样子以及它陌生的残酷。§

在接近多芬的过程中，我思考着这些人物，以及他们与大海的抗争，我开始做一场白日梦，也就是把这个地方想象成一座浪漫的废墟：一座简朴的被风吹打的小渔村，虽然被废弃了，但风景如画。也许有一位老渔民拒绝离开，坚守着这个阵地。他会站在海边，钓着鱼，告诉我所有人是怎么离开这里去卡斯特里追求财富的（"问问他，为什么不去卡斯特里学技工。"在剧本里，阿法这样说起那个男孩）。我为沃尔科特剧本设想的结局是，除了这位老人，所有人都离开了。他的父亲与祖父在这里生活和死去，而他也会在多芬死去，就像多芬随着他死去一样。

在突然发现自己到了路的尽头时，我的沉思被打断了。这里有一条小溪，于是我知道自己快到海边了。此时距离车子发生故障不到一个小时。这里有一片长着香蕉的小空地。一只山羊被系在一

---

* Walcott, *Sea at Dauphin*, 59.

† Walcott, *Sea at Dauphin*, 57.

‡ Walcott, *Sea at Dauphin*, 64.

§ Sandra Sprayberry, "Sea Changes: Post-Colonialism in Synge and Walcott," *South Carolina Review*, volume 33, number 2 (Spring 2001): 115–20.

根柱子上，它在那里懒洋洋地吃着草。不远处，路边有一堆火在燃烧。最后，我看见一间小屋，一间有着波纹铁皮屋顶的奇特木屋。我叫了一声，没有人应答。在路上又转了一个弯之后，我抵达多芬。

接着，我无法相信自己的双眼：他就在那里，那个我在白日梦里想象过的孤独的人，站在海滩上钓鱼。我因为激动而有些飘飘然，就走向他。当我靠近时，我发现他穿的是巴西足球队的运动衣。这可不是我给想象中孤独的渔民披上的那件手工缝制的旧衣服（在沃尔科特的作品中，人们穿着虫蛀的老旧针织衫）。为了不吓着他，我喊了一声，他转过身来，手中抓着钓鱼竿。他看到我之后似乎只是稍微有点惊讶，他一定是在我靠近时就已经发现了我。他五十岁上下，身体强壮。当我走上前去与他握手时，我看到了他的腰带：上面有一个手枪皮套和一把枪。我的另一只手开始摸索着找手机。意识到我在想什么，他咧嘴一笑。"你好，我是乔治。我有时来这里钓鱼。我是个警察。"

我松了一口气，告诉他我是来这里参观多芬的，而且是第一次来。这个小小的海湾看起来一点也不美丽。地面湿软，并且到处是垃圾——塑料瓶、塑料袋，以及所有想象得到的东西。曾将哥伦布带到西印度海域的同一信风，如今将其他海洋的垃圾也带到了这片海滨。这就是那座迎风岛屿上的不安的海岸现在的样子：充斥着大西洋的垃圾。

乔治告诉我，这是圣卢西亚最早的殖民地：遭遇海难的船员们来到这里，并且留了下来。我想他指的是西班牙的探索者。"如果你沿着沼泽地走，会发现那里有一些遗址。"他补充道。我小心翼翼地沿着满是垃圾、令人作呕的沼泽地的边缘朝那边走。这片地带没有可通航的路，除非你沿着一条小溪走，这条小溪与大海汇合后淹没了一切。我在树丛下蹚着水艰难前行，努力不去注意自己变得有多脏。十分钟后，我看到两座石头废墟。三面墙，没有屋顶，没有其他东西。这会是沃尔科特在剧本中提到的那座教堂的废墟吗？因为这个发现而受到鼓舞并且盼望着逃离沼泽地的我，爬上了一座长满各种灌木植物和小树的陡峭山坡。我好几次差点摔倒了。但我没有找到更多的遗址。地上散落着巨石块，它们曾经是房屋的一部分吗？很难想象在这个斜坡上曾经有建筑物。

四处爬行使我想起了《多芬海域》的另一面：陆地。剧本把危险的大海和勇敢面对它的坚强的渔民们，与那些留在陆地上以农业为生的人做了比较。粗野的渔民看不起农耕，尽管它并不比他们的工作容易：多芬的陆地布满岩石，就像我刚刚发现的一样，并且不是很肥沃。山羊可以靠干草生存，但是仔细一想，我在路上遇到的山羊看起来挺瘦弱的。

我爬到更高的地方四处张望，并往下朝有水的地方看了看，但是我所能看到的只有灌木丛。我很小心地滑下山坡，常常是四肢并用，终于回到了沼泽地、垃圾和乔治所在的地方。只是突然间，那里多了一辆载着两个男人的敞篷货车。在这个晴朗的周日下午，多芬的人多了起来。“和他聊聊吧，他了解多芬。”乔治看到我时喊道。我靠近那辆破旧的货车。穿着蓝色工装服的车主介绍自己叫罗杰斯（Rogence）。他和他的伙伴正在铲沙子，然后装进货车里：他们刚刚杀了猪，他解释道。完工后，他的伙伴脱光了衣服，跳进令人厌恶的褐色水里。

我不知道要怎么开始我的话题，关于多芬，以及是什么把我带到这里的。杀猪的屠夫罗杰斯也知道德里克·沃尔科特吗？我向他询问这里的村落的情况。罗杰斯确认，从 20 世纪 50 年代开始，多芬就被废弃了。直到 70 年代，还有一些人把渔船停在这里，但再往后，这个地方几乎就完全荒废了。他来这里只是因为他在附近拥有一座种植园。

我觉得自己无论如何还是要解释是什么把我带到这个遥远的地方的，所以最终还是提起了德里克·沃尔科特和《多芬海域》。“当然，《多芬海域》。我祖父是剧本里的那个男孩。”“真的吗？”“是的，我祖父曾经在这里生活。他是种植园的工头。他在那部剧本里。”“你祖父叫什么名字呢？”“邓肯（Duncan）。”我快速思索，虽然我记不住人物的名字，但是我很确定没有一个叫邓肯的人。“但是剧本里没有一个名叫邓肯的人物。”我犹豫地说。“他是那个男孩。”罗杰斯重复说道。事情确定了。我在跟剧中一个人物的孙子说话。

他沉默的伙伴回来了，显然恢复了精神，然后慢慢地开始穿衣服；他肌肉发达的身体让他看起来很有英雄的模样。他始终一言不发。罗杰斯也没有多注意他，然后提议开车送我。我和他一起坐进了驾驶室，而他的伙伴则跳上了装着沙子的车后斗。让我多少有点欣慰的是，即便是这辆大货车，在坑坑洼洼的路上通行也并不容易，我们好几次差点被困住。一路上，罗杰斯向我介绍他的农场。起初，它的主人是法国人，然后是英国人，后来是他祖父把农场买了下来，在家族里代代相传。事实上，他主要的生计来源不是猪，而是木薯。他很擅长种植木薯，并且知道怎么把它制成面包。他在路上指给我看一些木薯树，还给我看车里剩下的几条发霉的面包。他把面包直销给当地人，也把木薯磨成粉拿到卡斯特里的集市去卖。

突然，在开车绕开坑洼时，他笨手笨脚地摸到了手机，然后打给他的女儿。他只说了一句“有人会来取一袋”，然后转过头对着我说：“问问人们罗杰斯住在哪儿。那是一座绿色的房子。我女儿会给你木薯粉的。”他把我放下车，然后右转去了他位于山中某处的农场。在我下车的时候，那位农场工人终于开口说话，要求我给他拍张照片。他把铁铲高举过头，欢欣鼓舞地为拍摄摆好姿势。我甚至不知道他的名字，我想问一下，可是他们已经上路了。他高举铁铲的形象一直留在我脑海里。我在多芬遇到的三个人中，唯独这位沉默的男人像是荷马史诗里的人物。

我徒步回到自己的车里，上车之后开始往回开，还有些担心。但是一切都很顺利。路况变得越来越好，更多房屋开始出现，于是我停下来向两位女士打听罗杰斯的住处。“你是开着这辆车去的多芬？”她们咯咯地笑。那一刻我认出了她们：我早些时候向她们问过路。“不是，我被困住了。”我坦白道。这让她们捧腹大笑。我微笑以对，并没有指出其实她们原本是可以提醒我的。我的克制换来的是，她们告诉我去往罗杰斯住处的路。一位少女开了门，然后带着怀疑的眼光看着我。“罗杰斯告诉我来这里取一袋？”我说。她一言不发地消失了。一分钟后，她带着手掌大小的一袋上好的木薯粉回来，将它递给了我，笑得很腼腆。我为我的战利品感到高兴，向她表达了感谢，然后开车回家。那袋木薯粉上贴着“产自多芬”的标签。在海陆之战中，陆地获胜了。

在圣卢西亚剩下的时间里，我一直在回想多芬。如果罗杰斯是正确的，那么多芬在沃尔科特创作那部戏剧时就已经被废弃了。他知道自己是在纪念一座即将废弃或已经废弃的渔村吗？他的戏剧并没有将多芬的生活描绘得很美好。渔民们每天都冒着生命危险，甚至在大海怒号时也会出海。但是生活虽然困难，剧本中并没有提到村庄被废弃或在劫难逃。仔细一想，这部剧本的时间背景是不明确的。它的所有要素都是无时间性的：穷困的渔民，在一座偏僻的村庄里，向海洋和土地讨一口饭吃，勉强维持生计。

我查阅着剧本，仔细留意任何与时间相关的内容。周围似乎有很多罐头（就像它们今天漂浮在海湾里一样），但是罐头已经存在两百年了。还有另外一个提示：渔民们抽美国香烟。对确定时间来说，这也太笼统了。

回家之后，我发现了关于多芬的另外两个信息。第一个是，最近的一篇报刊文章提到多芬的水里似乎含有成团的油块。他们甚至引用了罗杰斯的话，说那里的水一直颜色都很深，很油腻。据说，关于石油勘探的谈判一直在进行。历史可能再一次在多芬爆发，但沃尔科特在 2017 年 3 月就去世了，必须由其他人来写下他戏剧的续集：《多芬的油》（*The Oil at Dauphin*）。

第二个信息是关于哥伦布到达美洲大陆以前的考古发现的报告。[*] 事实证明，多芬确实有着人类在海岛上居住的最早迹象之一。这肯定就是乔治所提到的遗迹。沃尔科特在剧本中捕捉到了多芬古老的一面——与海的抗争，原始的独木舟。就这样，他通过把多芬文学化，将它放在了地图上。

---

* C. Jesse, "Rock-Cut Basins on Saint Lucia," *American Antiquity,* volume 18, number 2 (October 1952): 166–68.

第十六章

从霍格沃茨到印度

我的研究和文学探索之旅接近尾声，我回到波士顿，一位本科生邀请我到哈佛大学的本科生食堂安能堡（Annenberg Hall）共进晚餐。这是个有着哥特式天花板的壮观大厅。那个学生在大楼外面见到我时，他骄傲地提到安能堡是霍格沃茨礼堂（Great Hall at Hogwarts）的原型。我礼貌地点点头，没有露出怀疑的神色。很显然，我的学生生活在哈利·波特（Harry Potter）的世界里，而我也是如此。我到处旅行去探究文学，文学在家门口逮住了我。对我而言，是时候直面波特的世界（Potterworld）了。

像一名年轻的魔法师一样，我是从 2007 年出版的魔法故事书《诗翁彼豆故事集》（*The Tales of Beedle the Bard*）开始的。起初，这本集子只限量出版了七本，用摩洛哥皮革装订，还装点了宝石和银饰。但让它变得极为值钱的，是 J. K. 罗琳（J. K. Rowling）亲自手抄了每一本，并准备放在苏富比（Sotheby's）拍卖。* 这是资本主义版本的地下出版物吗？我很满足于自己的印刷本，在亚马逊上仅仅花了 7.92 美元，再加上一点税。†

---

* "Amazon.com Buys J. K. Rowling Tales for $4 Million," Reuters, December 14, 2007, reuters.com/article/us-amazon-rowling-idUSN1427375920071214, accessed August 10, 2016.

† J. K. Rowling, *The Tales of Beedle the Bard, Translated from the Ancient Runes by Hermione Granger, Commentary by Albus Dumbledore, Introduction, Notes, and Illustrations by J. K. Rowling* (New York: Scholastic, 2007).

我比自己预想的更喜欢这本书。罗琳非常巧妙地运用了童话故事的结构和道德标准。我最喜欢的是书中的评注，因为我是一名教师，所以这可能是我的“职业病”。毫无疑问，书里先是邓布利多（Dumbledore）的评注，接着是罗琳对邓布利多的评注的评注，所有这一切都展现了简单的文本是如何通过后来的解读获得意义的。

在我接着去读真正的《哈利·波特》（*Harry Potter*）系列之前，我浏览了波特的官方网站 Pottermore.com，并在网上被分进了一个学院——有抱负的学生们会根据他们的性格被分进四个学院中的一个。* 在小说中，这是通过一顶魔法帽完成的；在网站上，则是通过问卷的方式。我被分到了斯莱特林（Slytherin）学院，这使我有些难堪（哈佛已经放弃分类，只是抽签分配学生）。或多或少生活在麻瓜中的我，对魔法世界和它的仪式知之甚少，所以那时的我并不完全知道这意味着什么，但即便从网站安慰我的态度中，我也可以推断出斯莱特林的声誉算不上好。它在道德上是可疑的。在了解了我的守护神（Patronus）——守护神是动物形态的魔法生物，可以击败黑暗生物——我再次受到打击。根据我填写的问卷，我的守护神是鬣狗。当网站决定分配给我一支有着独角兽毛做的杖芯、大约三十七厘米长的桂冠木魔杖时，我获得了些许安慰。不像鬣狗，独角兽是一种我愿意与其扯上关系的优雅的魔法生物。

令人疲倦的入院仪式结束了，我想我做好了经历霍格沃茨的一切准备，于是开始激烈地“刷书”和“刷剧”，看完了哈利·波特的所有故事。我花了大约一个月的时间到达终点，有些两眼昏花，

---

* Pottermore.com, visited November 2, 2016.

耳边还回响着我的学院院长西弗勒斯·斯内普（Severus Snape）叫“哈利·波……特”（Harry P'otter）的方式，一个轻蔑的“P”后面爆发出一个恶意的“o”。

在看完这个系列的最后一本后，我马上有种巨大的解脱感。作为一名斯莱特林，想到学院院长居然倒戈至那个神秘人（You-Know-Who）一边让我很受伤，神秘人的大名对我们而言是个禁忌，我们巫师都称其为“黑魔王”。由此你可以想象，当我在最后一本书的最后几页获知，那个斯内普其实是邓布利多手下一直在暗中监视神秘人的双重间谍时，我是多么喜悦。*

总的来说，我并不推荐“刷”哈利·波特，无论是“刷书”，还是“刷剧”，因为它是重复的——一次又一次地出现一位反抗黑魔法的新老师，又一间密室，又一个哈利必须完成的、疑似被大人们放弃的任务。这使我认识到，这样可能会更好——和哈利·波特一起成长，在与他同龄或小一两岁时开始读这些书，然后随着他和他的世界变得日渐复杂，与他一起成熟。我想，真正这样长大的是在 1997 年第一本书出版时正好九岁或十岁的那一代人，他们在长大的过程中等待着一部又一部续集的出现。

在其他方面，《哈利·波特》提醒我，它用足以让塞万提斯发疯的方式借鉴了中世纪传奇的大杂烩（每当我向小说家们问起波特，他们通常都会做出过敏反应，仿佛还在打着塞万提斯对抗中世纪传奇的仗）。在这个中世纪的集锦中，罗琳加入了寄宿学校的元素，让哈利和他的朋友们担忧人气、校园暴力和将他们引入奇怪的

* J. K. Rowling, *Harry Potter and the Deathly Hallows* (London: Bloomsbury, 2007), 748, 811.

成人世界的怪老师们。这个幻想的世界是以青少年生活的现实为基础的。

虽然哈利·波特的故事理论上结束了，但是罗琳没能完全放下她所创造的。她继续添加新的信息（比如披露邓布利多是同性恋），并且最近以剧本的形式写了一部续集。但是波特世界继续扩展的主要方式是商品。2016 年，当我在万圣节写下这些字句时，装扮成赫敏·格兰杰（Hermione Granger）的一位邻居刚好敲门来索要糖果（我一直很欣赏赫敏·格兰杰，她是《诗翁彼豆故事集》的“译者”，而这本书是我进入波特世界的入门书）。令人遗憾的是，我还没能去过奥兰多的“哈利·波特的魔法世界”，在那里我可以在奥利凡德（Ollivanders），或者是注册了商标的奥利凡德魔杖店花 49 美金购买一支真正的魔杖。* 这个主题公园不仅重现了霍格沃茨，还有霍格莫德村和斜角巷。在思考了一个月后，我明白了这是为什么：在霍格沃茨没有什么可买的，而霍格莫德村和斜角巷则是哈利·波特世界里专门的购物场所。

像哈利·波特系列的内容一样，它的出版形式也是新旧结合的。七本《诗翁彼豆故事集》手抄本中的一本由亚马逊以 400 万美元购入，也许是为了表示感谢，因为罗琳和亚马逊从彼此身上获益良多。

但是，谁会是亚马逊提供的服务和今天其他新技术的最终获益者？这个问题还没有答案。会是像罗琳这样的畅销书作者吗？是互联网平台？出版商？哪一类型的故事又将在这个新环境里茁壮成长呢？

---

* universalorlando.com/Shopping/Islands-of-Adventure/Ollivanders.aspx, accessed November 3, 2016.

书写技术的一场新革命

我们最近的一次书写技术革命来源于两个环环相扣的发明，并且两者都与阿波罗 8 号有关。像约翰 · F. 肯尼迪命令的那样，让人类登上月球并活着回来，需要在宇宙飞船上进行复杂的计算。这项非凡的任务需要的计算机虽然存在，但是体积太大了。为了完成航天任务，电脑变得更小、更快、更轻了，这也最终使它们进入了普通人的家庭，很快被用于从记账到创作故事等一切事务。

更具变革意义的是第二个发明，它发生在阿波罗 8 号登月之后不到一年。加州大学洛杉矶分校（UCLA）的研究者们在斯坦福通过一个普通的电话线路，以及一种使声音和数据包之间的转换变得可能的新技术，成功地与一台计算机建立了联系。那条写着“LOGIN”的信息并没有传送成功，因为网络在传送到字母“G”时瘫痪了，但一个叫作“阿帕网”（Apanet）的计算机网络概念已经建立。* 个人计算机和计算机网络改变了文学的一切，从如何写作到如何被传播和阅读。这就如同纸、书本和印刷术在同一时间一起出现了。

一些出版商在回顾印刷时代时，将它视为他们对文学近乎垄断

* Cade Metz, “Leonard Kleinrock, the TX-2 and the Seeds of the Internet,” *Wired*, October 1, 2012, internethalloffame.org/blog/2012/10/01/leonard-kleinrock-tx-2-and-seeds-internet, accessed August 10, 2016. See also Walter Isaacson, *The Innovators: How a Group of Hackers, Geniuses, and Geeks Created the Digital Revolution* (New York: Simon and Schuster, 2014), 242ff.

的黄金时期。诚然，任何一位作家都可以付钱让印刷商生产书本，但问题是如何将书本送到读者的手中。这就是出版商的工作——将印刷商和顾客连接起来。在这个过程中，他们承担了一些风险，也将大量的利润收入囊中。但是现在，因为计算机和互联网，并不昂贵的软件使不会编写代码的作者们也能制作出漂亮的电子书，并直接通过亚马逊或类似的网站推销它们。线上的出版商和书店当然也抽走了大量的利润，通常超过 30%，但这一比例比传统模式的出版所抽走的要少得多。

虽然这些变化令出版商们担忧，对作者们却似乎是个好消息。曾经被称为“文字处理器”的计算机让他们每天的工作更有效率，他们能够轻松地删除和添加文字，移动整段文字，修改整篇文档。

互联网还让作者们可以用前所未有的方式获取信息和文献。在写这本书时，我得以阅读和搜索大量被互联网档案馆（Internet Archive）上传到网上的文献，这个档案馆让人可以免费获取公共领域的文献。* 它明显借鉴了亚历山大港图书馆。[互联网档案馆的一个备份被保存在亚历山大图书馆（Bibliotheca Alexandrina）——重建的亚历山大港图书馆，这是第一座在美国境外的此类贮存设备。†] 我还利用了另一个非营利网站，它始建于 1971 年，当时一位名叫迈克尔・S. 哈特（Michael S. Hart）的学生将《独立宣言》输入了一台连接着阿帕网的计算机。六名用户下载了它，而哈特决定将他的事业称为“谷登堡计划”（虽然谷登堡本人更像是受利润驱动

---

* archive.org/about/, accessed November 13, 2016.

† archive.org/about/bibalex_p_r.php, accessed November 13, 2016. See also bibalex.org/en/project/details?documentid=283&keywords=internet%20archive, accessed November 13, 2016.

的互联网企业家）。*

最有影响力的用于管理知识的新渠道是线上百科全书。我记得维基百科（Wikipedia）最初的样子，那时学者们奚落它的“众包”（crowdsourced）方法。后来，奚落停止了，因为那些学者现在也常常使用维基百科作为他们的第一个信息来源，包括我自己。我想，本杰明·富兰克林和法国的那些百科全书编撰者会欣然接受互联网档案馆、谷登堡计划和维基百科。

尽管作者们似乎是书写革命的赢家，但其实他们跟出版商们一样担心。谷登堡将书写工具从作者们手中拿走，交给了出版商们，而印刷机也给作者们带来了很多方便，让那些成了职业作家的人能够以比较低的成本与更多读者连接。但是现在，突然间，所有人都可以成为作家，并且通过社交媒体找到读者。其他作者担心，在未来他们会变成单纯的内容提供者，他们的成果不再被视为基于独立思考所做的独创贡献，而是变成一种为满足客户的某种需求而设计的服务。一些高端的服务提供者很可能成为名人，与一群助手共事，但是他们也不会成为传统意义上的作者，即创造新故事的个体。的确，计算机可以使原创内容的创作变得更便利，但它们也更易于重新合成已有的内容。† 塞万提斯的时代，即现代印刷著述业时代，究竟在多大程度上衰落着，让位于那些希望在 UGC（user-generated content，用户原创内容）的海洋里生存的策展人、名人和

---

* Jeffrey Thomas, “Project Gutenberg Digital Library Seeks to Spur Literacy,” Bureau of International Information Programs, U.S. Department of State, July 20, 2007. 我从档案馆网站上下载了这个文档。http://www.america.gov/st/washfile-english/2007/July/2007072015113 11CJsamohT0.6146356.html, accessed November 13, 2016.

† Lev Manovich, *Software Takes Command* (London: Bloomsbury, 2013), 46.

客户服务提供者呢？

随着我的思绪回到罗琳身上，我意识到，取笑哈利·波特失控的商业化，以及他出现在从电影和剧院到互联网与主题公园等各种娱乐形式，这是容易的。但无论如何，波特不是诞生在某个企业的会议室，也不是由一个营销部门凭空想出来的，它是由一位不知名的作者创造的，她非常努力地工作，独自闯出了一片天地。

一个文学庆典

2014 年，斋普尔，拉贾斯坦邦

为了弄清今天的文学世界，并且从波特世界出来换个环境，我决定再旅行一次，前往一个位于拉贾斯坦邦（Rajasthan）的名为斋普尔的中型城市，它距离德里 170 千米。* 十年前，英国作家威廉·达尔林普尔（William Dalrymple）和印度作家及出版人纳米塔·戈卡莱（Namita Gokhale）一起开启了一系列的文学活动，这些文学活动在几年间发展为一个庆典，而这个庆典使斋普尔成了世界文学之地。†

从德里出发的车程跟我预想的差不多，路上有车子逆向行驶，卡车上装点着珠子和多彩的绘画作品，引来其他游客对它们按喇

* 我感谢霍米·巴巴（Homi Bhabha）、纳米塔·戈卡莱和威廉·达尔林普尔邀请我参加斋普尔的文学庆典。

† Sheela Reddy, "Pen on the Rostrum," *Outlook India*, April 17, 2006, outlookindia.com/magazine/story/pen-on-the-rostrum/230952, accessed November 15, 2016.

叭，还有许多动物在街上漫步，包括牛、骆驼、山羊、驴、大象、绵羊、野猪和狗。很难想象这里会有文学。但是突然间，庆典就在那里开始了，并且和我想象中的大相径庭。它不是会议酒店或大型贸易设施里气氛压抑的聚会，它更像是一个摇滚音乐节，到处都是小吃摊，还有坐在地上或聚集在帐篷和建筑里的人群。它规模很大，吸引了上万访客。

在访客中，我遇到了一个骑出租摩托从市郊来的汽车技工和一个休了一天假来的工科学生，以及一个按着喇叭穿行于道路中并滔滔不绝地谈论着本年度名人的人力车夫。“奥普拉是漂亮的女士，像我一样是黑皮肤。”他大声说道，他说的是去年的明星奥普拉·温弗瑞（Oprah Winfrey）。到这里的人并不都是为了文学而来的。一些人来这里是看宝莱坞（Bollywood）的明星和脱口秀主持人，一些人是来寻找专属派对和私人晚餐的邀请函，还有一些则纯粹是来找乐子的。但是主要吸引人的还是各种形式的文学活动。诗人、剧作家、小说家和纪实作家在这里参加读书会、讲座、讨论、对话、采访和闲谈。歌德，以他对世界文学的广泛倡导，肯定会对此感到欣慰。

不是世界的每个地方都被平等地代表着。也许因为两位创始人的背景，庆典以英籍印度裔为中心，不过也有一些来自世界其他地方的作家，包括美国。英语是主导，并且有许多主要以英文进行的关于全球英语主导地位的争论。但也有一些用印度语言进行的集会，从南部的泰米尔语（Tamil）到北部的喜马拉雅语系。最令人惊奇的或许是，几乎没有来自中国的作家，中国是印度在亚洲的竞争对手。

尽管这个庆典的规模在发展，但它也面临过几次危机。最严重的一次发生在我到访前两年，涉及萨曼·拉什迪（Salman Rushdie），他的小说《撒旦诗篇》（*The Satanic Verses*）在印度至今仍然被禁止出版，以尊重印度的穆斯林少数族裔。拉什迪事件是一个典型的世界文学冲突事件。他的成名作是以印度独立为背景的《午夜之子》（*Midnight's Children*），有着在后殖民背景下创作一部经典文本的典型姿态。当拉什迪随后的小说《撒旦诗篇》被伊朗的阿亚图拉·霍梅尼（Ayatollah Khomeini）视为冒犯了《古兰经》时，这份成功有些变质了。作为回应，霍梅尼签发了一份针对这位作家的宗教法令和死刑判决，拉什迪不得不躲藏起来。

尽管法令在我去往斋普尔时已经被废除，但争议并没有结束。2012年，庆典邀请了拉什迪，后者立即收到了死亡威胁。哪怕是妥协后的解决方案，即拉什迪将通过网络电话进行演讲，也不能安抚反对者们。安全起见，组织者决定全面取消他的致辞。[*] 被这种审查形式激怒的一些参与者，开始在庆典上朗读拉什迪那部小说的选段，这一不合法的朗读使他们随后被迫离开斋普尔和印度。[†]

在我访问时，那场危机还萦绕在人们心头。在一个围绕审查制度展开的集会上，一些参与者含沙射影地提及那个事件，随即有人站起来说："你说的是拉什迪吧，我不怕提起他的名字。"作为一个

* William Dalrymple, "Why Salman Rushdie's Voice Was Silenced in Jaipur," *The Guardian*, January 26, 2012, theguardian.com/books/2012/jan/26/salman-rushdie-jaipur-literary-festival, accessed August 10, 2016.

† Hari Kunzru, "Why I Quoted from *The Satanic Verses*," *The Guardian*, January 22, 2012, theguardian.com/commentisfree/2012/jan/22/i-quoted-satanic-verses-suport-rushdie, accessed August 10, 2016.

古老的经典文本和新兴文本一争高下的故事，拉什迪事件与文学的故事产生了共鸣。

这个事件发人深省，可是并没有破坏斋普尔的庆典氛围。那里有太多的作者，有名的和无名的，太多人渴望庆祝文学。我开始将这个文学庆典看成另一版本（并且，没错，是更好的）的波特世界，是人们集中表露他们文学热情的地方。对任何担心读写文化未来的人，我强烈推荐这个文学和庆典的地道混合体。

新与旧

在斋普尔的庆典氛围中，我最后一次回顾文学的历史。它始于美索不达米亚富饶的河谷，文学在那里起源，随后胜利前行，横跨全球。一路上，文学渐渐不再是抄写员和国王的独享之物，而是触及越来越多的读者和作者。这一文学的民主化过程得益于从字母和莎草纸到纸和印刷术等技术手段的帮助，这些技术降低了文字世界的门槛，让它向更多的人开放，而这些人接着又发明了新的形式，即小说、报纸和宣言，同时也确立了古老经典文本的重要地位。斋普尔，它有来自各行各业的读者、新旧文本之间的冲突，似乎是这个故事的完美收尾。

我还记得，这个关于文学扩展的故事也包含了许多转折和惊奇，至少对我而言是这样的：文学的故事不是一条直线，它有岔路，甚至会倒退。文字在欧亚大陆和美洲大陆上被发明。在从亚洲延伸至欧洲的故事集网络上，一个个故事浮浮沉沉。文字的兴起招致了世界各地有着非凡个人魅力的老师们的反对。新技术导致了诸如莎草纸书卷和羊皮纸书之间的“形式之争”，而神圣文本常常是新复制技术最早的采用者。尽管文学出现戏剧性的爆发，口述故事仍继续存在，像曼丁戈的吟游诗人和桑介塔的故事所呈现的那样。

撰写文学史的最大困难不是这些意外和复杂的故事线，而是认识到我们仍然身处这个一直在发展的故事之中。甚至连“世界文学”这个观念，人们开始讲述它也只有两百年。在歌德创造出“世界文学”这一术语时，他并不知道在某座图书馆里默默无闻的《波波尔·乌》，或是埋没在美索不达米亚平原的《吉尔伽美什史诗》，他也不知道那时在日本和东亚之外几乎无人知晓的《源氏物语》，也不知道还没有被书写下来的西非的《桑介塔史诗》。歌德当然也不会预料到，他的世界文学观念会启发《共产党宣言》的作者们。随着对过去的新发现和新增补，文学的故事一直在改变着。

技术也是如此。你在印刷的书本或屏幕上读着这些文字，但是无论使用什么设备，你不是翻动着书页，就是滚动着一篇连续的文字。注意这个新旧的结合。大部分人在羊皮纸书取代莎草纸书卷时就停止了“滚动”这个动作，而现在，在两千年后，这个动作再次回归，因为储存在计算机里的一连串无尽的文字比起分离的页面更接近于连续的书卷。同样，人们已经有几百年没有在写字板上写字了，而如今它们随处可见。当我眯着眼看时，今天的平板使用者与盘腿而坐、腿上放着写字工具的古代抄写员们奇妙地相似。

越是回顾，我就越能在现在看到过去。推特有 140 字的字符限制，这或许是《源氏物语》和紫式部夫人在平安时代宫廷里沟通用的短诗的粗糙版本；传奇故事作为电子自助出版平台上的畅销作品东山再起，让许多延续塞万提斯写作传统的现代作者感到不悦。互联网让新的监督形式和现代地下出版系统等逃避审查的新方法变得可能。口述故事也复出了，如果你正听着这些文字的有声版本，那你一定会深有体会。喜欢磁带甚于文字的曼丁戈吟游诗人们，会因此感到欣慰的。

在旅途中，我一直在寻找文学塑造历史的瞬间。在遇到像亚述巴尼帕和亚历山大这样非凡的读者时，我发现了这些瞬间，他们将读书心得付诸行动，还有像皮萨罗这样不识字的读者，自豪地将书本带到新世界。历史还受到了信仰神圣文本者的影响，他们将对文字的崇拜变成强大的历史力量，有时导致不同神圣文本之间的冲突，以及对同一部经书的不同解读之间的分歧。我还发现，自己正旅行于为文学传播而建立的基础设施之上，比如，就在我家后院的富兰克林的邮路。

文学最惊人的特点是，它总能将言语投射到空间和时间的深处。互联网让我们能将文字在几秒内发到地球上的任何地方，这大大促进了言语的空间传播。但是时间呢？当我开始将过去四千年的文学作为指南，应对我身边发生着的变化，我开始想象未来的文学考古学家——他们也能挖掘出像《吉尔伽美什史诗》这样被遗忘的杰作吗？

答案还远远不能确定。由于电脑程序和格式淘汰的速度很快，电子媒体的持久性已经成为一个问题。如果我们足够幸运，未来的历史学家可以将过时的数据包转换成另一种代码，或者重组旧的计算机来获取在其他情况下无法辨认的文件（就像在 19 世纪需要被重组的楔形文字）。图书管理员告诫说，为了保护文字免于未来变幻莫测的形式之争，最佳方法是将一切都印在纸上。也许我们应该把文学正典刻在石头上，像中国的帝王那样。不过，文学史最重要的一个教训是，唯一能保证文学存续的是持续使用它：一部文本需要保持它与其他事物的足够的相关性，被每一代人翻译、抄写、转码和阅读，从而超越时间持续存在。是教育，而不是技术，能保证文学的未来。

无论未来的历史学家们会找到什么，他们将比我们更好地理解我们如今的书写革命会带来多大的改变。我们可以肯定的是，在识字率陡然大幅提高的同时，世界的人口也在增长，这意味着和以前相比，无限多的文字在被更多的人创作，并且比以往更广泛地被出版和阅读着。我们正站在第二次大爆发的边缘——文字的世界已然做好再一次改变的准备。

致谢

在写作本书时，我借力于自文学发端以来的众位作家和学者的作品，所以很自然地我感觉到，自己更像一名把现存资料集合成一部文本的抄写员，而不是一位创作着一个新故事的现代作者。我曾在脚注里把功劳归于上百位为我的文学故事做出贡献的人，在这里，我要特别提及一些给过我莫大帮助的人。

我要特别感谢我的经纪人吉尔·倪琳，她在起步阶段就协助我构思了这本书；我在兰登书屋的编辑凯特·梅迪纳，她与埃丽卡·冈萨雷斯（Erika Gonzalez）、我在格兰塔出版社的编辑贝拉·莱西（Bella Lacey）一起，为这本书最终的成形做了很多贡献。我还要特别感谢阅读了个别章节的那些朋友和同事，他们是彼得·布加德，大卫·康拉德，大卫·达姆罗施，魏朴和，芭芭拉·福克斯，斯蒂芬·格林布拉特（Stephen Greenblatt），保罗·霍尔塔，玛雅·亚萨诺夫，卢克·梅南（Luke Menand），帕里马尔·帕蒂尔，伊莱恩·斯卡里（Elaine Scarry），大卫·斯特恩和比尔·托德（Bill Todd）。这本书的灵感还来自我与朋友兼同事大卫·达姆罗施在哈佛一起教授的世界文学课，得益于在线教育的新技术，这门课还扩展至其他 155 个国家。如果没有和一群出色的同事共同编撰一本大型世界文学选集的经历，我也不可能写下这本书，他们是：苏珊娜·阿克巴里（Suzanne Akbari），大卫·康拉德，魏朴和，维奈·达尔瓦德克尔（Vinay Dharwadker），芭芭拉·福克斯，卡罗琳·莱文（Caroline Levine），伯里克利·路易斯（Pericles Lewis），皮特·西蒙（Pete Simon）和埃米莉·威尔逊（Emily Wilson）。

还有许多朋友认真倾听并提出了明智的建议，他们是：蒂姆·伯德尼尤斯（Tim Baldenius），伦纳德·巴坎（Leonard Barkan），迈克尔·艾思金（Michael Eskin），阿里亚纳·劳里·哈里森（Ariane Lourie Harrison），赛斯·哈里森（Seth Harrison），厄休拉·海斯（Ursula Heise），诺亚·何林曼（Noah Herringman），山姆·黑瑟尔比（Sam Haselby），玛雅·亚萨诺夫，凯洛琳·莱文，莎伦·马库斯（Sharon Marcus），卢克·梅南，伯纳黛特·梅勒（Bernadette Meyler），克劳斯·姆拉德克（Klaus Mladek），佛朗哥·莫雷蒂（Franco Moretti），布鲁斯·罗宾斯（Bruce Robbins），弗雷迪·罗凯姆（Freddie Rokem），艾莉森·西蒙斯（Alison Simmons），马修·史密斯（Matthew Smith），凯瑟琳·施坦格尔（Kathrin Stengel），亨利·特纳（Henry Turner），以及丽贝卡·伍克威兹（Rebecca Walkowitz），还有我的兄弟斯特凡（Stephan）和伊莱亚斯（Elias），以及我的母亲安妮·洛尔（Anne-Lore）。

对于这个文学故事的诞生，以及将快乐、意义和爱带进我的人生故事，阿曼达·柯蕾宝（Amanda Claybaugh）所做的无人可比。这本书是献给她的。